Rapport final de la trente-huitième Réunion consultative du Traité sur l'Antarctique

RÉUNION CONSULTATIVE
DU TRAITÉ SUR L'ANTARCTIQUE

Rapport final
de la trente-huitième
Réunion consultative
du Traité sur l'Antarctique

Sofia, Bulgarie
1er au 10 juin 2015

Volume I

Secrétariat du Traité sur l'Antarctique
Buenos Aires
2015

Publié par :

Secretariat of the Antarctic Treaty
Secrétariat du Traité sur l' Antarctique
Секретариат Договора об Антарктике
Secretaría del Tratado Antártico

Maipú 757, Piso 4
C1006ACI Ciudad Autónoma
Buenos Aires - Argentina
Tel: +54 11 4320 4260
Fax: +54 11 4320 4253

Ce rapport est également disponible à : *www.ats.aq* (version numérique)
et exemplaires achetés en ligne

ISSN 2346-9900
ISBN 978-987-4024-05-3

Contenu

VOLUME I

VOLUME II

DEUXIÈME PARTIE – MESURES, DÉCISIONS ET RÉSOLUTIONS (suite)

4. Plans de gestion

ZSPA n° 101 (roquerie Taylor, terre Mac.Robertson) Plan de gestion révisé

ZSPA n° 102 (îles Rookery, baie Holme, terre de Mac. Robertson) : Plan de gestion révisé

ZSPA n° 103 (îles Ardery et Odbert, côte Budd, terre Wilkes, Antarctique oriental) : Plan de gestion révisé

ZSPA n° 104 (île Sabrina, îles Balleny) : Plan de gestion révisé

ZGSA n° 105 (île Beaufort, détroit de McMurdo, mer de Ross) : Plan de gestion révisé

ZSPA n° 106 (cap Hallett, terre Victoria du nord, mer de Ross) : Plan de gestion révisé

ZSPA n° 119 (vallée Davis et étang Forlidas, massif Dufek, montagnes Pensacola) : Plan de gestion révisé

ZSPA n° 148 (mont Flora, baie Hope, péninsule antarctique) : Plan de gestion révisé

ZSPA n° 152 (détroit de Western Bransfield) : Plan de gestion révisé

ZSPA n° 153 (baie Eastern Dallmann) : Plan de gestion révisé

ZGSA n° 155 (cap Evans, île de Ross) : Plan de gestion révisé

ZGSA n° 157 (baie Backdoor, cap Royds, île de Ross) : Plan de gestion révisé

ZSPA n° 158 (pointe Hut, île de Ross) : Plan de gestion révisé

ZGSA n° 159 (cap Adare, côte Borchgrevink) : Plan de gestion révisé

ZSPA n° 163 (glacier Dakshin Gangotri, terre de la reine Maud) : Plan de gestion révisé

ZSPA n° 164 (monolithes de Scullin et Murray, terre de Mac. Robertson) : Plan de gestion révisé

ZSPA n° 168 (mont Harding, montagnes Grove, Antarctique de l'Est) : Plan de gestion révisé

ZGSA n° 2 (vallées sèches McMurdo) : Plan de gestion révisé

TROISIÈME PARTIE – DISCOURS D'OUVERTURE ET DE CLÔTURE ET RAPPORTS

1. Discours d'ouverture et de clôture
Discours de bienvenue du Président de la Bulgarie, M. Rosen Plevneliev

2. Rapports par les dépositaires et les observateurs
Rapport des États-Unis en qualité de gouvernement dépositaire du Traité sur l'Antarctique et de son Protocole
Rapport de l'Australie en qualité de gouvernement dépositaire de la CCAMLR
Rapport de l'Australie en qualité de gouvernement dépositaire de l'ACAP
Rapport du Royaume-Uni en qualité de gouvernement dépositaire de la CCAS
Rapport de l'Observateur de la CCAMLR
Rapport du SCAR
Rapport du COMNAP

3. Rapports d'experts
Rapport de l'OHI
Rapport de l'ASOC
Rapport de l'IAATO

QUATRIÈME PARTIE – DOCUMENTS ADDITIONNELS DE LA XXXVIIIᵉ RCTA

1. Documents additionnels
Extrait de la conférence du SCAR

2. Liste des documents
Documents de travail
Documents d'information
Documents de contexte
Documents du Secrétariat

3. Liste des participants
Parties consultatives
Parties non consultatives
Observateurs, experts et invités
Secrétariat du pays hôte
Secrétariat du Traité sur l'Antarctique

Sigles et abréviations

ACAP	Accord sur la conservation des albatros et des pétrels
ANC	Autorité nationale compétente
ASOC	Coalition sur l'Antarctique et l'océan Austral
BP	Document de contexte
CCAMLR	Convention sur la conservation des ressources vivantes marines de l'Antarctique et/ou Commission pour la conservation des ressources vivantes marines de l'Antarctique
CCNUCC	Convention-cadre des Nations unies sur les changements climatiques
CCS	Centre de coordination des opérations de sauvetage
COI	Commission océanographique intergouvernementale
COMNAP	Conseil des directeurs des programmes antarctiques nationaux
CPE	Comité pour la protection de l'environnement
CPPA	Convention pour la protection des phoques de l'Antarctique
CS-CAMLR	Comité scientifique de la CCAMLR
EGIE	Évaluation globale d'impact sur l'environnement
EIE	Évaluation d'impact sur l'environnement
EPIE	Évaluation préliminaire d'impact sur l'environnement
FIPOL	Fonds d'indemnisation pour les dommages dus à la pollution par les hydrocarbures
GCI	Groupe de contact intersessions
GIEC	Groupe d'experts intergouvernemental sur l'évolution du climat
GSPG	Groupe subsidiaire sur les plans de gestion
IAATO	Association internationale des organisateurs de voyages dans l'Antarctique
IP	Document d'information
OACI	Organisation de l'aviation civile internationale
OHI	Organisation hydrographique internationale
OMI	Organisation maritime internationale
OMM	Organisation météorologique mondiale
OMT	Organisation mondiale du tourisme
PNUE	Programme des Nations unies pour l'environnement
PTRCC	Programme de travail en réponse au changement climatique
RCTA	Réunion consultative du Traité sur l'Antarctique
RETA	Réunion d'experts du Traité sur l'Antarctique

SAR	Recherche et sauvetage
SCAR	Comité scientifique pour la recherche en Antarctique
SEEI	Système électronique d'échange d'informations
SMH	Sites et monuments historiques
SOLAS	Convention internationale pour la sauvegarde de la vie humaine en mer
SOOS	Système d'observation de l'océan Austral
SP	Documents du Secrétariat
STA	Système du Traité sur l'Antarctique ou Secrétariat du Traité sur l'Antarctique
UAV	Véhicule aérien sans pilote
UICN	Union internationale pour la conservation de la nature
WP	Document de travail
ZGSA	Zone gérée spéciale de l'Antarctique
ZMA	Zone marine protégée
ZSPA	Zone spécialement protégée de l'Antarctique

PREMIÈRE PARTIE
Rapport final

1. Rapport final de la XXXVIIIe RCTA

Rapport final de la trente-huitième Réunion consultative du Traité sur l'Antarctique

Sofia, 1 – 10 juin 2015

1. Conformément à l'article IX du Traité sur l'Antarctique, les représentants des Parties consultatives (Afrique du Sud, Allemagne, Argentine, Australie, Belgique, Brésil, Bulgarie, Chili, Chine, Espagne, Équateur, États-Unis d'Amérique, Finlande, France, Inde, Italie, Japon, Nouvelle-Zélande, Norvège, Pays-Bas, Pérou, Pologne, Fédération de Russie, République de Corée, République tchèque, Royaume-Uni de Grande-Bretagne et d'Irlande du Nord, Suède, Ukraine et Uruguay) se sont réunis à Sofia, du 1er au 10 juin 2015, afin d'échanger des informations, tenir des consultations, examiner et recommander à leurs gouvernements des mesures destinées à assurer le respect des principes et la réalisation des objectifs du Traité.

2. Ont également assisté à la Réunion les délégations suivantes des Parties contractantes au Traité sur l'Antarctique qui ne sont pas des Parties consultatives : Bélarus, Canada, Colombie, Kazakhstan, Malaisie, Monaco, Mongolie, Portugal, Roumanie, Suisse, Turquie et Vénézuela.

3. Conformément aux articles 2 et 31 du Règlement intérieur, des observateurs représentant la Commission pour la conservation de la faune et de la flore marines de l'Antarctique (CCAMLR), le Comité scientifique pour la recherche en Antarctique (SCAR) et le Conseil des directeurs de programmes antarctiques nationaux (COMNAP) ont également pris part à la Réunion.

4. Conformément à l'article 39 du Règlement intérieur, des experts représentant les organisations internationales et les organisations non gouvernementales suivantes ont pris part à la Réunion : la Coalition sur l'Antarctique et l'océan Austral (ASOC), l'Association internationale des organisateurs de voyages en Antarctique (IAATO), et le Programme des Nations Unies pour l'environnement (PNUE).

5.	La Bulgarie, en sa qualité de pays hôte, s'est acquittée de ses obligations d'information à l'égard des Parties contractantes, des observateurs et des experts en diffusant les circulaires et correspondances du Secrétariat et en entretenant un site internet consacré à la Réunion.

Point 1 – Ouverture de la Réunion

6.	La Réunion a été officiellement ouverte le 1er juin 2015. Au nom du gouvernement du pays hôte, et conformément aux articles 5 et 6 du Règlement intérieur, le responsable du Secrétariat du pays hôte, Vesselin Valchev, a ouvert la séance et a proposé la candidature de l'ambassadeur Rayko Raytchev au poste de président de la XXXVIIIe RCTA. La proposition a été acceptée.

7.	Le Président a souhaité la bienvenue en Bulgarie à toutes les Parties, aux Observateurs et aux Experts. Il a souligné l'importance du Traité sur l'Antarctique afin de préserver la beauté et le caractère unique de l'Antarctique pour les générations actuelles et futures. Il a également ajouté que la Bulgarie avait ratifié le Traité il y a 37 ans et était devenue Partie consultative il y a 17 ans. Il a ensuite mis l'accent sur le programme de travail stratégique, dont l'adoption s'est révélée cruciale dans le renforcement de la protection de l'environnement et dans la gestion et la réglementation efficaces des activités humaines en Antarctique. Pour conclure, M. Raytchev est revenu sur la construction de la station antarctique bulgare Saint Clément d'Orhid, en 1993, et sa transformation en un centre de recherches scientifiques qui sont menées en étroite coopération avec les partenaires de la Bulgarie venant du Brésil, de l'Argentine, du Chili et de l'Espagne.

8.	Les délégués ont observé une minute de silence à la mémoire de Frédéric Chemay, décédé à l'âge de 53 ans, et de toutes les personnes ayant péri en Antarctique au cours de l'année écoulée. M. Chemay avait officié en qualité de commissaire belge à la Commission baleinière internationale et était membre de la délégation belge lors du XVIe CPE et de la XXXVIe RCTA, ainsi que lors du XVIIe CPE au Brésil.

9.	Son Excellence Rosen Plevneliev, Président de la République de Bulgarie, a souhaité la bienvenue en Bulgarie aux délégués et a exprimé l'engagement de la Bulgarie à intensifier l'activité scientifique en Antarctique, ainsi qu'à renforcer le Traité sur l'Antarctique et ses valeurs fondamentales en mettant l'accent sur la science et les efforts scientifiques. Rappelant la célébration du récent 37e anniversaire de la signature du Traité par la Bulgarie, le Président Plevneliev a souligné que le Système du Traité sur l'Antarctique était l'un des meilleurs exemples de coopération internationale dans le cadre de laquelle des pays aux systèmes juridiques différents et aux diverses traditions nationales, religieuses et culturelles coopéraient les uns avec les autres pour atteindre l'objectif commun consistant à utiliser l'Antarctique à des fins pacifiques, à mener des recherches scientifiques et à échanger des informations. Soulignant la nécessité de coopérer à l'échelle internationale pour affronter le changement climatique, la pénurie des ressources et pour mettre en œuvre des technologies respecteuses de l'environnement, le Président Plevneliev a insisté sur l'importance stratégique de l'Antarctique, et le rôle que la RCTA et le CPE jouent à cet égard. Il a décrit la recherche scientifique bulgare en Antarctique, en indiquant que la Bulgarie avait organisé 23 expéditions antarctiques et entretenait la station Saint Clément d'Ohrid, qui a accueilli les projets scientifiques de l'Institut bulgare antarctique et ceux d'autres Parties. Il a ensuite indiqué que la Bulgarie avait désormais nommé 525 repères géographiques en Antarctique. Il a décrit les opérations de la 23e expédition bulgare antarctique, la dernière en date, lors de laquelle les alpinistes Doichin Boyanov, Nikolay Petkov et Alexander Shopov ont atteint et mesuré l'altitude des pics Needle et Sofia, tous deux situés sur l'île Livingston. Il a également reconnu l'importance de la contribution du distingué Professeur Christo Pimpirev, fondateur et président de l'Institut bulgare antarctique et responsable de l'expédition bulgare antarctique. Le texte complet du discours du Président Plevneliev figure à la section 1 de la Partie III.

10. L'Honorable Daniel Mitov, ministre des Affaires étrangères de Bulgarie, a souhaité la bienvenue aux délégués. Après avoir indiqué l'importance que le Traité sur l'Antarctique revêt en ce qui concerne la gouvernance conjointe du continent antarctique, il a souligné le caractère unique et fructueux de la région antarctique comme zone de coopération pacifique et de coopération scientifique. Il a souligné l'engagement de la Bulgarie à renforcer le système du Traité sur l'Antarctique et utiliser la science pour élaborer des politiques. Il s'est dit convaincu que la réunion serait l'occasion d'aborder les questions relatives à la gouvernance, à la protection de l'environnement, au changement climatique, à la biodiversité, à la gestion du tourisme et aux activités de recherche. Ce serait aussi l'occasion de renouveler les principes fondateurs du Système du Traité sur l'Antarctique et de veiller à la préservation de la zone pour les prochaines générations. Il a fait part de l'agrandissement de la station St. Clément d'Ohrid sur l'île Livingston. Alors qu'elle ne se

composait au départ que de deux cabanes, elle compte désormais un bâtiment entier comprenant une chapelle et un laboratoire. Il a à cet égard salué le soutien logistique fourni par l'Espagne, le Brésil, l'Argentine et le Chili. Le ministre Mitov est revenu sur le changement climatique, défi colossal pour notre génération, et il a souligné que la compréhension du rôle que joue l'Antarctique à cet égard était l'une des priorités les plus urgentes de notre société. Il a souligné les efforts déployés par la Bulgarie pour renforcer les recherches polaires sur le changement climatique et y voit un outil efficace pour élaborer et promouvoir des politiques fondées sur des données. Il a par ailleurs mis en lumière le Traité sur l'Antarctique, seul exemple au monde qui montre comment des pays, petits et grands, peuvent ensemble résoudre les défis mondiaux auxquels ils sont confrontés.

11. L'Honorable Ivelina Vassileva, ministre bulgare de l'Environnement et de l'Eau , a décrit le Système du Traité sur l'Antarctique comme un cadre juridique unique pour protéger le continent antarctique et conserver son environnement et ses écosystèmes pour la plupart encore vierges, le tout à des fins pacifiques et dans le cadre d'une coopération internationale. Elle a fait part de la fierté de la Bulgarie d'être l'une des 29 Parties consultatives, de sa présence en Antarctique sur l'île Livingston, ainsi que des réalisations des scientifiques de l'Institut bulgare antarctique au cours des 23 campagnes antarctiques successives organisées entre 1993 et 2015. La ministre Vassileva est revenue sur le large éventail de sujets couverts par les scientifiques bulgares specialistes des régions polaires, et a souligné l'approche interdisciplinaire retenue pour comprendre les systèmes polaires et leur évolution. Elle a souligné les sérieux défis que présentent pour la région antarctique le changement climatique, la perte de biodiversité et les problèmes environnementaux mondiaux. Elle a également souligné l'importance de réduire au minimum l'empreinte écologique cumulative de toutes les activités humaines menées en Antarctique - recherche scientifique, tourisme et pêche. Elle a rappelé aux Parties l'importance que revêt l'année 2015 dans le processus de négociations sur le climat mondial, et la volonté de la Bulgarie de voir naître un nouvel accord contraignant pour toutes les Parties à la Convention-cadre des Nations Unies sur les changements climatiques (CCNUCC), qui porterait principalement sur des exigences relatives aux mesures d'atténuation des impacts pour tous les États développés et en voie de développement après 2020. Enfin, la ministre Vassileva a présenté la beauté de la nature et la biodiversité préservée de la Bulgarie, en indiquant que près de 35 % du territoire faisait partie du réseau de l'Union européenne NATURA 2000.

12. L'Honorable Nikolina Angelkova, ministre du Tourisme, a souligné l'évolution rapide du tourisme en Antarctique, en indiquant que 37 000 touristes avaient visité l'Antarctique au cours de la saison 2014-15. Tout en notant que le nombre accru d'activités et de touristes en Antarctique constituait un problème urgent quant à l'autorisation des activités, à la sécurité, à la conservation du paysage, de la flore et de la faune, elle a suggéré que le tourisme pourrait rendre la région plus accessible. La ministre Angelkova a souligné que la Bulgarie était l'un des moteurs du développement des activités antarctiques, et a déclaré espérer qu'ils parviendraient, à cet égard, à répondre aux attentes d'un monde en constante évolution.

13. L'Honorable Michel Rocard, ancien Premier ministre de la France et Ambassadeur pour les pôles, s'est adressé à la Réunion en ce qui concerne la question de la Conférence des Parties (COP) 21, qui se tiendra en décembre 2015 à Paris. L'objectif de la COP 21 est de parvenir à un accord mondial et contraignant pour limiter la hausse de la température mondiale. Il a souligné les effets grandissants du changement climatique observés en Antarctique. Saluant la nature consensuelle de la RCTA, l'Ambassadeur Rocard a invité les Parties qui comptent également participer à la COP 21 à y adopter la même approche. Il a favorablement accueilli les messages de soutien formulés par les Parties de la RCTA envers la COP 21.

Point 2 – Élection des membres du Bureau et constitution de groupes de travail

14. Francisco Berguño du Chili, pays hôte de la XXXIXᵉ RCTA, a été élu vice-président. Conformément à l'article 7 du Règlement intérieur, le Dr Manfred Reinke, Secrétaire exécutif du Secrétariat du Traité sur l'Antarctique, a fait fonction de Secrétaire de la réunion. Vesselin Valchev, responsable du Secrétariat du pays hôte, a fait fonction de Secrétaire adjoint. Ewan McIvor, d'Australie, a présidé le Comité pour la protection de l'environnement.

15. Trois Groupes de travail ont été constitués :
   * Le Groupe de travail sur les questions juridiques et institutionnelles ;
   * Le Groupe de travail sur le tourisme et les activités non gouvernementales ;
   * Le Groupe de travail sur les questions opérationnelles.

16. Il a été procédé à l'élection des présidents des groupes de travail :
   * Questions juridiques et institutionnelles : René Lefeber, des Pays-Bas ;

- Tourisme et activités non gouvernementales : Máximo Gowland, d'Argentine ;
- Questions opérationnelles : Jane Francis, du Royaume-Uni.

17. Conformément à l'approche retenue à la XXXVIIe RCTA, un Groupe de travail spécial sur les autorités compétentes a été établi. Birgit Njåstad, de Norvège, a été élue présidente de ce Groupe de travail spécial.

Point 3 – Adoption de l'ordre du jour et répartition des points qui y sont inscrits

18. L'ordre du jour suivant a été adopté :
    1. Ouverture de la Réunion
    2. Élection des membres du Bureau et constitution de groupes de travail
    3. Adoption de l'ordre du jour et répartition des points qui y sont inscrits
    4. Fonctionnement du Système du Traité sur l'Antarctique : Rapports des Parties, des Observateurs, et des Experts
    5. Fonctionnement du Système du Traité sur l'Antarctique : Questions à caractère général
    6. Fonctionnement du Système du Traité sur l'Antarctique : examen de la situation du Secrétariat
    7. Élaboration d'un Plan de travail stratégique pluriannuel
    8. Rapport du Comité pour la protection de l'environnement
    9. Responsabilité : mise en œuvre de la Décision 4 (2010)
    10. Sécurité et opérations en Antarctique, y compris la recherche et le sauvetage
    11. Tourisme et activités non gouvernementales dans la zone du Traité sur l'Antarctique
    12. Inspections effectuées au titre du Traité sur l'Antarctique et du Protocole relatif à la protection de l'environnement
    13. Questions scientifiques, coopération et facilitation scientifiques
    14. Implications du changement climatique pour la gestion de la zone du Traité sur l'Antarctique
    15. Questions éducatives
    16. Échange d'informations
    17. Prospection biologique en Antarctique
    18. Préparation de la 39e Réunion

19. Autres questions

20. Adoption du rapport

21. Clôture de la réunion

19. La Réunion a réparti les points de l'ordre du jour comme suit :

- Réunion plénière : points 1, 2, 3, 4, 8, 18, 19, 20, 21.
- Groupe de travail sur les questions juridiques et institutionnelles : points 5, 6, 7, 9, 17.
- Groupe de travail sur le tourisme : point 11.
- Groupe de travail sur les questions opérationnelles : points 10, 12, 13, 14, 15, 16.

20. En outre, la Réunion a décidé de confier les projets d'instruments émanant des activités du Comité pour la protection de l'environnement et des groupes de travail à un groupe de rédaction juridique pour en examiner les aspects institutionnels et juridiques.

Point 4 – Fonctionnement du Système du Traité sur l'Antarctique : Rapports des Parties, des Observateurs, et des Experts

21. Conformément à la Recommandation XIII-2, la Réunion a reçu des rapports des gouvernements dépositaires et des secrétariats.

22. En leur qualité d'État dépositaire du Traité sur l'Antarctique et de son Protocole relatif à la protection de l'environnement, les États-Unis d'Amérique ont rendu compte de l'état d'avancement de ces instruments à la Réunion (IP 38). Au cours de l'année écoulée, on a compté deux nouvelles adhésions au Traité et deux adhésions au Protocole. Concernant le Traité, le Kazakhstan a déposé son instrument d'adhésion le 27 janvier 2015 et la Mongolie a déposé son instrument d'adhésion le 23 mars 2015. Concernant le Protocole, le Vénézuela a déposé son instrument d'adhésion le 1er août 2014 et le Portugal a déposé son instrument d'adhésion le 10 septembre 2014. Les États-Unis d'Amérique ont indiqué qu'il y avait actuellement 52 Parties au Traité et 37 Parties au Protocole.

23. Les Parties ont félicité la Mongolie et le Kazakhstan pour avoir adhéré au Traité, ainsi que le Vénézuela et le Portugal pour avoir adhéré au Protocole relatif à la protection de l'environnement. Le Portugal et le Vénézuela se sont déclarés satisfaits d'avoir ratifié le Protocole. Le Portugal a salué les travaux

entrepris par l'Australie, la France et l'Espagne au cours des trois années précédentes pour renforcer leur soutien envers le Protocole. Le Vénézuela a remercié les autres pays d'Amérique latine qui ont soutenu son engagement dans les questions relatives à l'Antarctique. Le Vénézuela a fait part à la Réunion de sa volonté de changer de statut et de devenir Partie consultative, et a appelé les Parties à lui faire part de suggestions, d'observations et de soutien pour y parvenir.

24. L'Argentine a indiqué qu'elle avait ratifié la Mesure 4 (2004). Tout en saluant la mise en œuvre de la Mesure 4 (2004) par l'Argentine, le Royaume-Uni a indiqué qu'un certain nombre de Mesures n'étaient pas encore entré en vigueur et a souligné qu'il convenait de veiller à la mise en œuvre rapide des Mesures.

25. En sa qualité d'État dépositaire de la Convention sur la conservation de la faune et de la flore marines de l'Antarctique (CCAMLR), l'Australie a indiqué n'avoir enregistré aucune nouvelle adhésion à la Convention depuis la XXXVIIe RCTA. Elle a précisé que 36 États étaient actuellement Parties à la Convention (IP 22).

26. La France a signalé aux Parties également membres de la CCAMLR que deux projets d'aires marines protégées (AMP) avaient été proposés depuis 2012, et a indiqué que la plupart des Parties étaient favorables au renforcement de la conservation des ressources marines vivantes de l'océan Austral.

27. En sa qualité d'État dépositaire de l'Accord sur la conservation des albatros et des pétrels (ACAP), l'Australie a indiqué n'avoir enregistré aucune nouvelle adhésion à l'Accord depuis la XXXVIIe RCTA, le nombre de Parties à l'Accord demeurant à 13 (IP 21). Elle a fait rapport de la Cinquième Réunion des Parties organisée à Ténérife, en Espagne, les 4 et 5 mai 2015, et a indiqué qu'un certain nombre de pays avaient engagé un processus d'adhésion à l'ACAP. L'Australie a signalé que l'Accord partageait les objectifs de conservation du Système du Traité sur l'Antarctique et a invité toutes les Parties qui ne sont pas membres de l'ACAP à envisager de rejoindre l'Accord.

28. En sa qualité d'État dépositaire de la Convention pour la protection des phoques de l'Antarctique (CCAS), le Royaume-Uni a indiqué qu'aucune nouvelle demande d'adhésion à cette Convention, ni aucun instrument d'adhésion, n'avait été déposé depuis la XXXVIIe RCTA (IP 5). Le Royaume-Uni a invité toutes les Parties contractantes à la CCAS à présenter leurs rapports en temps voulu.

29. La CCAMLR a présenté une synthèse des résultats de la Trente-troisième Réunion annuelle de la Commission pour la conservation de la faune et de la flore marines de l'Antarctique (CCAMLR) qui s'est tenue à Hobart, en Australie, du 20 au 31 octobre 2014 (IP 1). Elle a précisé que cette réunion avait été présidée par M. Leszek Dybiec (Pologne) et que 24 Membres, ainsi que deux autres Parties contractantes et neuf observateurs non gouvernementaux ou représentant des organisations issues de l'industrie, y ont pris part. Elle a souligné les principaux résultats présentant un intérêt pour la RCTA, notamment une disposition visant à publier les données du système de suivi des navires (VMS) de la CCAMLR pour soutenir les efforts de recherche et de sauvetage (SAR) dans la zone de la Convention de la CAMLR. Elle a indiqué avoir entièrement communiqué les données VMS relatives aux incidents de SAR aux Centres de coordination de sauvetage maritime (MRCC) chargés des opérations de recherche et de sauvetage dans l'océan Austral. Ce fut l'une des issues positives du Groupe de travail spécial sur les SAR, qui s'était réuni lors de la XXXVIe RCTA à Bruxelles, deux années auparavant. La Commission a adopté un Plan stratégique pour le Secrétariat pour la période 2015-2018. Indiquant que les résultats du Comité scientifique de la CCAMLR de 2014 seraient présentés au XVIIIe CPE, elle a fait rapport des prélèvements de faune et de flore marines dans les pêches réglementées par la CCAMLR durant la saison 2013-2014, ainsi que des travaux liés aux AMP, au changement climatique et aux initiatives de renforcement des capacités pour les scientifiques en début de carrière. Elle a souligné que, comme prévu, un Colloque de la CCAMLR s'était tenu lors de la XXXIIIe CCAMLR au Chili, du 6 au 8 mai 2015, pour célébrer le 35e anniversaire de l'adoption de la Convention et que les résultats de cet évènement était en cours d'examen par les Membres de la CCAMLR. Enfin, elle a indiqué que la Commission avait élu la Fédération de Russie à la présidence des réunions de la Commission en 2015 et 2016.

30. L'Argentine a remercié la CCAMLR pour son rapport et a salué l'efficacité avec laquelle son Secrétaire exécutif et cinq Parties responsables des opérations SAR dans les eaux antarctiques étaient parvenues à un accord. Elle a mis l'accent sur l'importance globale de cette initiative et a souligné que celle-ci contribuait à renforcer l'efficacité opérationnelle des SAR.

31. Le Chili a noté que le Colloque de la CCAMLR visait à s'inspirer des résultats du premier Colloque organisé à Valdivia en 2005. Les représentants de 16 pays ont participé à ce second Colloque, aux côtés d'autres organisations. Durant la réunion, les participants avaient évalué les objectifs et les résultats de la CCAMLR au cours des années précédentes, et avaient identifié les

questions clés qui mériteraient davantage d'attention à l'avenir. Le Chili a salué le succès du Colloque et a indiqué qu'un rapport avait été élaboré et serait communiqué durant la prochaine réunion de la CCAMLR en octobre.

32. Le SCAR a présenté son Rapport annuel (IP 19). Il a également fait référence au document de contexte BP 4, qui mettait en lumière un ensemble d'articles scientifiques clés publiés depuis la XXXVIIe RCTA. La SCAR a fait référence aux travaux de plusieurs de ses Groupes d'action pouvant présenter un intérêt pour le CPE et la RCTA. Parmi ceux-ci, on note une synthèse sur la compréhension scientifique de l'acidification de l'océan Austral (BP 1), l'Atlas biogéographique de l'océan Austral, sur la Première prospective du SCAR sur la science, et sur la conservation en Antarctique au 21e siècle. Il a également signalé l'établissement de nouveaux groupes portant sur l'identification de zones enneigées vierges, sur des systèmes d'observation côtière, sur la mise à jour des cartes géologiques, sur le volcanisme et sur le patrimoine et la préservation géologiques.

33. L'Argentine a fait part de sa surprise et de sa préoccupation quant à la toponymie employée erronément dans l'Atlas biogéographique de l'océan Austral en ce qui concerne les territoires nationaux argentins, qui font actuellement l'objet d'un conflit de souveraineté bilatéral. Elle a déclaré avoir envoyé une note au SCAR pour l'exhorter à rectifier cela de manière urgente. En outre, l'Argentine a appelé les organes scientifiques et les publications scientifiques à conserver leur neutralité et à s'en tenir exclusivement à l'aspect scientifique afin d'éviter toute question politique sensible.

34. En réponse à l'Argentine, le Royaume-Uni a fait référence à sa déclaration reprise au point 19 de l'ordre du jour, au paragraphe 396.

35. Le COMNAP a présenté son Rapport annuel (IP 8). Le COMNAP a indiqué que les 29 organisations membres avaient également accueilli récemment les Programmes antarctiques nationaux du Portugal et du Vénézuela au titre d'organisations observatrices, rejoignant ainsi le Programme antarctique du Bélarus, qui avait entamé la procédure de candidature au titre de membre du COMNAP. Au cours de l'année précédente, le COMNAP a organisé son 13e Séminaire, les ateliers sur la gestion des eaux usées (IP 74), et sur les défis posés par la les glaces de mer (IP 56). Le projet du COMNAP Défis du Plan d'action de l'Antarctique (ARC) est également en cours. Il vise à identifier les technologies et les autres soutiens scientifiques nécessaires que la communauté scientifique est susceptible de requérir à court et moyen termes pour résoudre les questions scientifiques importantes. Enfin, le

COMNAP a indiqué que l'atelier sur la télémédecine et l'atelier sur l'ARC se tiendraient en Norvège en août 2015.

36. En sa qualité de gouvernement dépositaire de l'Organisation hydrographique internationale (OHI), Monaco a présenté son rapport (IP 122), intitulé *Rapport de l'Organisation hydrographique internationale,* qui décrit l'état de l'hydrographie et de la cartographie de l'Antarctique. L'Organisation a rappelé que plus de 90 pour cent des eaux antarctiques demeurent non hydrographiées, ce qui engendre de sérieux risques pour la sécurité de la navigation et entrave la conduite d'activités maritimes. La production de cartes électroniques de navigation pour l'Antarctique a été sérieusement gênée par le manque de données et par le mauvais état des cartes papier correspondantes. Tout en reconnaissant la volonté de la Commission hydrographique de l'OHI de collaborer étroitement avec d'autres organisations, telles que le COMNAP, l'IAATO, le SCAR, l'Organisation maritime internationale (OMI) et la Commission océanographique intergouvernementale (COI), elle a souligné le manque de programmes de coopération en matière d'utilisation des navires ou d'autres ressources visant à améliorer les données hydrographiques, sauf avec l'IAATO. Rappelant l'adoption de la Résolution 5 (2014) sur le renforcement de la coopération lors des campagnes de relevés hydrographiques et de cartographie des eaux de l'Antarctique, Monaco a déploré le report malheureux de la réunion annuelle de la Commission hydrographique sur l'Antarctique de l'OHI. Monaco a souligné l'importance du soutien politique et a mis l'accent sur la nécessité d'améliorations globales. Il a invité les Parties à prendre part à la prochaine réunion de la Commission hydrographique sur l'Antarctique de l'OHI et à contribuer efficacement à ses activités, conformément à la Résolution 5 (2014).

37. Le Royaume-Uni a remercié Monaco et a salué les travaux essentiels entrepris par l'OHI en matière d'hydrographie des eaux antarctiques. Il a également mis en lumière les récents travaux d'hydrographie menés par le Royaume-Uni en Antarctique, décrits dans le document d'information IP 33, intitulé « The role of the United Kingdom in charting the waters of the Antarctic ».

38. La Colombie a souligné qu'elle avait entrepris sa première expédition antarctique durant l'été 2014-2015 et qu'elle avait mené une étude hydrographique du détroit de Gerlache.

39. La Réunion a entendu les rapports d'autres organisations internationales au titre de l'article III, paragraphe 2 du Traité sur l'Antarctique.

40.   L'ASOC a présenté le document d'information IP 137 *Rapport de la Coalition pour l'Antarctique et l'océan Austral*. L'ASOC a exhorté les Parties à jouer un rôle décisif dans les questions liées à la protection des zones, au tourisme, au changement climatique, aux impacts cumulatifs et à la gestion des navires. Concernant la création de nouvelles zones protégées, l'ASOC a demandé aux Parties de prendre note des avantages potentiels que cela pourrait constituer pour la gestion du tourisme, la protection de la biodiversité et la préservation de la nature sauvage. L'ASOC a l'intime conviction que la RCTA a joué un rôle essentiel qui a permis aux décideurs politiques, dans d'autres réunions, de comprendre l'incidence du changement climatique en Antarctique. L'ASOC a demandé aux Parties de contribuer significativement à la mise en œuvre du code polaire de l'OMI, notamment en signalant tout accident maritime afin d'éviter qu'ils ne se reproduisent à l'avenir.

41.   L'IAATO a présenté le document d'information IP 84 *Rapport 2014-15 de l'Association internationale des organisateurs de voyages dans l'Antarctique (IAATO)*. L'IAATO a indiqué que durant la saison 2014/15, 36 702 touristes avaient visité l'Antarctique, un nombre légèrement en baisse par rapport aux années précédentes. L'IAATO a souligné que, en sa qualité d'organisation, elle continuait de mettre l'accent sur l'élaboration et l'amélioration de meilleures pratiques en matière de tourisme. On citera comme exemple : investir dans la formation et l'évolution du personnel de terrain, soutenir la formation et la planification, notamment en traduisant les lignes directrices de la RCTA et de l'IAATO dans les langues des marchés émergents ; renforcer la sécurité, notamment en renforçant le partage de données hydrographiques, les exercices de recherche et sauvetage, et en préparant les opérateurs touristiques membres de l'IAATO à mettre en œuvre le code polaire de l'OMI. En outre, l'IAATO s'est engagée à poursuivre sa politique consistant à déclarer les accidents, afin de garantir la sécurité future et d'assurer une prise de décision sage en matière de gestion. L'IAATO a conclu en indiquant qu'elle considérait la coopération et la collaboration comme des éléments cruciaux dans ses travaux, et a souligné que les membres de l'IAATO continueraient, comme ils le font depuis longtemps, à soutenir la communauté de chercheurs, financièrement et en nature. L'organisation a remercié l'ASOC, la CCAMLR, le COMNAP, l'OHI et le SCAR pour leur précieuse collaboration au cours de l'année écoulée.

42.   Le Bélarus a présenté le document d'information IP 7, intitulé « *Activity of the Republic of Belarus in Antarctica in 2007–2014 and Today* ». Ce document a fait rapport des sept expéditions antarctiques du Bélarus organisées par le Programme national du Bélarus entre 2007 et 2015. Il y était aussi fait part

de l'intention d'ouvrir une station scientifique au complexe géographique du Mont Vechernyaya, en Terre d'Enderby.

Point 5 – Fonctionnement du Système du Traité sur l'Antarctique : Questions de caractère général

43.   Le Royaume-Uni a présenté le document de travail WP 7 *Renvoi aux Mesures, Décisions et Résolutions de la RCTA*. Ce document a souligné que, lorsque des sujets sont proposés pour discussion lors de la RCTA, il était souvent utile de faire référence aux précédentes recommandations, mesures, décisions et résolutions portant sur des thèmes semblables. Estimant que rechercher les sections pertinentes dans les Rapport finaux de la RCTA où les débats portant sur l'adoption de l'instrument étaient consignés pouvait être chronophage, le Royaume-Uni a proposé plusieurs pistes de mécanismes de renvoi afin qu'un lien soit établi entre le numéro du paragraphe du Rapport final de la RCTA et les recommandations, mesures, décisions et résolutions concernées.

44.   En réponse aux préoccupations exprimées par plusieurs Parties, selon lesquelles un mécanisme de recoupement ne permettrait pas de couvrir l'ensemble de l'historique des négociations et ne devrait pas être perçu de cette manière, le Royaume-Uni a précisé que le seul objectif de sa proposition était d'identifier uniquement la référence dans le rapport où la Recommandation, la Mesure, la Décision ou la Résolution avait été adoptée.

45.   La Réunion est convenue que l'ajout d'une nouvelle colonne dans la base de données du STA pour répertorier les « Paragraphes pertinents du Rapport final » constituerait la façon la plus adéquate de réaliser cette proposition. Le Secrétariat a confirmé disposer des ressources nécessaires pour mettre en œuvre cette proposition.

46.   Le Chili a présenté le document de travail WP 43 *Rapport du groupe de contact intersession visant à promouvoir une coopération élargie en Antarctique*. Le Chili a rappelé à la Réunion que le GCI avait été établi lors de la XXXVIIe RCTA pour faciliter les débats entre les Parties sur les façons de promouvoir une coopération élargie en Antarctique. Le Chili a noté que le GCI avait principalement axé ses travaux sur deux dossiers : les façons d'élargir efficacement la coopération entre les pays afin de parvenir à une participation efficace de toutes les Parties de la RCTA ; et les méthodes de travail de la RCTA, notamment la prolifération de Groupes de travail durant les réunions et les problèmes pouvant survenir pour les petites délégations ;

l'élection des présidents des Groupes de travail et la durée de leur mandat ; et l'augmentation du nombre de GCI. Le Chili a souligné que le document portait principalement sur le dernier point - les méthodes de travail de la RCTA - et que les huit problèmes et propositions identifiées par le GCI avaient été soutenus à divers degrés par les participants du GCI.

47.   Certains ont estimé qu'il s'agissait d'une question importante au cœur de la gouvernance de la RCTA, et que la question cruciale était de veiller à ce que la structure de la RCTA devienne plus flexible et évite de limiter artificiellement les débats par le biais de processus bureaucratiques.

48.   La Réunion a remercié le Chili pour son excellent travail à la tête du GCI et a examiné chacun des huit points un à un.

1. Assurer une plus grande flexibilité de l'organisation de la RCTA en modifiant la structure actuelle des Groupes de travail et reporter à la séance plénière l'examen d'une grande partie des questions à l'ordre du jour de chaque réunion

49.   Le Chili a indiqué que les participants au GCI avaient exprimé leur soutien en faveur de la révision de l'ordre du jour actuel de la RCTA afin de déterminer si les priorités et les défis actuels sont correctement abordés, en examinant en particulier le nombre de groupes de travail et leur mandat, et en révisant régulièrement leur fonction.

50.   Si de nombreuses Parties sont convenues qu'il fallait veiller à ce que les groupes de travail soient flexibles et s'adaptent à l'évolution des priorités, certaines Parties ont mis l'accent sur la nécessité de faire évoluer le système petit à petit, et ont cité en exemple les groupes de travail spéciaux formés pour traiter de la recherche et du sauvetage, ou des autorités compétentes, et qui témoignent de la flexibilité du système actuel.

51.   Certaines Parties ont souligné l'utilité de mieux utiliser la Réunion plénière pour des sujets spécifiques, en particulier ceux qui sont repris dans le Plan de travail stratégique pluriannuel. Elles ont également indiqué qu'il convenait mieux de prendre les décisions relatives au format de la RCTA suivante avant la fin de la RCTA précédente. D'autres Parties ont émis des réserves quant au fait de déplacer des points de l'ordre du jour vers la plénière, et ont souligné l'importance de maintenir les Groupes de travail et d'assurer la continuité de leur présidence, en particulier pour les groupes de travail qui exigent une expertise spécifique.

52. La Réunion est convenue qu'il n'était pas nécessaire de modifier le Règlement intérieur de la RCTA pour mettre en œuvre les diverses suggestions, à moins que ce ne soit jugé nécessaire lors d'une Réunion en particulier. Elle est par ailleurs convenue que les prochaines RCTA pourraient continuer, le cas échéant, d'établir sur une base annuelle des groupes de travail qui porteraient sur des points spécifiques de l'ordre du jour.

2. La création d'un Groupe de travail permanent qui s'occupe de questions administratives/institutionnelles telles que le budget du Secrétariat/ programme de travail

53. Notant que la CCAMLR avait établi un Comité permanent sur l'administration et les finances (SCAF) et que des groupes permanents semblables étaient courants au sein d'autres organes internationaux, plusieurs Parties ont considéré qu'il pourrait être utile d'établir un Groupe de travail permanent de la RCTA pour gérer les questions administratives et institutionnelles.

54. Le président a invité les Parties à réfléchir au fonctionnement, dans le contexte de la RCTA, du Groupe de travail permanent proposé. Les Parties ont débattu pour déterminer si cette proposition impliquerait que le point 6 de l'ordre du jour de la RCTA - sur le *Fonctionnement du système du Traité sur l'Antarctique : examen de la situation du Secrétariat* - serait attribué à un tel Groupe de travail permanent. En outre, elles ont discuté de l'opportunité pour un tel Groupe de travail permanent de faire rapport à la plénière.

55. Certaines Parties ont informé la Réunion que, si elles n'étaient pas opposées à un Groupe de travail permanent, elles considéraient que la prolifération de Groupes de travail parallèles rendrait la situation difficile. Il a été indiqué que le comité sur le budget, qui fonctionne au sein du Groupe de travail sur les affaires juridiques et institutionnelles mais se réunit en marge de celui-ci, s'était jusqu'à présent révélé efficace.

56. La Réunion est convenue de ne pas proposer l'établissement d'un Groupe de travail permanent.

3 et 4. Le mandat des présidents des Groupes de travail et le calendrier de la désignation des présidents des Groupes de travail

57. Le président a rappelé que l'article 11 du Règlement intérieur limitait le mandat des présidents à quatre réunions consécutives, sauf décision contraire.

58.   Plusieurs Parties ont appelé à une plus grande diversité géographique et des genres à la présidence des groupes de travail, et certaines ont souligné que limiter le mandat des présidents des groupes de travail conformément à l'article 11 pouvait y contribuer. Pour la première fois, des présidentes ont exercé au sein d'une RCTA. L'importance d'assurer une certaine continuité et une expérience à la tête des groupes de travail a également été soulignée.

59.   Faisant suite aux débats portant sur les propositions de durée du mandat des présidents de groupes de travail et sur le calendrier de la désignation des présidents des groupes de travail, propositions élaborées par le GCI, la Réunion a adopté la Décision 1 (2015) *Règlement intérieur révisé de la Réunion consultative du Traité sur l'Antarctique (2015) : comités et groupes de travail.*

5. Plus de transparence concernant la désignation des rapporteurs de la RCTA et le rôle des présidents concernés qui supervisent le processus de rédaction des rapports

60.   En réponse aux requêtes formulées par plusieurs Parties, le Secrétaire exécutif a précisé que, comme énoncé dans le Manuel de l'organisation de la RCTA, il revient au pays hôte de désigner des rapporteurs. Depuis la XXXIIIe RCTA en Uruguay, les gouvernements des pays hôtes ont commencé à sélectionner des rapporteurs qui avaient déjà travaillé lors de précédentes réunions afin d'assurer la production efficace et efficiente des rapports. Il a par ailleurs indiqué que, depuis la XXXVe RCTA en Australie, de nouveaux rapporteurs avaient été formés préalablement à la RCTA, conformément à un programme élaboré par le Secrétariat et l'Australie. Il a ensuite expliqué que, au cours des dernières années, les équipes de rapporteurs ont été composées d'un nombre égal de rapporteurs expérimentés et de jeunes rapporteurs du pays hôte qui ont pu tirer profit de cette expérience. Le Secrétaire exécutif a souligné que le Secrétariat était ouvert à la discussion concernant les améliorations potentielles à apporter au système actuel de recrutement de rapporteurs.

61.   Prenant en considération le système actuel de recrutement, les Parties ont débattu des voies possibles pour élargir la réserve de rapporteurs et d'autres représentants et pour garantir la transparence du système de recrutement. L'importance de veiller à l'introduction continue de nouveaux rapporteurs dans l'équipe de rapporteurs a été soulignée, afin de permettre la continuité des connaissances au sein de l'équipe. Certains ont indiqué que cette transparence devrait aussi être d'application pour d'autres représentants de la réunion.

62.   Tout en reconnaissant que le recrutement et la rémunération des rapporteurs incombaient au pays hôte, la Réunion a estimé qu'il était important que les Parties aient la possibilité de recommander des candidats au poste de rapporteur ou à d'autres postes de représentant pour les prochaines RCTA. La Réunion a demandé au Secrétariat de communiquer avec les Parties avant les prochaines RCTA afin qu'elles lui recommandent des candidats potentiels.

63.   La Réunion est également convenue qu'il revenait aux présidents des Groupes de travail d'assurer la supervision du processus de rédaction des rapports de la façon qu'ils considèrent la plus adéquate.

6. Création de groupes de contact intersession/groupes de contact en ligne.

64   Plusieurs Parties ont estimé que les GCI constituaient un outil simple, peu coûteux et utile et qu'ils facilitaient les travaux intersession. Il a également été souligné que les GCI permettaient à toutes les Parties de prendre part aux discussions qu'elles jugent pertinentes pour elles.

65.   Certaines Parties ont indiqué qu'il convenait d'entretenir une culture de participation aux GCI plus large parmi les Parties. Il a cependant été observé que le niveau de participation ne déterminait pas nécessairement l'utilité des résultats des débats, comme l'ont montré les résultats utiles de ce GCI. Il a aussi été noté qu'il était plus facile d'atteindre un consensus au sein des GCI disposant d'un mandat d'ordre pratique plutôt qu'au sein de ceux qui avaient un mandat politique. Il a été proposé que les coordinateurs des GCI contribuent à une plus grande participation aux GCI en invitant d'autres Parties participer à la coordination également.

66.   Parmi les autres pistes pour améliorer le fonctionnement des GCI, il a été proposé que la Réunion élabore un mandat clair pour les GCI sur la base des modèles existants, et que les coordinateurs des GCI organisent une réunion de lancement à la fin de la RCTA, afin que le GCI soit rapidement établi durant la période intersession, qu'une liste de points de contacts des Parties souhaitant participer au GCI soit élaborée et qu'un programme de travail s'étendant sur la durée de la période intersession soit élaboré.

67.   Faisant suite à la proposition de voir Secrétariat fournir un rapport actualisé trimestriellement sur les travaux des GCI en cours, le Secrétaire exécutif a fait part de son accord pour faire rapport des travaux des GCI en cours aux responsables des délégations tous les trois mois.

7. Contributions volontaires des Parties non consultatives

68.   L'Uruguay a fait référence à l'article 4 de la Mesure 1 (2003), qui prévoit que le budget de la RCTA soit exclusivement financé par les cotisations des Parties consultatives. Il a été indiqué que cette Mesure prévoyait aussi que toute Partie contractante peut procéder à une contribution volontaire à tout moment. L'Uruguay a indiqué que les Parties non consultatives n'avaient peut-être pas conscience qu'il leur était possible d'apporter une contribution, et il a proposé que ces Parties soient informées de cette possibilité, soit officiellement, soit en adoptant une formulation pour le rapport.

69.   La Réunion a favorablement accueilli l'idée que les Parties non consultatives apportent leur contribution. La Réunion a aussi souligné que l'acceptation de contributions volontaires avait des répercussions politiques, et que les Parties devraient réfléchir à l'objectif que ces contributions financeraient. La Réunion a insisté avec force sur le fait que toute action entreprise à cet égard ne devrait pas décourager les Parties non consultatives à participer à la RCTA ni décourager l'adhésion de nouvelles Parties.

70.   La Réunion a fait référence aux articles 7.4 et 7.5 du Règlement financier du Secrétariat du Traité sur l'Antarctique. Plusieurs Parties ont indiqué qu'un fonds distinct pourrait être créé conformément aux articles 7.4 et 7.5. Elles ont souligné que le barème des contributions attendues devrait être clair et qu'il conviendrait d'insister sur la nature volontaire de ces contributions.

71.   Les Parties ont exprimé des positions différentes sur le nom, les limites et l'objectif d'un fonds distinct. Se référant à l'article 6.2 (d) du Règlement financier, certaines Parties ont souligné que les limites et l'objectif du fonds distinct devraient être clairement définis par la RCTA. Cependant, d'autres Parties ont indiqué que les limites et l'objectif du fonds ne devraient pas imposer de contraintes aux Parties non consultatives souhaitant apporter leur contribution.

72.   Quelques Parties ont proposé que les Parties non consultatives paient des frais de participation obligatoires au pays hôte de la RCTA. Cela pourrait partiellement couvrir les coûts de leur participation à la RCTA. Certaines Parties non consultatives se sont dites favorables à cette idée, et ont souligné que cette pratique existait dans d'autres réunions internationales et avait, sur le plan national, un sens administratif. D'autres Parties ont appelé à la prudence envers cette proposition. Elles ont soulevé des questions relatives à la nécessité d'amender le Règlement financier, à l'administration par le pays hôte des frais de participation, et aux défis liés à l'identification du nombre de délégués bien à l'avance.

73. Plusieurs Parties se sont dites préoccupées quant à l'objectif de contributions obligatoires pour les Parties non consultatives, quant au fait que ces contributions pourraient entraver la voie vers l'accession du statut de Partie consultative et quant aux répercussions qu'elles auraient sur l'ouverture de la Réunion aux Parties contractantes.

74. La Réunion a indiqué que la question des contributions volontaires par des Parties non consultatives était complexe et exigeait davantage de réflexion et de discussions. Elle a invité les Parties non consultatives à poursuivre l'examen de toute mesure existant à l'échelle nationale qui pourrait permettre de faire avancer la question, et d'informer la Réunion de leurs réflexions. La Réunion a fait part de sa volonté de poursuivre ces débats lors de la XXXIXe RCTA et a invité les Parties non consultatives à y faire part de leur point de vue.

8. Calendrier des Réunions du CPE et de la RCTA

75. La Réunion a souligné les avantages que présente le fait de recevoir des conseils d'experts du CPE. Elle a ensuite insisté sur l'importance de trouver des pistes flexibles permettant de recevoir les avis du CPE avant de débattre des sujets pertinents au sein de la RCTA.

76. Plusieurs Parties ont proposé que, le CPE étant un organe consultatif de la RCTA, il serait plus logique qu'il se réunisse avant la RCTA afin d'éviter que des réunions parallèles portant sur des sujets communs ne se tiennent simultanément. D'autres Parties ont souligné l'importance que la RCTA se tienne en même temps que le CPE au vu des liens entre le personnel et les questions traitées à chacune des réunions. Le Secrétaire exécutif a indiqué que le fait d'étaler ou d'étendre la Réunion pourrait avoir des répercussions financières pour le pays hôte et/ou le Secrétariat.

77. La Réunion a aussi débattu de la possibilité d'organiser des RCTA biennales. Certaines Parties se sont opposées à cette idée, soulignant la nécessité de maintenir un contact régulier entre les Parties.

78. Faisant suite aux débats, la RCTA a décidé de maintenir le format actuel de la réunion, qui s'étend sur huit jours, pour la RCTA de 2016 au Chili. Durant cette période, une journée serait consacrée au colloque marquant le 25e anniversaire du Protocole relatif à la protection de l'environnement. Pour la réunion de 2017 en Chine, la période serait prolongée d'un jour, à neuf jours au total. Le CPE commencerait ses travaux le lundi de la première semaine, tandis que la RCTA démarrerait le mardi de la première semaine.

79.   La Norvège a présenté le document de travail WP 44 *Un colloque pour célébrer le 25e anniversaire du Protocole au Traité sur l'Antarctique relatif à la protection de l'environnement*, préparé conjointement avec l'Australie, le Chili, la France, la Nouvelle-Zélande et le Royaume-Uni. Ce document a mis en lumière le rôle consultatif efficace joué par le CPE auprès de la RCTA. Il y a également rappelé, à l'attention des Parties, que le 25ᵉ anniversaire du Protocole au Traité sur l'Antarctique relatif à la protection de l'environnement était inclus dans le Plan de travail quinquennal du CPE. Il a été proposé dans ce document qu'un colloque se tienne pour célébrer cet évènement et débattre des réalisations liées au rôle joué par le Protocole en tant qu'outil-cadre pour la protection de l'environnement en Antarctique et pour veiller à garantir l'avenir du Protocole. Le document recommandait que cette manifestation se tienne conjointement au XIXᵉ CPE en 2016.

80.   La Réunion a exprimé son soutien en faveur de la tenue d'un colloque au cours de la prochaine réunion à Santiago du Chili pour marquer le 25e anniversaire du Protocole au Traité sur l'Antarctique relatif à la protection de l'environnement. Plusieurs Parties ont observé que le Protocole constituait un bon exemple pour d'autres réunions internationales.

81.   Les Parties ont estimé qu'il était important que le colloque soit tourné vers l'avenir du Protocole, tout en laissant la place aux réflexions sur sa mise en œuvre et en revenant sur ses réalisations.

82.   La Réunion est convenue de mettre sur pied un GCI faisant office de Comité de pilotage pour l'organisation du colloque célébrant le 25ᵉ anniversaire du Protocole au Traité sur l'Antarctique relatif à la protection de l'environnement, dont le mandat serait le suivant :

   1. élaborer un programme pour le colloque qui revienne sur l'élaboration, la mise en œuvre et l'application du Protocole et qui fasse le point sur la protection de l'environnement en Antarctique de manière plus générale ;
   2. inviter des conférenciers en veillant à assurer une représentation qui soit équitable sur le plan des fonctions et de la géographie ;
   3. envisager la participation du grand public au colloque, en plus de celle des Parties, des Observateurs et des Experts ;
   4. envisager une large campagne de diffusion grâce à l'utilisation des médias sociaux ;
   5. prendre en considération la publication sur le 25ᵉ anniversaire qui est en cours de préparation au sein du CPE et dialoguer avec le GCI du CPE mis sur pied à cette fin ; et

6. conseiller de façon adéquate le pays hôte de la XXXIXe RCTA en matière d'organisation du colloque.

83. Il a par ailleurs été convenu que :

- Les observateurs et les Experts participant à la RCTA ainsi que les présidents actuels et précédents du CPE seraient invités à contribuer au GCI ;
- Le Secrétaire exécutif ouvrirait le Forum de la RCTA au GCI et apporterait son appui au GCI ; et que
- L'Australie, le Chili, la France, la Norvège, la Nouvelle-Zélande et le Royaume-Uni coordonneraient le GCI et ferait rapport à la prochaine RCTA des opinions exprimées par les Parties et des progrès réalisés dans le cadre du GCI.

84. À la demande de la Réunion, le Royaume-Uni s'est référé au document de travail WP 18 *Inspection des voiliers de plaisance dans le cadre du Traité sur l'Antarctique et de son Protocole sur la protection de l'environnement*, soumis au titre du point 11 de l'ordre du jour.

85. Les Parties ont remercié le Royaume-Uni d'avoir proposé d'éclaircir l'article VII (3) du Traité sur l'Antarctique. Rappelant l'incident survenu à Wordie House en 2012 (XXXIIIe RCTA - WP 25), les Parties sont convenues que la présence de voiliers de plaisance constituerait un problème récurrent dans la zone du Traité sur l'Antarctique et qu'une compréhension claire du champ d'action de l'article VII (3) pourrait être utile. Certaines Parties ont également rappelé qu'à l'époque de l'adoption de l'article VII (3), il n'y avait pas de voiliers de plaisance dans la zone du Traité sur l'Antarctique et que la définition proposée du terme « voilier de plaisance » était floue. Les Parties ont par ailleurs estimé qu'un régime plus solide en ce qui concerne la réglementation relative aux activités des voiliers de plaisance pourrait être utile, et que le WP 25 constituait une base utile aux débats. En réponse à un commentaire, le Royaume-Uni a confirmé qu'il ne proposait pas d'inspecter les voiliers durant la navigation.

86. Certaines Parties ont estimé qu'une Mesure, comme le propose le WP 18, ne serait pas adéquate, car elle pourrait sembler donner une nouvelle interprétation de l'article VII, et ont proposé d'adopter plutôt une Résolution. Il a été souligné que toute approche en la matière devrait prendre en considération le droit de la mer et l'article VI du Traité sur l'Antarctique. Les Parties ont également fait remarquer qu'il était utile d'inspecter les voiliers de plaisance.

87. Cette proposition a été davantage débattue au titre du point 11 de l'ordre du jour (voir paragraphe 237).

88. Le Secrétariat a présenté le document du secrétariat SP 8 *Recommandations opérationnelles faisant l'objet d'une révision*. Ce document a été préparé pour répondre à une requête formulée par la XXXVIIe RCTA de produire un document sur les mesures portant sur des aspects opérationnels désignées comme caduques faisant toujours l'objet d'une révision. Huit questions opérationnelles ont été examinées par la Réunion :

   • Rec. I-XII Coopération des services postaux ;
   • Rec. VII-7 Télécommunications en Antarctique : échange d'information continu ;
   • Rec. VIII-7 Coopération dans le système de transport aérien
   • Rec. X-3 Informations météorologiques antarctiques, manuel de télécommunications ;
   • Rec. XII-2 Utilisation des systèmes de télécommunication antarctiques ;
   • Rec. XV-17 Établissement de nouvelles stations ;
   • Rés. 1 (1997) Plans de contingence ;
   • Déc. 4 (20004) Lignes directrices pour la navigation.

89. La Réunion a remercié le Secrétariat pour ses efforts et pour avoir mené à bien son examen pluriannuel des recommandations opérationnelles faisant l'objet d'une révision, sur la base des avis fournis par le COMNAP et d'autres organes compétents (OMM, OHI, SCAR et IAATO).

90. La Réunion a indiqué que la Recommandation I-XXI *Coopération des services postaux* avait été réglée à la XXXVIIe RCTA (voir Rapport final, paragraphe 62) et qu'elle ne nécessitait plus, selon elle, davantage d'actions.

91. La Réunion est par ailleurs convenue que la Recommandation VIII-7 *Coopération dans le système de transport aérien* était caduque, le COMNAP ayant été mandaté pour mener les types de travaux prévus par cette recommandation. Les Parties ont confirmé que les avantages potentiels découlant de la coopération dans le système de transport aérien demeuraient valides, comme cela avait été convenu lors de la VIIIe RCTA. En conséquence, les Parties devraient poursuivre leurs travaux avec le COMNAP afin de réviser leurs programmes scientifiques pour identifier la façon dont la coopération dans les systèmes de transport aérien pourrait leur être bénéfique. La Réunion a adopté la Résolution 1 (2015) *Coopération dans le système de transport aérien*.

92. La Réunion est convenue que la Recommandation VII-7 Télécommunications en Antarctique : échange d'informations continu était caduque, mais a estimé que les dispositions générales relatives à l'échange d'informations sur les équipements et les méthodes de communication entre les programmes antarctiques nationaux demeuraient valides et étaient encouragées. La Réunion est également convenue que la Recommandation XII-2 Utilisation des systèmes de télécommunications antarctiques était caduque puisqu'il est nécessaire de la mettre à jour pour refléter les progrès technologiques importants qui sont intervenus au cours des trente dernières années. La Réunion a adopté la Résolution 2 (2015) Systèmes de technologie de l'information et de la télécommunication (ICTS).

93. La Réunion est convenue que la Recommandation X-3 *Informations météorologiques antarctiques, manuel des télécommunications* était caduque, ses dispositions relatives aux données météorologiques étant couvertes par la Résolution 2 (2014) tandis que d'autres de ses dispositions sont dépassées. La Réunion a indiqué que le COMNAP entretenait un manuel des opérateurs de télécommunications en Antarctique intitulé « Antarctic Telecommunications Operators Manual » (ATOM). La Réunion a réitéré son soutien envers l'utilité de l'ATOM et a invité les programmes antarctiques nationaux à informer régulièrement le COMNAP de tout changement dans leurs pratiques de télécommunications et dans leurs informations de points de contact reprises dans l'ATOM.

94. La Réunion est convenue de laisser la Recommandation XV-17 *Établissement de nouvelles stations* en vigueur, sachant qu'elle serait lue à la lumière des évolutions intervenues depuis son adoption, notamment l'entrée en vigueur du Protocole relatif à la protection de l'environnement.

95. La Réunion est convenue que la Résolution 1 (1997) Plans de contingence - *Actions à prendre en cas d'urgence et plans d'urgence à établir* était caduque. Elle a indiqué que les actions à prendre en cas d'urgence et les plans d'urgence à établir demeuraient extrêmement pertinents et étaient désormais couverts par le Protocole relatif à la protection de l'environnement, en particulier par l'article 15 et l'Annexe IV (article 12), ainsi que par les documents et les directives liés en matière de décision adoptés depuis l'entrée en vigueur du Protocole.

96. La Réunion est convenue que les *Lignes directrices pour la navigation* étaient caduques, puisque les lignes directrices ont été été intégrées au Code polaire de l'OMI récemment adopté, code qui devrait entrer en vigueur au 1er janvier 2017.

97. En conséquence de l'adoption de ces nouvelles résolutions, et parce que des mesures précédentes de la RCTA ont été considérées comme caduques, la Réunion a adopté la Décision 2 (2015) *Mesures portant sur des aspects opérationnels désignées comme caduques.*

Point 6 – Fonctionnement du Système du Traité sur l'Antarctique : examen de la situation du Secrétariat

98. Le Secrétaire exécutif a présenté le document du secrétariat SP 2 Rapport du Secrétariat 2014/2015, fournissant des détails sur les activités du Secrétariat durant l'exercice fiscal 2014/2015 (1er avril 2014 au 31 mars 2015). Se référant au 10e anniversaire de la création du Secrétariat du Traité sur l'Antarctique, il a souligné les réalisations du Secrétariat pour soutenir le Système du Traité sur l'Antarctique, à savoir la production des rapports finaux des RCTA et des CPE et l'aide à l'échange d'informations entre les Parties au cours de la dernière décennie.

99. Il a par ailleurs indiqué que les activités du Secrétariat durant 2014/2015 s'étaient axées sur le soutien à l'organisation de la XXXVIIe RCTA, la coordination avec la Bulgarie pour l'organisation de la XXXVIIIe RCTA, l'amélioration de l'échange d'informations, et la poursuite des efforts déployés par le Secrétariat en matière de recueil de documents. Le Secrétaire exécutif a indiqué qu'aucune modification du personnel du Secrétariat n'était intervenue durant la période 2014/2015.

100. Le Secrétaire exécutif a présenté le document du secrétariat SP 3 *Rapport du Secrétariat 2015/2016*, détaillant les activités proposées pour le Secrétariat durant l'exercice fiscal 2015/2016 (1er avril 2015 au 31 mars 2016). Il a souligné les requêtes du Secrétariat d'augmenter l'éditeur du STA du grade G3 au grade G2, et de créer un poste à temps partiel pour une personne de ménage.

101. Le Secrétaire exécutif a également présenté le document du Secrétariat SP 4 *Profil budgétaire quinquennal 2015 - 2019*, qui fournit le profil budgétaire du Secrétariat pour la période 2015-2019, et a indiqué que le profil budgétaire permettait une augmentation nominale zéro des contributions jusqu'à 2019/20.

102. Le Secrétaire exécutif a attiré l'attention de la Réunion sur la nécessité de commencer à planifier le recrutement d'un nouveau Secrétaire exécutif, son contrat prenant fin en 2017.

103. L'Ukraine a présenté le document de travail WP 45 *Du paiement échelonné des contributions par les Parties consultatives au Secrétariat du Traité sur l'Antarctique*, dans lequel elle souligne les difficultés actuelles qu'elle rencontre pour répondre à ses obligations en matière de contributions et propose d'organiser un paiement échelonné.

104. Après les débats sur cette question, il a été indiqué que, conformément au Règlement financier, les Parties en retard de paiement conservent leur droit de participation aux RCTA. Les Parties ont également fait savoir qu'elles étaient sereines quant à la capacité de l'Ukraine à répondre à ses engagements financiers une fois ses difficultés actuelles surmontées. La Réunion a estimé qu'il n'était pas nécessaire d'amender le Règlement financier.

105. Après davantage de débats, la Réunion a adopté la Décision 3 (2015) *Rapport, programme et budget du Secrétariat.*

Point 7 – Élaboration d'un programme de travail stratégique pluriannuel

106. La Réunion a examiné le Programme de travail stratégique pluriannuel adopté à la XXXVIIᵉ RCTA (SP 1). Elle s'est penchée sur la façon de réaliser les points prioritaires dans les années à avenir, et sur la possibilité de supprimer des priorités actuelles pour les remplacer par des nouvelles.

107. La Réunion est convenue d'insérer une nouvelle priorité relative au tourisme, afin de refléter l'intention d'établir un GCI sur l'élaboration d'une approche stratégique de l'écotourisme et des activités non gouvernementales en Antarctique, et est convenue d'en examiner le rapport lors de la XXXIXᵉ RCTA. Après avoir examiné les résultats de l'atelier sur l'éducation et la sensibilisation, la Réunion est convenue d'ajouter l'éducation et la sensibilisation au titre des questions prioritaires dans le Programme de travail stratégique pluriannuel.

108. À la suite des débats, la Réunion a adopté la Décision 4 (2015) *Programme de travail stratégique pluriannuel de la Réunion consultative du Traité sur l'Antarctique.*

Point 8 – Rapport du Comité pour la protection de l'environnement

109. Ewan McIvor, président du Comité pour la protection de l'environnement (CPE), a présenté le rapport du XVIIIᵉ CPE. Le Comité a examiné 41

documents de travail et 45 documents d'information. En outre, 4 documents du Secrétariat et 9 documents de contexte ont été soumis à des points de l'ordre du jour du CPE.

Débat stratégique sur les travaux futurs du CPE (Point 3 de l'ordre du jour du CPE)

110.   Le président du CPE a indiqué que le Comité avait examiné deux documents soumis par la Nouvelle-Zélande, l'Australie, la Belgique, la Norvège et le SCAR, qui faisaient état de l'achèvement du projet sur le Portail des environnements en Antarctique. Le Comité a fait part à la RCTA de différents points: il a salué l'achèvement du projet du Portail des environnements en Antarctique, a exprimé son appui en faveur du produit final, et a reconnu l'utilité du Portail des environnements en Antarctique en tant qu'outil permettant d'aider le CPE à être aussi informé que possible de l'état des environnements en Antarctique.

111.   La Réunion a félicité les coauteurs du document et le CPE pour leurs travaux relatifs au Portail des environnements en Antarctique. Elle a par ailleurs souligné que le Portail des environnements en Antarctique était un outil précieux et utile, tant pour le CPE que pour la RCTA.

112.   Se ralliant à l'avis du CPE, la Réunion a adopté la Résolution 3 (2015) : *Le Portail des environnements en Antarctique.*

113.   Le président du CPE a indiqué que le Comité avait débattu de la possibilité d'organiser un colloque commémoratif lors de la réunion de la RCTA et du CPE en 2016. Le Comité a pris note du fait que la RCTA examinerait également cette proposition et est convenu d'indiquer à la RCTA que le 25e anniversaire du Protocole constituait une étape historique offrant une occasion propice, pertinente et très demandée de se concentrer sur le Protocole relatif à la protection de l'environnement en tant que cadre de gestion de l'environnement pour l'Antarctique, et qu'un colloque représentait un moyen utile et adapté à cette fin.

114.   Le Comité a également indiqué à la RCTA qu'un tel colloque commémoratif devrait se tenir conjointement avec les réunions du XIXe CPE et de la XXXIXe RCTA au Chili, éventuellement le samedi suivant immédiatement la réunion du CPE.

115.   Le Comité a recommandé qu'un Comité de pilotage, qui se composerait de représentants des États promoteurs, d'autres Membres intéressés et

éventuellement des anciens présidents du CPE, soit établi. Ce Comité de pilotage pourrait élaborer le programme du colloque, en tenant compte, le cas échéant, des idées émises par les Membres du CPE concernant la portée potentielle, le respect de l'équilibre entre les présentations et les intervenants, ainsi que le cadre budgétaire. Le Comité de pilotage pourrait examiner des mécanismes garantissant que les Parties puissent fournir au cours de la période intersession leur avis au comité de pilotage en ce qui concerne l'élaboration du programme du colloque.

116. Nombre de parties ont appuyé les recommandations du CPE et activement soutenu l'idée d'organiser un symposium qui marque le 25ᵉ anniversaire du Protocole relatif à la protection de l'environnement. Les Parties ont souligné l'importance de prendre en considération les défis à venir et de réfléchir aux réalisations, de créer de la diversité, au sein du comité de direction comme lors du choix des présentateurs du symposium. La Réunion a favorablement accueilli l'avis du CPE et a noté qu'il lui permettrait de l'éclairer lorsqu'elle examinerait le projet de colloque.

117. Le président du CPE a aussi indiqué que le Comité avait examiné un rapport de l'Argentine sur les discussions intersession menées sur une publication marquant le 25ᵉ anniversaire du Protocole de Madrid, et a mis en place un Groupe de contact intersession (GCI) afin de mettre au point une publication qui serait examinée lors du XIXᵉ CPE. Le président du CPE a par ailleurs signalé que le Comité avait mis à jour son plan de travail quinquennal, et était convenu que pour les prochaines réunions, le plan de travail serait soumis sous la forme de document du Secrétariat, en même temps que le Plan de travail de la RCTA.

Fonctionnement du CPE (Point 4 de l'ordre du jour du CPE)

118. Le président du CPE a informé la Réunion que le Comité avait examiné un rapport remis par l'Australie sur le GCI visant à réviser les exigences en matière d'échange d'information. Il est convenu de fournir des avis supplémentaires à la RCTA, si nécessaire, sur l'échange d'informations en matière environnementale.

119. Le Comité a souligné que la XXXVIIᵉ RCTA avait mis à jour son programme de travail stratégique pluriannuel afin d'y inclure le point « renforcement de la coopération entre le CPE et la RCTA » au titre des priorités, et a débattu des possibilités de resserrer davantage ses relations de travail avec la RCTA.

120. Le Comité a apprécié le fait que la RCTA ait fait de l'examen de sa relation avec le CPE une priorité, et il a invité la RCTA à faire part de ses commentaires

quant aux possibilités d'améliorer la façon dont il fournit ses avis, notamment pour les faire mieux correspondre aux priorités de la RCTA.

121. La Réunion a mis l'accent sur l'importance de la relation entre le CPE et la RCTA, et a favorablement accueilli l'avis du CPE. Elle a souligné que la façon très claire dont l'avis du CPE avait été présenté par son président à la RCTA permettait de faciliter l'échange d'informations entre le CPE et la RCTA. Elle a par ailleurs indiqué que la RCTA devait demander conseil au CPE de façon proactive et systématique, et a cité son programme de travail stratégique pluriannuel comme un outil pour y parvenir.

Coopération avec d'autres organisations (Point 5 de l'ordre du jour du CPE)

122. Le président du CPE a informé que le Comité avait reçu les rapports annuels du COMNAP, du CS-CAMLR et du SCAR, et avait désigné des représentants du CPE pour participer aux réunions d'autres organisations.

123. Le Comité a également examiné un document présenté par les États-Unis d'Amérique et le Royaume-Uni faisant état des projets issus de la période intersession visant à planifier en 2016 un deuxième atelier organisé conjointement par le CPE et le CS-CAMLR. Il a estimé que le moment le plus propice pour les membres du CPE serait immédiatement avant la réunion CPE/RCTA au Chili. Prenant en considération le fait que cette période conviendrait peut-être moins aux participants du CS-CAMLR, le CPE est convenu que des mécanismes permettant de faciliter la participation à distance devraient être étudiés.

Réparation et réhabilitation des dommages causés à l'environnement (Point 6 de l'ordre du jour du CPE)

124. Le président du CPE a informé que le Comité était prêt à fournir, selon le souhait de la RCTA, des avis complémentaires à la RCTA sur la question de la réparation et de la réhabilitation des dommages causés à l'environnement.

125. Le Comité a également examiné un document du Brésil et de l'Argentine rendant compte de leurs approches en matière de risques environnementaux et de réhabilitation en Antarctique. Il a reconnu l'utilité des résultats et de l'issue des ateliers bilatéraux et multilatéraux, qui permettent d'approfondir les échanges de points de vue et d'expériences, a encouragé les programmes antarctiques nationaux à coopérer sur les questions relatives à la rehabilitation, et a encouragé les Membres et les observateurs à intégrer leurs expériences dans le Manuel de nettoyage de l'Antarctique.

126. La RCTA a pris note avec satisfaction des travaux du CPE en matière de réparation et de réhabilitation, notamment ceux visant à développer le Manuel de nettoyage. La Réunion a ensuite souligné le fait que ces travaux étaient précieux pour les délibérations relatives à la responsabilité en matière de dommages à l'environnement. À cet égard, le Royaume-Uni a invité le CPE à fournir des exemples de réparation et de réhabilitation à la RCTA, avec une indication des coûts lorsque c'est possible.

Conséquences du changement climatique pour l'environnement : Approche stratégique (Point 7 de l'ordre du jour du CPE)

127. Le président du CPE a indiqué que le Comité avait examiné le rapport soumis par le Royaume-Uni et la Norvège concernant le GCI en charge d'élaborer pour le CPE un Programme de travail en réponse au changement climatique (PTRCC) . Le PTRCC a été adopté après quelques amendements mineurs. Le Comité a également reconnu l'importance d'un engagement et d'une participation totale sur cette question, ainsi que dans le processus de mise en œuvre du PTRCC.

128. Le président du CPE a fait savoir que le Comité était convenu de transmettre à la RCTA un projet de Résolution faisant part de son intention de mettre en œuvre le PTRCC en priorité. Se ralliant à l'avis du Comité, la Réunion a adopté la Résolution 4 (2015): *Programme de travail du CPE en réponse au changement climatique.*

129. Le président du CPE a indiqué que le Comité avait examiné un document présenté par les États-Unis d'Amérique et l'Australie, qui recommandait aux Parties de prendre note de l'importance des observations et de la modélisation de l'océan Austral pour comprendre le changement climatique, ainsi que de la nécessité de coopérer au niveau international et d'investir en la matière. Le Comité avait indiqué que le document serait également examiné par la RCTA.

130. Le Comité était convenu d'informer la RCTA qu'il avait noté l'importance des questions traitées dans le document WP 39 pour l'atelier CPE/S-CAMLR, et pour les actions identifiées dans le PTRCC afin de soutenir et effectuer un suivi conjoint à long terme des changements sur l'environnement en Antarctique, et avait adopté les recommandations que contenait le document.

131. La RCTA a salué l'accent porté par le Comité sur les répercussions du changement climatique sur l'environnement en Antarctique, et a pris note de l'importance de la coopération et de la collaboration scientifiques internationales en matière d'observation et de modélisation climatique.

132. Le président du CPE a indiqué que le Comité avait également examiné un document présenté par le Royaume-Uni et la République tchèque, qui indiquait que la mise en pratique du RACER (système d'évaluation rapide de la résilience de l'écosystème circumarctique), un outil de planification pour la conservation, à l'île James Ross avait identifié les facteurs clés qui sont susceptibles de persister dans le cadre de différents scénarios climatiques. Le Comité a exprimé sa hâte de recevoir des précisions quant à la proposition de désignation d'une ZSPA multisites à l'île James Ross.

Évaluation d'impact sur l'environnement (EIE) (Point 8 de l'ordre du jour du CPE)

Projets d'évaluations globales d'impact sur l'environnement

133. Le président du CPE a indiqué que le Comité avait examiné un document soumis par l'Italie, qui faisait état des avancées dans la préparation d'un projet d'EGIE concernant la proposition de construction et d'exploitation d'une piste d'atterrissage en gravier près de la station Mario Zucchelli. Des Membres ont exprimé le souhait de recevoir des précisions sur certains points, comme cela avait été précisé dans le Rapport final du XVIIIe CPE. Le Comité a encouragé les autres Membres intéressés à fournir des commentaires complémentaires à l'Italie qui continue à préparer une projet formel d'EGIE.

134. En outre, le Comité a accueilli favorablement le document d'information du Bélarus présentant son EGIE finale pour la construction et l'exploitation d'une nouvelle station de recherche au mont Vechernyaya, Terre d'Enderby. Le Bélarus a chaleureusement remercié le CPE et ses Membres pour la contribution qu'ils ont apportée à son EGIE. Le Bélarus a souligné l'esprit d'équipe qui avait animé la rédaction du rapport qui, a-t-il indiqué, serait activement utilisé.

Autres questions relatives aux EIE

135. Le président du CPE a indiqué que le Comité avait examiné un rapport présenté par l'Australie et le Royaume-Uni sur le GCI chargé de réviser les Lignes directrices pour les évaluations d'impact sur l'environnement en Antarctique. Il a approuvé le mandat pour un GCI reconduit qui sera présidé par l'Australie et le Royaume-Uni. Le GCI fournira un rapport définitif au XIXe CPE.

136. Le Comité est convenu de conseiller à la RCTA que sa révision des Lignes directrices pour les évaluations d'impact sur l'environnement en Antarctique : intègrerait des orientations nouvelles ou complémentaires, pour mettre en avant l'importance des sujets clés ; refléterait les procédures, nouvelles et révisées, et les ressources du CPE pour les évaluations d'impact sur l'environnement ; et inclurait des références à d'autres lignes directrices et d'autres ressources pertinentes. Le processus de révision identifierait également des questions de politique générale plus larges liées aux évaluations d'impact sur l'environnement, notamment les impacts cumulatifs, ou encore la réparation et la rehabilitation de l'environnement. Le rapport final du processus de révision sera présenté au XIXᵉ CPE et sera susceptible d'intéresser la RCTA.

137. Le président du CPE a également indiqué que le Comité avait examiné plusieurs documents relatifs à l'utilisation de véhicules aériens sans pilote (UAV) en Antarctique, et que certains d'entre eux avaient également été soumis à la RCTA. Le Comité a concentré ses discussions sur les aspects environnementaux d'une telle activité. Le comité a toutefois noté l'importance de tenir également compte des risques qu'elle engendre du point de vue de la sécurité, éléments qui seraient examinés de manière plus globale par la RCTA et le COMNAP.

138. Le Comité a reconnu les bénéfices à tirer de l'élaboration de lignes directrices relatives aux aspects environnementaux que recouvre l'utilisation d'UAV en Antarctique, et a accepté d'engager des travaux pour élaborer ces lignes directrices à l'oc-casion du XIXᵉ CPE.

139. La Réunion a félicité le Comité pour l'attention qu'il a prêtée à la question émergente des UAV. La Réunion a souligné la nécessité de poursuivre les recherches relatives aux effets de l'utilisation des UAV sur l'environnement en Antarctique.

Plans de gestion et de protection des zones (Point 9 de l'ordre du jour du CPE)

Plans de gestion

140. Le président du CPE a fait savoir que le Comité avait examiné les documents relatifs à 17 plans de gestions révisés de ZSPA et à un plan de gestion révisé d'une ZGSA.

141. Le Comité a remercié le Groupe subsidiaire sur les plans de gestion (GSPG) pour son travail. Il a été convenu que le groupe poursuivrait l'examen de cinq projets de plans de gestion de ZSPA au cours de la prochaine période intersession, et engagerait des travaux relatifs à l'élaboration d'orientations permettant de déterminer ou non si une zone devrait être désignée ZGSA.

142. Le Comité a également remercié la Chine pour son rapport sur les débats intersession informels portant sur sa proposition d'établir une nouvelle ZGSA au Dôme A. Il a favorablement accueilli la proposition de la Chine de coordonner la suite des débats intersession informels sur ce projet de ZGSA.

143. La Réunion a salué les travaux menés par le CPE pour réviser les plans de gestion de ZSPA et de ZGSA, qui constituent un bon exemple des efforts permanents déployés par le CPE pour fournir des conseils avisés et opportuns à la RCTA. Elle a également salué la forme et la façon dont ces avis sont fournis.

144. Adhérant à l'avis du CPE, la Réunion a adopté les Mesures suivantes sur les Zones protégées :

- Mesure 1 (2015) *Zone spécialement protégée de l'Antarctique n° 101 (roquerie Taylor, Terre Mac.Robertson) : Plan de gestion révisé.*
- Mesure 2 (2015) *Zone spécialement protégée de l'Antarctique n° 102 (îles Rookery, baie Holme, Terre Mac.Robertson) : Plan de gestion révisé.*
- Mesure 3 (2015) *Zone spécialement protégée de l'Antarctique n° 103 (îles Ardery et Odbert, côte Budd, Terre de Wilkes, Antarctique oriental) : Plan de gestion révisé.*
- Mesure 4 (2015) *Zone spécialement protégée de l'Antarctique n° 104 (île Sabrina, îles Balleny) : Plan de gestion révisé.*
- Mesure 5 (2015) *Zone spécialement protégée de l'Antarctique n° 105 (île Beaufort, détroit de McMurdo, mer de Ross) : Plan de gestion révisé.*
- Mesure 6 (2015) *Zone spécialement protégée de l'Antarctique n° 106 (cap Hallett, Terre Victoria du nord, mer de Ross) : Plan de gestion révisé.*
- Mesure 7 (2015) *Zone spécialement protégée de l'Antarctique n° 119 (vallée Davis et étang Forlidas, massif Dufek et Monts Pensacola): Plan de gestion révisé.*
- Mesure 8 (2015) *Zone spécialement protégée de l'Antarctique n° 148 (Mont Flora, Baie Hope, Péninsule antarctique): Plan de gestion révisé.*
- Mesure 9 (2015) *Zone spécialement protégée de l'Antarctique n° 152 (Détroit de Western Bransfield): Plan de gestion révisé.*
- Mesure 10 (2015) *Zone spécialement protégée de l'Antarctique n° 153 (Baie Eastern Dallmann): Plan de gestion révisé.*

- Mesure 11 (2015) *Zone spécialement protégée de l'Antarctique no 155 (cap Evans, île Ross) : Plan de gestion révisé.*

- Mesure 12 (2015) *Zone spécialement protégée de l'Antarctique no 157 (baie Backdoor, cap Royds, île Ross) : Plan de gestion révisé.*

- Mesure 13 (2015) *Zone spécialement protégée de l'Antarctique no 158 (pointe Hut, île Ross) : Plan de gestion révisé.*

- Mesure 14 (2015) *Zone spécialement protégée de l'Antarctique no 159 (cap Adare, côte Borchgrevink) : Plan de gestion révisé.*

- Mesure 15 (2015) *Zone spécialement protégée de l'Antarctique no 163 (glacier Dakshin Gangotri, Terre de la Reine Maud) : Plan de gestion révisé.*

- Mesure 16 (2015) *Zone spécialement protégée de l'Antarctique no 164, (monolithes de Scullin et de Murray, Terre Mac.Robertson) : Plan de gestion révisé.*

- Mesure 17 (2015) *Zone spécialement protégée de l'Antarctique n° 168 (mont Harding, montagnes Grove, Antarctique de l'Est) : Plan de gestion révisé.*

- Mesure 18 (2015) *Zone gérée spéciale de l'Antarctique n° 2 (vallées sèches de McMurdo, Terre Victoria du Sud) : Plan de gestion révisé.*

Sites et monuments historiques

145. Le président du CPE a indiqué que le Comité avait examiné une proposition de la Bulgarie visant à ajouter la cabane du Chien boiteux, située à Saint Clément d'Ohrid, île Livingston, à la liste des Sites et monuments historiques, ainsi qu'une proposition de la Fédération de Russie visant à ajouter un tracteur de type « Kharkovchanka », adapté aux déplacements sur neige à la même liste. Le Comité a soutenu ces propositions, en prenant note que les raisons invoquées dans chacun des documents constituaient le fondement de la designation proposée, conformément à la Résolution 3 (2009).

146. Le président du CPE a indiqué que le Comité était convenu de transmettre les deux propositions à la RCTA pour approbation par voie de Mesure.

147. Suivant l'avis du CPE, la Réunion a adopté la Mesure 19 (2015) : *Liste révisée des sites et monuments historiques de l'Antarctique : Cabane du « Chien boiteux » située à la station bulgare Saint-Clément-d'Ohrid, île Livingston et Tracteur-autoneige lourd « Kharkovchanka », utilisé en Antarctique de 1959 à 2010.*

148. Le président du CPE a indiqué que le Comité avait soutenu une suggestion de la Norvège, appelant à entamer de plus amples débats sur la désignation des Sites et monuments historiques, au sens large, afin d'envisager d'autres solutions pour préserver in situ les valeurs historiques, et de résoudre les incohérences potentielles entre les dispositions des Annexes III et V au Protocole. Le Comité a salué la proposition de la Norvège d'entamer des travaux préparatoires en vue d'un débat sur la question lors du XIXe CPE. Le Comité a également fait remarquer qu'il serait utile de demander conseil aux organisations d'experts, notamment au Comité international pour le patrimoine historique polaire (IPHC).

149. Le Comité est convenu de mettre en attente les futures propositions de nouvelles désignations de SMH jusqu'à ce que de nouveaux documents d'orientation aient été établis en la matière.

150. Le président du CPE a indiqué que le Comité avait également examiné des documents remis par la Nouvelle-Zélande sur le projet de restauration du patrimoine de la mer de Ross. Il a félicité l'Antarctic Heritage Trust de la Nouvelle-Zélande pour ses travaux complets de conservation des bâtiments et des collections d'artefacts des ZSPA no155, 157 et 158 de l'île de Ross.

Gestion et protection de l'espace marin

151. Le président du CPE a signalé que le Comité avait soutenu les principales conclusions présentées dans le rapport de la Belgique sur le GCI portant sur les « valeurs exceptionnelles » dans l'environnement marin conformément à l'Annexe V du Protocole. Le Comité a établi un GCI, qui sera mené par la Belgique, pour poursuivre la discussion en la matière.

Autres questions relevant de l'Annexe V

152. Le président du CPE a indiqué que le Comité avait débattu d'un document remis par la Norvège, dans lequel il avait été proposé de mettre en place une procédure non obligatoire d'évaluation préalable des projets de ZSPA et de ZGSA. À la suite des observations formulées par les Membres et de quelques modifications mineures apportées à aux termes employés dans le document, le Comité est convenu d'adopter le document intitulé *Lignes directrices : Processus d'évaluation préalable pour la désignation de ZSPA et de ZGSA*.

153. Le Comité a invité les Membres à recourir à ces lignes directrices à l'occasion des prochaines procédures de désignation de ZSPA et de ZGSA. Le Comité a indiqué que la procédure d'évaluation préalable des ZSPA et ZGSA ne

devrait pas s'appliquer aux zones qui ont déjà été proposées en tant que ZSPA ou ZGSA.

154. Le président du CPE a signalé que le Comité avait déjà soutenu un document présenté par l'Espagne, les États-Unis d'Amérique, la Nouvelle-Zélande et le Royaume-Uni, dans lequel était présenté un projet de Code de conduite pour les activités menées dans les environnements terrestres géothermiques de l'Antarctique. Le Comité s'est réjoui de la proposition du SCAR de réviser le projet de Code, en collaboration avec le COMNAP, et d'en remettre une version finale au XIXᵉ CPE pour examen.

155. Le Comité a examiné un rapport remis par l'Argentine portant sur une étude relative à la protection des fossiles en Antarctique. Le Comité a pris note de la valeur scientifique des fossiles et de l'importance de veiller à leur protection, et est convenu d'examiner plus en profondeur ces questions lors d'une prochaine réunion.

Conservation de la faune et de la flore de l'Antarctique (Point 10 de l'ordre du jour du CPE)

Quarantaine et espèces non indigènes

156. Le président du CPE a indiqué que, à ce point de l'ordre du jour, le Comité avait soutenu une proposition du Royaume-Uni, de la France et de la Nouvelle-Zélande visant à réviser le Manuel sur les espèces non indigènes et avait établi un GCI présidé par le Royaume-Uni pour engager les travaux de révision.

157. Le Comité a examiné un document de l'Argentine faisant rapport des études menées pour déterminer l'occurrence d'espèces non indigènes introduites par des voies d'entrée naturelles. Le Comité a indiqué que ces questions seraient examinées plus en profondeur lors de la révision du Manuel sur les espèces non indigènes.

Autres questions relevant de l'Annexe II

158. Le président du CPE a indiqué que le Comité avait examiné les éléments repris dans un document remis par le SCAR sur les perturbations de la nature à l'état sauvage (WP 27) qui n'avaient pas été abordés lors des débats sur les UAV au titre du point 8b de l'ordre du jour. Sur la base des informations fournies par le SCAR, le Comité est convenu de conseiller à la RCTA que : les lignes directrices actuelles de la RCTA sur les distances d'approche devaient faire l'objet d'une révision régulière à la lumière des dernières recherches

scientifiques ; les approches de précaution sont vivement recommandées en toute circonstance lorsque des activités se tiennent à proximité de la faune sauvage ; davantage de recherches devraient être menées pour veiller à ce que les décisions de gestion soient prises sur la fondement des meilleures connaissances disponibles.

159. La Réunion a remercié le CPE pour ses conseils relatifs aux perturbations de la nature à l'état sauvage et a approuvé ses recommandations.

160. Le président du CPE a également indiqué que le Comité avait examiné un document remis par l'Australie, les États-Unis d'Amérique, la Norvège, la Nouvelle-Zélande, et le Royaume-Uni, dans lequel il était fait rapport d'une analyse récemment effectuée par BirdLife International sur les Zones importantes pour la conservation des oiseaux (ZICO) en Antarctique. Le Comité a reconnu la valeur du rapport sur les zones importantes pour la conservation des oiseaux, qui a été d'une grande pertinence lors de ses délibérations sur la protection et la gestion de l'Antarctique. Le Comité est convenu de transmettre un projet de Résolution sur les zones importantes pour la conservation des oiseaux en Antarctique à la RCTA pour approbation.

161. Adhérant à l'avis du CPE, la Réunion a adopté la Résolution 5 (2015) *Zones importantes pour la conservation des oiseaux en Antarctique*.

162. L'Australie, en sa qualité de gouvernement dépositaire de l'ACAP et accueillant le siège du Secrétariat de l'ACAP, a indiqué qu'elle transmettrait le rapport sur les ZICO à l'ACAP conformément à la Résolution.

Rapports d'inspection (Point 12 de l'ordre du jour du CPE)

163. Le président du CPE a indiqué que, à ce point de l'ordre du jour, le Comité avait examiné un document faisant rapport des inspections menées par le Royaume-Uni et la République tchèque. Il a favorablement accueilli les observations formulées par l'équipe d'inspection concernant le degré généralement élevé de sensibilisation aux exigences du Protocole relatif à la protection de l'environnement, ainsi que les exemples significatifs de bonnes pratiques dont ils avaient fait part.

Élection des membres du Bureau (Point 14 de l'ordre du jour du CPE)

164. Le président du CPE a indiqué que le Comité avait réélu le Dr Polly Penhale (États-Unis d'Amérique) pour un second mandat à la vice-présidence du CPE. Le Comité a félicité le Dr Penhale pour sa réélection à ce poste.

Préparation de la prochaine réunion (Point 15 de l'ordre du jour du CPE)

165. Le président du CPE a indiqué que le Comité avait adopté un ordre du jour provisoire pour le XIXᵉ CPE. Afin de refléter les débats tenus au titre du point 7 de l'ordre du jour, le Comité a modifié ce point de l'ordre du jour du XIXᵉ CPE pour y inscrire « Conséquences des changements climatiques pour l'environnement en Antarctique ». Le Comité a ajouté deux sous-points: « 7a. Approche stratégique », et « 7b Mise en œuvre et examen du programme de travail en réponse aux changements climatiques ».

166. La Réunion a remercié Ewan McIvor pour son excellente direction et pour avoir veillé à transmettre les avis du CPE à la RCTA de façon claire et exhaustive. Elle a par ailleurs salué les travaux considérables et précieux menés par le CPE, et a souligné l'importance de veiller à ce que les avis du CPE puissent être examinés et intégrés de façon opportune aux délibérations de la RCTA.

Point 9 – Responsabilité : Mise en œuvre de la Décision 4 (2010)

167. Les États-Unis d'Amérique, en leur qualité de gouvernement dépositaire du Traité sur l'Antarctique et de son Protocole relatif à la protection de l'environnement, ont indiqué que 12 Parties consultatives avaient indiqué avoir approuvé l'Annexe VI (IP 40).

168. Les Parties ont fourni des informations actualisées sur l'état de leur ratification de l'Annexe VI et sur l'entrée en vigueur de l'Annexe VI en droit interne. Des Parties qui avaient approuvé l'Annexe VI (Afrique du Sud, Australie, Espagne, Finlande, Italie, Norvège, Nouvelle-Zélande, Pays-Bas, Pérou, Pologne, Royaume-Uni et Suède) et/ou avaient fait adopter les mesures législatives nécessaires pour mettre en œuvre l'Annexe VI (Fédération de Russie), cinq ont indiqué qu'elles appliquaient la réglementation nationale mettant en œuvre l'Annexe VI, dans l'attente de l'entrée en vigueur de l'Annexe VI (Finlande, Norvège, Pays-Bas, Fédération de Russie, Suède).

169. La plupart des autres Parties ont indiqué que le processus de mise en oeuvre de l'Annexe VI dans leur droit interne était en cours. Certaines Parties ont fait rapport de travaux intersession terminés. Le Japon, notamment, avait mené une étude exhaustive sur la mise en oeuvre nationale. Plusieurs Parties ont indiqué que la mise en œuvre pourrait être achevée durant la période législative actuelle. Certaines Parties ont fait rapport de consultations interministérielles et de consultations avec l'industrie actuellement en cours.

170. La Fédération de Russie a présenté le document de travail WP 33 *Sur les problèmes relatifs à l'approbation de l'Annexe VI – « Responsabilités découlant des situations critiques pour l'environnement » au Protocole au Traité sur l'Antarctique relatif à la protection de l'environnement.* Exprimant sa préoccupation face à l'absence générale de progrès en ce qui concerne l'entrée en vigueur de l'Annexe VI, il a été proposé dans ce document que le Secrétariat soit chargé de suivre l'état d'approbation de l'Annexe VI par les Parties consultatives qui ne sont pas encore arrivées au terme du processus d'approbation.

171. La Nouvelle-Zélande a présenté le document de travail WP 36 *Annexe VI du Protocole au Traité sur l'Antarctique, relatif à la protection de l'environnement : Prochaines étapes*, préparé conjointement avec les Pays-Bas, la Finlande et la Suède. Ils y ont recommandé que la RCTA adopte une décision d'examiner le mandat de la Décision 4 (2010) concernant l'examen de la reprise des négociations sur la responsabilité, conformément à l'article 16 du Protocole. En outre, ils ont invité les Parties qui n'avaient pas encore approuvé la Mesure 1 (2005) à fournir au Secrétariat les informations nécessaires afin d'éclairer une discussion sur l'état d'avancement lors de la XXXIXe RCTA.

172. La Réunion a remercié la Fédération de Russie, la Nouvelle-Zélande, les Pays-Bas, la Finlande et la Suède pour leurs documents. Elle a identifié deux questions importantes soulevées dans le WP 33 et le WP 36, à savoir : l'état d'avancement du processus d'approbation et de l'entrée en vigueur de l'Annexe VI au Protocole, et la Décision 4 (2010) concernant l'examen de la reprise des négociations sur la responsabilité conformément à l'article 16 du Protocole.

173. La Réunion est convenue de poursuivre le suivi de la mise en œuvre de l'Annexe VI. Certaines Parties ont estimé qu'il n'était pas adéquat ou souhaitable que le Secrétariat recueille ou demande des informations sur la mise en œuvre de l'Annexe VI.

174. Les Parties qui avaient déjà approuvé l'Annexe VI au Protocole, ainsi que celles qui l'avaient déjà mise en œuvre ou qui procédaient à la mise en œuvre l'Annexe VI dans leur droit national, ont proposé de partager leur expérience avec les autres Parties.

175. Certaines Parties ont suggéré qu'il convenait de faire de l'entrée en vigueur de l'Annexe VI une priorité avant d'entamer d'autres débats portant sur un régime de responsabilité global. Certaines Parties ont jugé qu'il n'était pas nécessaire de poursuivre ces débats lors de la réunion de l'année prochaine.

176. Prenant note du fait qu'il existait d'autres mécanismes internationaux conçus pour gérer la réparation et la réhabilitation des dommages causés à l'environnement, la Réunion est convenue d'inviter, par le truchement de son Secrétaire exécutif, un représentant du Fonds international d'indemnisation pour les dommages dus à la pollution par les hydrocarbures (FIPOL) en qualité d'expert lors de la prochaine RCTA. La Réunion a indiqué que cet expert pourrait partager son expérience concernant le fonctionnement du FIPOL, des avantages et inconvénients qui en découlent, et des différences de ce mécanisme par rapport à celui prévu au titre de l'Annexe VI.

177. À la suite des débats, la Réunion a adopté la Décision 5 (2015) *Responsabilité découlant des situations critiques pour l'environnement*.

Point 10 – Sécurité et opérations en Antarctique

Questions relatives à l'aviation

178. Le SCAR a présenté le document de travail WP 27 *Distances relatives à l'approche des espèces sauvages en Antarctique*, et a fait référence au document de contexte BP 22, intitulé « *A Meta-Analysis of Human Disturbance Impacts on Antarctic Wildlife* ». Le document WP 27 a été préparé en réponse à une requête formulée par le XVIIe CPE et a été élaboré sur la base de plus de 60 travaux de recherche menés sur 21 espèces. Il est ressorti de la méta-analyse que les perturbations humaines avaient des effets négatifs significatifs sur les espèces antarctiques. En ce qui concerne le camping et les UAV, le SCAR a indiqué qu'il existait actuellement peu de preuves quant à la nature ou la portée de leurs impacts sur les espèces antarctiques. Le SCAR a également noté que des recherches étaient en cours à l'échelle mondiale pour mieux comprendre les impacts des UAV sur les espèces, ce qui pourrait également être précieux pour orienter la politique antarctique en la matière. Il a recommandé au CPE de : inviter les Membres à entreprendre davantage de recherches pour soutenir l'élaboration de lignes directrices fondées sur des preuves concernant les distances relatives à l'approche des espèces sauvages en Antarctique ; inviter les Membres qui utilisent des UAV à proximité des concentrations d'espèces sauvages à soutenir les recherches sur les impacts des UAV ; et à inviter les Membres à envisager d'éviter de lancer des UAV à moins de 100 mètres des espèces sauvages et à envisager d'éviter les approches verticales d'UAV tant qu'aucune information spécifique à l'Antarctique n'est disponible.

179. Le COMNAP a présenté le document de travail WP 22 *Utilisation des UAV en Antarctique – Risques et avantages*, qui présentait les avantages pratiques découlant de l'utilisation des UAV par les programmes antarctiques nationaux pour la science, les activités et la logistique. Le COMNAP a indiqué que l'utilisation de cette technologie en Antarctique présentait clairement des avantages, notamment en matière de sécurité de la vie humaine et d'appui des recherches scientifiques. Comme le proposait l'une des recommandations formulées dans le document, les programmes antarctiques nationaux et d'autres opérateurs dans la région antarctique devraient tout mettre en œuvre pour collecter des informations concernant l'utilisation des UAV dans la zone du Traité sur l'Antarctique et partager ces informations en vue d'accélérer l'élaboration de lignes directrices basées sur des faits et, le cas échéant, de normes et de recommandations. Le COMNAP a également indiqué qu'une session consacrée aux UAV se tiendrait lors de la prochaine réunion générale annuelle du COMNAP en août 2015.

180. L'IAATO a présenté le document d'information IP 88, intitulé *« IAATO Policies on the use of unmanned Aerial Vehicles (UAVs) in Antarctica »*. L'IAATO a indiqué que, à la suite de la 26e réunion de l'IAATO à Rotterdam, de nouvelles politiques relatives à l'utilisation des UAV et aux expériences des opérateurs étaient mises en place et comprenaient, notamment, l'interdiction de leur utilisation à des fins récréatives dans les zones côtières. L'IAATO a détaillé les critères en vertu desquels l'utilisation générale des UAV par ses membres serait acceptée. L'IAATO a ensuite indiqué que ses membres étaient convenus de prendre en considération les informations sur les exigences juridiques relatives à l'utilisation d'UAV, aux opérations aériennes et au pilotage des UAV, aux restrictions de vol, aux restrictions environnementales, et à la conservation des données.

181. La Réunion a remercié les États-Unis d'Amérique, le SCAR, le COMNAP et l'IAATO pour les documents qu'ils ont présentés. Prenant en compte ces contributions, les Parties ont soulevé un certain nombre d'idées et de questions liées aux avantages découlant de l'utilisation des UAV en Antarctique ; à la nécessité de prendre en considération les risques liés à l'utilisation des UAV du point de vue logistique et scientifique ; et à leur propre expérience relative à l'utilisation et la réglementation des UAV.

182. Concernant les avantages que les UAV présentent pour les activités scientifiques, la France a souligné les difficultés liées à l'accès aux zones spécialement protégées et à l'utilisation possible des UAV pour minimiser les impacts environnementaux liés au suivi scientifique. La France a également

proposé que les UAV soient utilisés à des fins logistiques, notamment pour naviguer dans les zones couvertes de glace et pour détecter les crevasses dans les zones côtières, et a souligné la nécessité d'élaborer des lignes directrices relatives à l'utilisation des UAV. Pointant la possibilité d'utiliser les UAV pour transférer des données en masse plus rapidement que par communication satellite, les États-Unis d'Amérique ont indiqué que les nombreuses utilisations possibles des UAV restaient à déterminer. Les Parties se sont largement exprimées en faveur de l'utilisation des UAV et des avantages potentiels qui en découlent.

183. De nombreuses Parties ont souligné les risques liés à l'utilisation des UAV, et l'Argentine a exprimé son inquiétude quant au fait que des UAV utilisés à des fins récréatives ont déjà été perdus en Antarctique. Les Parties sont convenues avec le SCAR qu'il existait d'importantes lacunes en matière de connaissances scientifiques en ce qui concerne l'utilisation des UAV, et ont soutenu les recommandations formulées par le COMNAP appelant à échanger des informations sur l'utilisation des UAV.

184. En rendant compte de son utilisation des UAV, l'Argentine a indiqué qu'elle ne les utilisait pas à proximité des populations de manchots, conformément à l'avis formulé par ses experts, qui estiment que les manchots pourraient confondre les UAV avec des prédateurs. Les États-Unis d'Amérique ont souligné qu'ils avaient interdit l'utilisation non surveillée des UAV dans leur propre programme. Le Royaume-Uni a quant à lui fait rapport de son programme de formation et de son suivi minutieux relatifs à l'utilisation des UAV. D'autres Parties ont informé la Réunion qu'elles travaillaient à l'élaboration de lignes directrices et de réglementations relatives aux UAV.

185. La Réunion a exprimé son soutien général en faveur de l'utilisation des UAV, et a reconnu que les UAV constitueraient un outil important à l'avenir. Elle est également convenue que davantage de recherches étaient nécessaires. La Réunion a salué les efforts déployés par le COMNAP en la matière, et a exprimé son impatience d'examiner les prochaines lignes directrices du COMNAP sur l'utilisation des UAV.

186. L'Australie a proposé que la Réunion planifie, dans son programme de travail stratégique pluriannuel, un futur débat sur l'évolution de la situation des UAV. Cela pourrait permettre de réévaluer la situation à la lumière des avis formulés par des organes tels que l'IAATO, le COMNAP, le CPE et le SCAR, et d'envisager toute future mesure ou toute future étape que la RCTA devrait entreprendre.

187. Les documents suivants ont également été soumis et considérés comme présentés au titre de ce point de l'ordre du jour :

- IP 55, intitulé *« Antarctic Flight Information Manual »* (AFIM) (COMNAP). Ce document a fourni une actualisation de l'état d'avancement sur la numérisation du Manuel d'information de vol en Antarctique (AFIM).

- IP 82, intitulé *« A risk-based approach to safe operations of unmanned aircraft systems in the United States Antarctic Program (USAP) »* (États-Unis d'Amérique). Il y est fait rapport de l'utilisation de lignes directrices opérationnelles par le programme antarctique des États-Unis d'Amérique, ainsi que d'une évaluation des risques liés à l'exploitation des systèmes d'avions sans pilote (UAS) menée par la National Science Foundation pour valider et documenter le projet de lignes directrices.

- IP 83, intitulé *« Guidance on unmanned aerial system (UAS) use in Antarctica developed for applications to scientific studies on penguins and seals »* (États-Unis d'Amérique). Ce document a présenté les leçons que les États-Unis d'Amérique ont tirées durant l'exploitation d'UAV en Antarctique. Il a décrit les travaux menés par le programme du United States Antarctic Marine Living Resources (AMLR) visant à appuyer les travaux du programme de contrôle de l'écosystème de la CCAMLR en utilisant des UAV pour étudier les phoques et les manchots. Il y a été fait part de la formation rigoureuse suivie et du processus de sélection des UAV entrepris avant le début des opérations de terrain. Les États-Unis d'Amérique ont souligné l'utilité de ce document pour les Parties envisageant d'autoriser les activités d'UAV en Antarctique.

Recherche et sauvetage

188. La Nouvelle-Zélande a présenté le document d'information IP 52 *« Joint Search and Rescue Exercise in the Antarctic »*. Il a fourni des informations sur un exercice de recherche et de sauvetage en Antarctique, organisé en février 2015. Cet exercice a compris des composantes de situations réelles, dans le but de tester les protocoles, les plans d'urgence et les lignes de communication actuels entre les navires en détresse, le Centre de coordination des opérations de sauvetage de Nouvelle-Zélande et l'IAATO. La Nouvelle-Zélande a souligné les différences entre les opérations de sauvetage menées dans la mer de Ross et celles menées dans la péninsule

antarctique. Elle a indiqué que la distance entre les navires qui ont besoin d'assistance et le centre SAR la plus proche était susceptible d'être plus grande dans la mer de Ross que dans la péninsule antarctique.

189. L'IAATO a indiqué que, outre l'utilité évidente de procéder à des entraînements et de tester les systèmes, les exercices de sauvetage multipartites internationaux étaient extrêmement précieux pour renforcer la confiance et la compréhension des différents points de vue, et elle a favorablement accueilli l'idée de collaborer avec d'autres centres de coordination de sauvetage à l'avenir.

190. La Réunion a remercié la Nouvelle-Zélande et l'IAATO pour les informations fournies et pour l'organisation de cet exercice de sauvetage. Les États-Unis d'Amérique ont pris note des effets considérables des SAR et de l'attention accrue qui leur est portée depuis la tenue d'un Groupe de travail spécial sur les SAR lors de la XXXVIᵉ RCTA.

191. L'Argentine a fait part de la récente adoption d'un accord entre cinq centres de coordination de pays responsables de la coordination des opérations de sauvetages en Antarctique et la CCAMLR, qui a permis aux centres de coordination d'accéder à davantage d'informations complètes sur l'état exact de la situation à des sites spécifiques où un accident ou un incident est intervenu.

192. Le COMNAP a présenté le document d'information IP 60, intitulé « *COMNAP Search & Rescue Workshop III - Advance notice of workshop plans* », qui informe à l'avance des programmes prévus dans le cadre du IIIe atelier du COMNAP sur les SAR, qui se tiendra à Valparaiso, au Chili, en 2016. La nature de l'atelier serait pratique et technique, afin de continuer à améliorer l'efficacité de la coordination des activités SAR.

193. La Réunion a remercié le COMNAP et a fait part de son soutien en faveur de l'atelier. Le Chili a confirmé être prêt à accueillir l'atelier, et l'IAATO a souligné qu'elle était prête à apporter son soutien le cas échéant.

194. Les États-Unis d'Amérique ont fait savoir qu'ils avaient apporté leur assistance en février 2015 (IP 51) lors d'un incident impliquant le *FV Antarctic Chieftain*, battant pavillon australien. L'Australie a salué et pris en compte l'assistance des États-Unis lors de cet incident.

195. Les documents suivants ont également été soumis et considérés comme présentés au titre de ce point de l'ordre du jour :

- IP 51, intitulé « *Search and Rescue Incident: Antarctic Chieftain (2015)* » (Nouvelle-Zélande). Ce document faisait rapport des étapes entreprises pour répondre à la situation d'urgence déclarée par le FV Antarctic Chieftain battant pavillon australien en février 2015.

- BP 9, intitulé « *Polish Sailing Yacht Accident at King George Island (Antarctic Peninsula)* » (Pologne).

- BP 11, intitulé « *Vigésima Tercera Expedición Científica del Perú a la Antártida (ANTAR XXIII)* » (Pérou).

- BP 16, intitulé « *Desarrollo y aplicación de eco-materiales para un prototipo habitable de emergencia en la Antártida* » (Équateur).

- BP 18, intitulé « *Results of an Investigation into the Aircraft Incident Mount Elizabeth, Antarctica on January 23, 2013* » (Canada).

Questions marines

196. L'Allemagne a présenté le document d'information IP 61, intitulé « *Improving Sea Ice Information in Antarctica.* ». Elle y a fait rapport de la 15e réunion du Groupe de travail international de cartographie des glaces (IICWG) intitulée : « *Ice Information in the Southern Ocean: Status, Challenges, and the Future* » organisée à Punta Arenas, au Chili, du 20 au 25 octobre 2014. L'Allemagne a fait part de l'engagement des organisations de l'hémisphère sud qui ont fourni des informations sur la glace de mer dans les eaux antarctique. Les cinq pays responsables de la diffusion d'informations météorologiques en Antarctique (Zones marines antarctiques) sont convenus de produire un bulletin actualisé régulier sur la couche de glace circumpolaire, destiné à être diffusé par le Système mondial de détresse et de sécurité en mer (SMDSM). L'Allemagne a en outre souligné les progrès réalisés dans la production conjointe de cartographie de la glace antarctique. Elle a invité les Parties à participer à la prochaine réunion de l'IICWG qui se tiendra du 19 au 23 octobre 2015 en Allemagne.

197. L'ASOC a présenté le document d'information IP 113, intitulé « *Next steps for Vessel Management in the Southern Ocean* ». Ce document a fourni une mise à jour sur les dispositions et les limites du Code international pour les navires opérant dans les eaux polaires (Code polaire). L'ASOC a indiqué que la Partie 1 du Code et les amendements pertinents apportés à la Convention internationale sur la sauvegarde de la vie humaine en mer (SOLAS) ont été adoptés en novembre 2014 et devraient entrer en vigueur le 1er janvier 2017. L'ASOC a informé la Réunion que la deuxième phase des travaux, qui

devrait démarrer en 2016, sera axée sur l'introduction, dans le Code polaire, de dispositions applicables aux navires non soumis à la convention SOLAS. L'ASOC a indiqué qu'en vue du début des travaux, des informations relatives au nombre des navires non soumis à la convention SOLAS opérant dans les eaux polaires seraient nécessaires, ainsi que les rapports sur les accidents et les incidents survenus depuis 2010 et incluant ceux qui ont nécessité une intervention de recherche et de sauvetage. L'ASOC a invité les Parties à officiellement contribuer à la phase 2 de l'élaboration d'un code polaire obligatoire en participant au recueil d'informations en fournissant des copies des documents et des rapports pertinents de la RCTA à l'OMI.

198. Les Parties ont remercié l'ASOC pour cette mise à jour et certaines Parties ont indiqué qu'elles appuieraient la phase 2 de l'élaboration du code polaire en fournissant les informations nécessaires à l'OMI. Les États-Unis d'Amérique ont indiqué que la Nouvelle-Zélande, l'Afrique du Sud et l'Islande ont soumis un document à la session de juin 2015 de l'OMI, qui avait requis des données sur les incidents survenus dans les eaux polaires.

199. Le document d'information IP 56 intitulé *« Sea Ice Challenges Workshop (COMNAP) »* a été considéré comme présenté. Il a fait rapport de l'atelier sur les défis relatifs à la glace de mer, organisé à Hobart, en Australie, en mai 2015. L'objectif fut de mesurer l'étendue des défis que ces tendances présentent pour les programmes antarctiques nationaux, d'identifier les solutions potentielles et d'en débattre. Il a été prévu une publication sur l'atelier.

200. Faisant référence au document d'information IP 56, les États-Unis d'Amérique ont remercié le COMNAP et ont pris note des avantages qu'apporte l'atelier pour comparer les opérations à court terme et la situation climatique à long terme à la lumière des prévisions relatives à la glace de mer. Les États-Unis d'Amérique se sont dits impatients de découvrir le rapport de cet atelier.

Hydrographie

201. La Colombie a présenté le document d'information IP 28, intitulé *« Contribución de Colombia a la Seguridad Marítima en la Antártica »*. Il a souligné son projet « Recherche scientifique marine pour les opérations de sauvetage en Antarctique - 2014/2018 », qui comprenait la construction de modèles de simulation de la glace flottante et de la trajectoire des fuites d'hydrocarbures en mer. Conformément au document de travail WP 39, la Colombie a souhaité coopérer avec d'autres Parties qui utilisaient les données produites durant

son expédition. Elle a également souhaité accéder aux données relatives aux modèles atmosphériques auxquelles il est fait référence dans le document de travail WP 39. Le projet colombien prévoyait une expédition hydrographique complémentaire pour mettre à jour les cartes marines du détroit de Gerlache. La Colombie a indiqué que cela contribuait à l'hydrographie d'une zone pour laquelle aucune information n'était disponible auparavant et a remercié le Chili et les États-Unis d'Amérique pour leur soutien.

202. Le Chili a remercié la Colombie pour ces informations, et a fait part du soutien que la Colombie a fourni au Chili lors de son expédition hydrographique. Le Chili a suggéré qu'une traduction en anglais des documents d'information IP 26 et IP 28 aurait pu faciliter l'analyse de ces documents par les Parties.

203. L'Australie a présenté le document d'information IP 44, intitulé *« Australia's Antarctic Hydrographic Surveys »*. Ce document rappelait la Résolution 5 (2014) sur la coopération lors des campagnes de relevés hydrographiques et de cartographie des eaux de l'Antarctique. L'Australie a par ailleurs encouragé la coopération et le dialogue entre les programmes antarctiques nationaux et les bureaux hydrographiques nationaux pour contribuer à la réalisation des objectifs relatifs à la sécurité, aux opérations, à l'environnement et à la science en Antarctique.

204. Le document d'information IP 33, intitulé *« The role of the United Kingdom in charting the waters of the Antarctic »* (Royaume-Uni) a été considéré comme présenté. Ce document a synthétisé les travaux récemment menés par le Bureau hydrographique du Royaume-Uni, le British Antarctic Survey et la Royal Navy.

205. La Nouvelle-Zélande a fait référence aux documents d'information IP 33 et IP 44, et a indiqué qu'elle entamait une évaluation des risques hydrographiques dans la mer de Ross et sur la côte néo-zélandaise, et qu'elle prévoyait de présenter les résultats de ces travaux à la XXXIXe RCTA.

Autres sujets

206. La Nouvelle-Zélande a présenté le document d'information IP 50, intitulé *« Damage to the Observation Hill Cross (HSM 20) »*, qui a fait rapport des dégâts causés à la croix sur la colline Observation (SMH 20) et des réponses qui y ont été apportées. Ainsi, un membre de l'armée néo-zélandaise a notamment été condamné conformément à l'Armed Forces Discipline Act de 1971 (AFDA) pour avoir endommagé la croix. Aux yeux du gouvernement néo-zélandais, cette issue fut adéquate et a envoyé un message clair au

personnel basé à la Base Scott concernant l'importance de la croix sur la colline Observation et d'autres monuments sur l'île Ross.

207. Le Royaume-Uni a salué la Nouvelle-Zélande pour la mesure qu'elle a prise dans le cadre de cette question.

208. Les documents suivants ont également été soumis et considérés comme présentés au titre de ce point de l'ordre du jour :

- IP 74, intitulé *« Waste Water Management in Antarctica COMNAP Workshop »* (COMNAP). Il a fait rapport de l'atelier sur les progrès du traitement des eaux usées dans les stations antarctiques organisé en Nouvelle-Zélande en août 2014. Lors de cet atelier, les points débattus portaient sur les systèmes de traitement des déchets utilisés dans les stations antarctiques.

- IP 15, intitulé *« Proposed routes for all-terrain vehicles based on impact on deglaciated area of James Ross Island »* (République tchèque). Il a fait rapport de la première utilisation de véhicules tout terrain lors d'une expédition tchèque, à l'occasion de l'expédition 2015 qui visait à appuyer la livraison de matériel scientifique et technique et de nourriture dans les campements.

209. Les documents suivants ont également été soumis à ce point de l'ordre du jour :

- BP 2, intitulé *« Cooperation Visit to Stations/ Bases Facilities in Antarctica »* (Brésil).
- BP 3, intitulé *« XXXIII Brazilian Antarctic Operation »* (Brésil).

Point 11 – Tourisme et activités non gouvernementales dans la zone du Traité sur l'Antarctique

Révision des politiques relatives au tourisme

210. La Nouvelle-Zélande a présenté le document de travail WP 24 *Adoption d'une approche stratégique de l'écotourisme et des activités non gouvernementales en Antarctique* préparé conjointement avec le Royaume-Uni, la Norvège et les Pays-Bas. Reconnaissant les efforts consentis lors de précédentes RCTA pour réviser les politiques relatives au tourisme, ce document a souligné que peu de progrès avaient été réalisés pour synthétiser ces travaux et pour fixer les priorités des prochains débats. Il y a été reconnu que le tourisme augmentait en Antarctique et que les activités touristiques se diversifiaient.

Les promoteurs ont encouragé la RCTA à adopter une approche innovante et proactive dans la gestion au tourisme et des activités non gouvernementales en Antarctique, en vue de rédiger un projet de programme de travail pour développer une vision stratégique de la gestion du tourisme.

211. La Nouvelle Zélande, le Royaume-Uni, la Norvège et les Pays-Bas ont recommandé de charger le Secrétariat d'examiner et de synthétiser tous les débats et les documents de la RCTA qui se réfèrent à l'adoption des Principes généraux en 2009, et par conséquent, à tous les aspects du tourisme antarctique, y compris de questions et problèmes reconnus comme en souffrance concernant le tourisme antarctique. Ceux-ci devraient comprendre ceux qui se sont tenus lors du Groupe de travail spécial sur les autorités compétentes à la XXXVIIIᵉ RCTA. Il devrait être demandé au Secrétariat de faire rapport à la XXXIXᵉ RCTA (2016); d'établir un GCI à la suite des débats de la XXXIXᵉ RCTA (2016); d'identifier les questions prioritaires et d'élaborer un projet de programme de travail à soumettre à la XLᵉ RCTA (2017) pour examen ; et de fixer les questions prioritaires convenues dans le programme de travail stratégique pluriannuel.

212. La Réunion a remercié la Nouvelle-Zélande, le Royaume-Uni, la Norvège et les Pays-Bas pour ce document et est convenue de l'importance de tenter de créer une vision stratégique cohérente vis-à-vis d'une gestion sécuritaire et respectueuse de l'environnement du tourisme en Antarctique.

213. La France, soutenue par le Canada, a mentionné qu'il serait utile de disposer d'un compendium des réglementations existantes sur le tourisme adoptées par la RCTA. En plus de fournir un aperçu des réglementations existantes, le compendium pourrait également souligner les lacunes. Certaines Parties ont indiqué que la tâche la plus importante était de déterminer des priorités, en définissant en particulier les questions liées au tourisme sur lesquelles les prochaines réunions devraient porter, sur la base des documents de travail soumis préalablement aux réunions.

214. L'ASOC a remercié les co-auteurs du document de travail WP 24 et a indiqué que le tourisme était un sujet de discussion de la RCTA depuis les années 60, des progrès ayant été réalisés par l'adoption de la Résolution 7 (2009). L'ASOC a également déclaré que, selon elle, il était temps de traduire les réflexions stratégiques sur le tourisme en actions stratégiques.

215. En référence au document d'information IP 104 rév.1, présenté par l'Inde, ainsi qu'aux vues d'ensemble existantes, les Parties ont proposé que la Réunion progresse en établissant un GCI en vue de la XXXIXᵉ RCTA.

216. La Réunion a demandé au Secrétariat de revoir tous les débats et les documents de la RCTA relatifs à l'adoption des Principes généraux de 2009 et tous les aspects liés au tourisme antarctique abordés depuis. Il a été demandé au Secrétariat de faire rapport à la XXXIXᵉ RCTA en synthétisant cet examen et en fournissant cet examen afin d'éclairer les débats du GCI en vue de la XXXIXᵉ RCTA. Cette synthèse comprendrait l'identification des questions et des problèmes non réglés relatifs au tourisme antarctique, y compris ceux soulevés par le Groupe de travail spécial sur les autorités compétentes à la XXXVIIIᵉ RCTA. Le Secrétariat a indiqué que cette tâche serait remplie au plus tard en septembre 2015.

217. La Réunion est par ailleurs convenue d'établir un GCI sur l'élaboration d'une approche stratégique de l'écotourisme et des activités non gouvernementales en Antarctique qui ferait rapport à la XXXIXᵉ RCTA. Le GCI disposerait du mandat suivant :

    1. Prenant note du document de travail WP 24 et du document d'information IP 104 rév. 1 de la XXXVIIᵉ RCTA et des Principes généraux sur le tourisme antarctique (2009), et à la lumière des recommandations actuelles de la RCTA/du CPE, identifier les questions prioritaires et les lacunes relatives au tourisme antarctique, sur la base desquelles un débat ciblé sur l'identification d'un nombre limité de questions prioritaires et de lacunes pourrait se tenir lors de la XXXIXᵉ RCTA.

    2. Durant ces travaux, les participants au GCI devraient prendre en considération, sans s'y limiter :
- Un résumé du Secrétariat, conformément à la requête de la XXXVIIIᵉ RCTA ;
- Les résultats du Groupe de contact intersession 2011/2012 sur les Questions non réglées sur le tourisme antarctique ;
- L'étude sur le tourisme du Comité pour la protection de l'environnement (2012) et les actions en cours pour réaliser ses recommandations ;
- Les résultats du Groupe de travail spécial sur les autorités compétentes (2015) ; et
- Les documents et les recommandations actuelles de la RCTA/du CPE/de la RETA.3. Rapport à la XXXIXᵉ RCTA.

218. Il a par ailleurs été convenu que :
- Les observateurs et les Experts prenant part à la RCTA seraient invités à apporter leur contribution ;

- Le Secrétaire exécutif ouvrirait le Forum de la RCTA au GCI et apporterait son appui au GCI ; et que
- La Nouvelle-Zélande et l'Inde feraient office de coordinateurs conjoints.

219. La Fédération de Russie a présenté le document de travail WP 32 *Sur les possibilités relatives à la surveillance du tourisme d'aventure et des expéditions non gouvernementales en Antarctique*, qui a souligné les incohérences en matière d'exigences relatives aux permis entre les Parties et les non-Parties. À propos des incidents récents qui ont nécessité des opérations de recherche et de sauvetage, la Fédération de Russie a attiré l'attention sur les activités touristiques non officielles liées au tourisme d'aventure et aux activités des organisations non gouvernementales en Antarctique. Dans certains cas, la logistique permettant d'accéder à l'Antarctique a été fournie par des tour-opérateurs non reconnus. La Fédération de Russie a proposé de fournir au Secrétariat, ainsi qu'aux pays disposant d'une entrée en Antarctique, une liste des citoyens et des organisations russes qui ont obtenu un permis pour opérer en Antarctique avant le début de la saison estivale en Antarctique, Elle a indiqué que cela permettrait aux autorités portuaires d'identifier les citoyens ou les organisations russes qui n'ont pas reçu de permis de la Fédération de Russie. La Fédération de Russie a signalé que cette mesure ne s'appliquerait pas aux opérations menées par les voyagistes étrangers et a invité les Parties qui rencontraient les mêmes problèmes à se joindre à son initiative.

220. La Réunion a remercié la Fédération de Russie pour sa contribution. Elle a ensuite souligné l'importance des échanges d'information bilatéraux et a fait référence au document d'information IP 75, qui décrivait la surveillance des activités touristiques menées par des citoyens français au départ du Chili. La Nouvelle-Zélande a indiqué qu'il serait utile que les Parties, lorsqu'elles octroient des permis pour des activités menées dans la région de la mer de Ross, communiquent avec la Nouvelle-Zélande ou avec d'autres autorités qui disposent d'une expérience relative aux conditions environnementales spécifiques de la région.

221. L'Argentine et le Chili on indiqué que, si davantage d'informations relatives aux expéditions autorisées étaient les bienvenues et précieuses pour les pays disposant d'une entrée en Antarctique, celles-ci seraient apportées sans préjudice des responsabilités des États quant aux actions entreprises par leurs citoyens.

222. La Réunion a également souligné l'importance et la valeur du SEEI comme outil de surveillance essentiel des activités touristiques, et a proposé des pistes pour améliorer le système. Elle a exhorté les Parties à fournir toutes les informations possibles de façon opportune. À cet égard, les informations fournies dans le SEEI n'ont aucunement porté préjudice à la responsabilité des États du pavillon.

223. La Fédération de Russie a remercié les Parties pour leurs observations et a précisé qu'elles étaient précieuses. Elle a souligné que les préoccupations formulées dans le document portaient surtout sur les activités non gouvernementales et a expliqué que la solution idéale serait que toutes les Parties disposent de procédures et de lois nationales relatives à l'octroi des permis.

224. L'Équateur a présenté le document WP 51 *Comment régler la question des navires de tourisme naviguant sous pavillons d'États tiers dans la zone du Traité sur l'Antarctique*. Ce document a abordé la question des navires de tourisme naviguant sous pavillon d'États non Parties au Traité sur l'Antarctique, et plus particulièrement ceux immatriculés sous pavillon de complaisance, dans la zone du Traité sur l'Antarctique. L'Équateur a souligné la nécessité d'obtenir une décision qui permettrait aux Parties de suivre tout ce qui se passe dans les eaux de la zone du Traité sur l'Antarctique et de prévenir tout accident.

225. La Réunion a remercié l'Équateur pour ses travaux intersession et pour les données précieuses fournies dans le document. Elle est convenue qu'une réglementation régulière et efficace des navires visitant la région antarctique était essentielle pour protéger l'environnement.

226. Indiquant que le Code polaire entrerait en vigueur le 1er janvier 2017 pour les navires soumis à la convention SOLAS, certaines Parties ont rappelé les protections globales relatives à l'environnement et à la sécurité fournies dans le régime de l'OMI. Gardant à l'esprit que les navires privés non soumis à la convention SOLAS utilisés à des fins touristiques dans la zone du Traité sur l'Antarctique pouvaient être d'une taille similaire à certains navires SOLAS, plusieurs Parties ont affirmé qu'elles soutenaient fermement les appels lancés à l'OMI de travailler à l'élaboration d'une nouvelle étape qui ferait suite au Code polaire et qui s'appliquerait aux navires non soumis à la convention SOLAS.

227. Tout en indiquant qu'il autorisait les activités touristiques impliquant des navires battant pavillon d'États non-Parties en Antarctique, le Canada a fait

rapport de ses critères d'octroi de permis, qui comprennent une assurance et une certification de l'OMI, et a invité les Parties à utiliser les certifications et les réglementations de l'OMI pour gérer leurs propres procédures d'octroi de permis. Le Canada a fait référence aux résultats positifs des inspections menées sur les navires touristiques canadiens autorisés dont il a été a fait rapport dans le document d'information IP 57. Les États-Unis ont également indiqué que toutes leurs activités touristiques autorisées en Antarctique battaient pavillon d'États tiers et qu'aucun problème n'était survenu.

228. L'Équateur a remercié les Parties pour leurs observations et a appelé la Réunion à trouver un mécanisme plus solide entre l'OMI et le Système du Traité sur l'Antarctique pour aider les Parties à mettre en œuvre leurs systèmes de précaution.

229. La Réunion a confirmé que l'OMI était un organe adéquat pour résoudre les préoccupations relatives à la sécurité et l'environnement liées à la navigation, et a invité les Parties à collaborer avec l'OMI sur ces questions. Elle a également invité les Parties à faire part à la Réunion de toute information relative à des problèmes survenus dans le cadre d'activités touristiques.

230. L'Inde a présenté le document d'information IP 104 rév.1, intitulé « *Towards a Comprehensive, Proactive and Effective Antarctic Tourism Policy: Turning Recommendations into Action* ». Ce document a souligné le fait que de nombreuses questions relatives à la réglementation du tourisme antarctique étaient à l'ordre du jour de la RCTA depuis plusieurs décennies. Ce document suggérait donc à la RCTA de tirer profit de sa mémoire institutionnelle dans le cadre d'une approche stratégique. Cela pourrait contribuer, d'une part, à éviter la multiplication des débats sur certaines questions et à souligner la nécessiter de poursuivre les débats, d'autre part. L'Inde a ensuite proposé que la RCTA consacre un débat à la façon d'officialiser, d'institutionnaliser et de mettre en œuvre au mieux les mesures relatives à la réglementation du tourisme qui se sont accumulées sur des décennies au cours de diverses RCTA.

231. La Réunion a remercié et félicité l'Inde pour l'analyse exhaustive qu'elle a fournie dans le document d'information IP 104 rév.1 et a estimé qu'il s'agissait d'une contribution cruciale pour les travaux du Secrétariat. De nombreuses Parties ont approuvé les recommandations formulées dans le document et ont soutenu l'élaboration d'une approche stratégique étape par étape. Certaines Parties ont indiqué que ces recommandations faciliteraient la réalisation de certaines mesures concrètes, notamment en traduisant bon nombre des recommandations en Mesures.

232. L'ASOC a rappelé aux Parties que certaines des actions identifiées dans le document n'étaient pas toutes achevées et a mis l'accent sur la Recommandation XVIII-1, qui n'était pas encore entrée en vigueur dans la mesure où une Partie consultative ne l'a pas ratifiée.

233. La France a présenté le document d'information IP 37 *Renforcement par la France de la sécurité des activités touristiques et non gouvernementales en Antarctique*, qui a indiqué que les autorités françaises compétentes étaient confrontées à un nombre croissant de requêtes concernant des activités qui impliquaient des risques élevés pour la vie humaine. La France a indiqué qu'elle avait adopté la Mesure 4 (2004) en août 2008. Elle a par ailleurs rappelé que les Parties avaient recommandé à la XXXVIIe RCTA que des mesures soient prises pour transposer la Mesure 4 dans leur droit interne afin que la Mesure puisse entrer en vigueur. Pour aborder cette question et respecter les Mesures et Résolutions adoptées conformément aux réglementations de la RCTA, elle a fait rapport de la publication le 12 février 2015 d'un décret conforme aux Résolutions 6 (2014) et 7 (2014). Ce décret prévoit que : les responsables d'expéditions doivent évaluer les risques de l'activité prévue, ainsi que les soins médicaux, l'évacuation, les coûts et les assurances ; et que l'autorité nationale compétente doit prendre en considération les questions de sécurité dans la procédure d'octroi. Indiquant que les citoyens français soumettaient des requêtes aux autorités compétentes d'autres Parties, la France a exhorté les Parties à mettre en œuvre la Mesure et à renforcer la coopération et le SEEI en la matière.

234. L'Allemagne a présenté le document d'information IP 65, intitulé « *Alleged solo Expedition to the South Pole by a German National* », qui a mis en lumière la coopération entre les autorités compétentes et les entreprises logistiques dans le cadre d'un cas d'expédition présumée au Pôle sud par Martin S., un citoyen allemand, en janvier 2015. Indiquant que le fait de mener une expédition non autorisée en Antarctique constituait une infraction administrative au titre de son droit national, l'Allemagne a informé la Réunion qu'elle avait dû clôturer la procédure administrative en l'absence de preuves suffisantes pour établir que l'expédition avait effectivement eu lieu. L'Allemagne a remercié toutes les Parties impliquées ainsi que les entreprises logistiques contactées pour les informations et les conseils fournis afin d'éclaircir cette affaire et a souligné que cet exemple témoignait de l'importance de renforcer la coopération entre les Parties en matière d'échange d'information et d'organisation d'expéditions touristiques en Antarctique.

235.   L'IAATO a remercié l'Allemagne d'avoir présenté ce bon exemple de collaboration et de coopération entre les différents acteurs du Système du Traité sur l'Antarctique.

236.   L'ASOC a présenté le document d'information IP 109, intitulé « *Antarctic Tourism and Protected Areas* », qui a détaillé la dynamique du tourisme antarctique et les répercussions escomptées de celui-ci. Ce document a fait référence à l'interface entre les zones protégées au sens large, et à la réglementation et à la gestion du tourisme, et a recommandé aux Parties d'envisager l'utilisation stratégique des ZSPA et des ZGSA pour réglementer les activités touristiques actuelles et futures potentielles. Il a reconnu que les ZGSA sont l'un des meilleurs outils de gestion du tourisme, y compris au niveau sous-régional. Il a indiqué que la couverture des ZGSA pourrait être étendue à cette fin. Il a également proposé que des ZGSA soient établies pour protéger du tourisme les sites qui répondent aux critères énoncés à l'article 3(2) de l'Annexe V du Protocole relatif à la protection de l'environnement.

237.   La Nouvelle-Zélande s'est dite favorable à une approche stratégique de cette question et a proposé que ce raisonnement soit appliqué à des exemples particuliers de zones potentiellement menacées par l'augmentation des activités touristiques en Antarctique. Le Royaume-Uni a ajouté que les ZGSA pourraient constituer un outil de gestion utile pour gérer le tourisme dans les zones intérieures de l'Antarctique, où de nombreuses activités, scientifiques et autres, sont également menées. L'IAATO est convenu qu'une approche stratégique de l'utilisation des zones protégées et d'autres outils de gestion des sites était importante pour gérer toutes les activités humaines menées en Antarctique, et pas uniquement les activités menées par les organisations non gouvernementales.

Navigation de plaisance et autres activités en Antarctique

238.   Le Royaume-Uni a présenté le document de travail WP 18 *Inspection des voiliers de plaisance dans le cadre du Traité sur l'Antarctique et de son Protocole sur la protection de l'environnement*, qui rend compte des inspections menées auprès des voiliers de plaisance en Antarctique en 2005, 2012 et 2014/2015 et qui mentionne le cas d'un voilier de plaisance dont l'équipage a refusé de se soumettre à une inspection. Le Royaume-Uni a précisé que, au titre de l'Article VII du Traité, les inspections ne peuvent être menées qu'aux « points de débarquement et d'embarquement de fret ou de personnel en Antarctique ». Le Royaume-Uni a souligné qu'il n'était

pas souhaitable de poursuivre des voiliers, ou d'attendre qu'ils accostent, pour qu'une inspection puisse avoir lieu. Par conséquent, le Royaume-Uni aimerait savoir si les Parties jugeraient utile de préciser que les inspections de voiliers peuvent avoir lieu lorsque ceux-ci se trouvent sur des sites potentiels de débarquement ou au mouillage dans un site où le débarquement est possible, que les voiliers soient ou non dans un processus de « débarquement et d'embarquement de fret ou de personnel ».

239. Le Royaume-Uni a signalé que certaines Parties inspectent les voiliers de plaisance depuis de nombreuses années. Il a également fait remarquer que les équipages de tous les voiliers inspectés par des observateurs britanniques s'étaient prêtés de bonne grâce aux inspections, en particulier ceux des voiliers membres de l'IAATO. Mis à part le cas du voilier non autorisé qui avait refusé de se soumettre à une inspection pendant la saison 2015, le Royaume-Uni n'a pas fait état d'autres cas semblables relatifs à l'inspection des voiliers. Le Royaume-Uni a estimé que les inspections de voiliers fournissent une quantité significative d'informations utiles et a encouragé les autres Parties qui réalisent des inspections à également inspecter les voiliers de plaisance, dans la mesure du possible.

240. Le Groupe de travail sur les questions juridiques et institutionnelles a débattu séparément des implications juridiques qui découlent de ce document (voir paragraphes 84 à 87).

241. La Réunion a remercié le Royaume-Uni d'avoir soumis ce document très utile, qui a favorisé la discussion sur les aspects juridiques. Le Royaume-Uni a précisé qu'il continuera de dialoguer avec les autres Parties pendant la période intersession avant de décider de la suite à donner à sa proposition.

242. La Nouvelle-Zélande a présenté le document d'information IP 49, intitulé « *The unauthorized voyage of* SV Infinity *(2014) : Next Steps* », préparé conjointement avec l'Allemagne, dans lequel il est fait le point sur les mesures prises par la Nouvelle-Zélande et l'Allemagne en réponse au voyage non autorisé du *SV Infinity* en 2014. La Nouvelle-Zélande avait déjà abordé le sujet dans le document d'information IP 48, présenté lors de la XXXVIIe RCTA. La Nouvelle-Zélande a expliqué que, bien que le *SV Infinity* ait enfreint le droit national, elle ne pouvait pas agir sans procéder à une extradition, une action qu'elle n'avait pas jugée viable ou appropriée dans ce cas. Le document précise qu'une procédure judiciaire est en cours contre le capitaine allemand du SV Infinity, compte tenu du fait qu'il n'était pas autorisé à pénétrer dans la ZSPA n° 159. La Nouvelle-Zélande a recommandé aux Parties d'être attentives aux voyages non autorisés dans la zone du

Traité sur l'Antarctique et les a invitées à échanger leurs informations et à coopérer afin de faciliter le déroulement des procédures judiciaires, lorsque le droit national le permet.

243. L'Allemagne a précisé que, puisqu'elle a engagé une procédure judiciaire contre le capitaine du *SV Infinity*, à qui il est reproché d'être entré sans permission dans la ZSPA n° 159, elle ne pourra pas mener d'action supplémentaire pour ce qui concerne : (1) l'entrée non autorisée dans la zone du Traité sur l'Antarctique parce que le voyage n'a pas été organisé en Allemagne et qu'il n'a pas débuté en territoire allemand ; ou (2) les dégâts occasionnés à la cabane historique située dans SMH n° 22 étant donné que le manque de preuves fait qu'on ne peut affirmer que les dégâts ont été causés par l'équipage du *SV Infinity*.

244. La Réunion a pris note de ce rapport utile rédigé par l'Allemagne et la Nouvelle-Zélande et a précisé que les questions juridiques liées à cette affaire feront l'objet d'une discussion approfondie par le Groupe de travail spécial sur les questions d'autorités compétentes.

245. L'Allemagne a présenté le document d'information IP 64 rév. 1, intitulé « *The yacht* Sarah W. Vorwerk *within the Antarctic Treaty area during the season 2014/2015* », préparé conjointement avec l'Argentine, qui fournit un compte rendu factuel des activités du voilier de plaisance Sarah W. Vorwerk, immatriculé en Allemagne et non membre de l'IAATO, dont le capitaine néerlandais est suspecté d'avoir fait une incursion non autorisée dans la zone du Traité sur l'Antarctique. Dans ce document, l'Allemagne explique que, par le passé, le voilier avait obtenu l'autorisation des autorités allemandes. Cependant, puisque le capitaine du voilier n'était plus domicilié en Allemagne et puisque le voyage n'a pas débuté en territoire allemand, l'Allemagne n'était plus l'autorité compétente. Le document précise que l'équipage du voilier prévoyait des activités de plongée sous-marine à proximité de l'île de la Déception. Conformément au Protocole sur la protection de l'environnement et à la réglementation nationale d'application, l'équipage du voilier de plaisance *Sarah W. Vorwerk* était tenu d'informer l'autorité compétente qu'il projetait une expédition en Antarctique et de lui soumettre une EIE. L'Allemagne a reconnu que plusieurs personnes privées passent de longues périodes en mer sans que leur domicile de rattachement soit identifié, ce qui complique l'identification de l'autorité compétente pour ce qui concerne l'octroi d'un permis de naviguer dans la zone du Traité. Le voilier *Sarah W. Vorwerk* a été aperçu en Antarctique, mais la Partie qui lui a délivré un permis n'a pas été identifiée. Le document fait part de

préoccupations au sujet des activités non autorisées dans la zone du Traité sur l'Antarctique et recommande aux Parties concernées de réfléchir à la marche à suivre pour ce qui concerne cet épisode en particulier.

246. Plusieurs Parties ont souligné l'importance de ce document, qui illustre la complexité des problèmes qui peuvent se poser en présence de voiliers de plaisance très mobiles. Elles ont expliqué que des questions juridictionnelles peuvent compliquer la mise en oeuvre du droit national. Elles ont ajouté avec force que les Parties doivent impérativement coopérer afin de savoir quand fournir une autorisation préalable à ces activités et comment résoudre les problèmes liés à de tels voyages.

247. L'Argentine a fait remarquer que le propriétaire du voilier de plaisance *Sarah W. Vorwerk* s'était rendu dans le pays à plusieurs reprises en tant que touriste et qu'il n'avait pas informé les autorités argentines des activités qu'il avait prévues, ce qui compliquait fortement toute procédure judiciaire. L'Argentine a, par ailleurs, souligné l'importance de la coopération sur ces questions.

248. L'IAATO a remercié les Parties pour leur suivi de la question relative aux voiliers de plaisance qui ne respectent pas les normes. Elle a précisé que ce suivi était important aux yeux des opérateurs responsables.

249. La Réunion a remercié l'Allemagne, l'Argentine, le Royaume-Uni et la Nouvelle-Zélande d'avoir présenté ces documents. Elle a souligné que toutes les Parties peuvent tirer des enseignements de ces cas impliquant des expéditions non autorisées, qui leur font prendre conscience de la complexité des problèmes qui se posent. Les questions juridiques plus compliquées liées à la juridiction seront traitées par le Groupe de travail spécial sur les questions d'autorités compétentes.

250. L'IAATO a présenté le document d'information IP 86, intitulé « *IAATO Guidelines for Sea Kayaking and Underwater activities* ». Ces lignes directrices ont été adoptées lors de la 26e réunion de l'IAATO, organisée à Rotterdam du 28 au 30 avril 2015. Elles seront intégrées au Manuel des opérations sur le terrain de l'IAATO pour la saison 2015/16. L'IAATO a précisé que les lignes directrices tiennent compte des recommandations en matière d'inspection formulées par la République tchèque et le Royaume-Uni. La France et le Royaume-Uni ont remercié l'IAATO pour ces lignes directrices.

251. La Réunion a remercié l'IAATO pour son document. Plusieurs Parties ont souligné l'utilité de ces lignes directrices, qui garantissent l'application de

normes communes à tous les organisateurs de voyages. Elles ont, par ailleurs, reconnu que les acteurs individuels doivent assumer l'entière responsabilité du bon déroulement de ces activités.

252. Le Royaume-Uni a tout particulièrement salué la référence à la recommandation formulée au document de travail WP 19 rév. 1, qui avait encouragé l'IAATO à élaborer des lignes directrices soumises à l'examen préalable d'experts et de pairs du secteur, pour l'ensemble des activités auxquelles les passagers de croisière peuvent s'adonner (telles que le kayaking, la plongée avec tuba et la plongée).

253. La France a informé la Réunion qu'elle tiendrait compte des lignes directrices, mais qu'elle se réservait le droit d'appliquer des réglementations plus strictes que celles préconisées par l'IAATO.

Activités liées aux sites de débarquement

254. L'IAATO a présenté le document d'information IP 85, intitulé *« Report on IAATO Operator Use of Antarctic Peninsula Landing Sites and ATCM Visitor Site Guidelines, 2013-2014 and 2014-15 Season »*. L'IAATO a confirmé que ses membres continuaient à montrer leur intérêt à mieux comprendre comment les visiteurs non membres de l'IAATO peuvent utiliser les lignes directrices pour les visiteurs de sites adoptées par la RCTA.

255. La Nouvelle-Zélande et les États-Unis d'Amérique ont présenté le document d'information IP 102, intitulé *« Antarctic Site Inventory: Results from long-term monitoring »*. Ce document propose des informations actualisées sur les résultats du projet *« Antarctic Site Inventory »* (ASI, Inventaire des sites de l'Antarctique) en février 2015. Le projet ASI a suivi la modification rapide des populations relatives de manchots papous, de manchots à jugulaire et de manchots Adélie dans la partie occidentale de la péninsule antarctique. Les populations de manchots papous ont augmenté rapidement et se sont étendues vers le sud tandis que les deux autres espèces ont décliné de manière significative.

256. Le Royaume-Uni a souligné l'importance du projet ASI pour la production de données nécessaires à la poursuite des travaux de la RCTA.

257. L'ASOC a précisé que l'inventaire des sites est un outil supplémentaire utile, qui permet d'orienter la gestion du tourisme.

258. L'Argentine a présenté le document d'information IP 128, intitulé *« Areas of tourist interest in the Antarctic Peninsula and South Orkney Islands region.*

2014/2015 Austral summer season ». L'Argentine a rendu compte de la répartition des visites touristiques dans la région de la péninsule antarctique et des îles Orcades du Sud, établie en fonction des voyages effectués par les navires pendant la saison estivale 2014/15, à partir du port d'Ushuaia. Elle a précisé que, depuis la XXXIVᵉ RCTA, elle a fourni des informations relatives à la répartition des visites touristiques dans la région de la péninsule antarctique et des îles Orcades du Sud. Elle a souligné que ce document détaille les zones de la région les plus visitées.

259. L'Argentine a présenté le document d'information IP 132 *Activités touristiques à la station scientifique de Brown. Évaluation, analyse et mesures de gestion*, qui propose des informations actualisées sur le développement du programme argentin de suivi des activités touristiques à la station scientifique de Brown. Dans ce document, l'Argentine précise que la station est l'une des plus visitées de l'Antarctique et que toutes les visites à la station sont menées conformément aux lignes directrices générales pour les visiteurs en Antarctique, adoptées conformément à la Résolution 3 (2011). L'Argentine a informé la Réunion qu'elle avait déjà pris des mesures en vue d'améliorer la gestion des visiteurs à la station de Brown (ex. : balisage des sentiers, enquêtes auprès des passagers des navires). Elle a rappelé l'importance de la coopération avec et entre les organisateurs de voyages, afin de faciliter l'amélioration de la gestion des activités touristiques. L'Argentine a souligné la nécessité de réguler le nombre de visiteurs afin de s'assurer que toutes les visites ont lieu dans le respect des mesures environnementales.

260. La Réunion s'est félicitée des documents rédigés par la Nouvelle-Zélande, les États-Unis, l'Argentine et l'IAATO. Elle a indiqué que tous les documents contiennent des informations précieuses.

Aperçu des activités touristiques en Antarctique pendant la saison 2014/15

261. L'IAATO a présenté le document d'information IP 53, intitulé « *IAATO Overview of Antarctic Tourism: 2013-14, 2014-15 Season and Preliminary Estimates for 2015-16 Season* ». Selon les premiers chiffres, la situation générale de la saison 2014/15 (36 702 personnes) correspond aux prévisions du document d'information IP 103 de la XXXVIIᵉ RCTA. Ce chiffre est légèrement inférieur aux chiffres définitifs de la saison 2013/14 (37 405 personnes). Les prévisions pour la saison 2015/16 indiquent que près de 40 029 personnes visiteront l'Antarctique pendant cette période. Cette hausse est due principalement à l'arrivée de deux nouveaux navires pouvant accueillir 200 passagers et à l'augmentation des croisières aériennes. Par ailleurs, ce

document illustre la répartition du nombre de touristes par nationalité, qui est étroitement liée au produit intérieur brut des pays concernés. La plupart des organisateurs de voyages du secteur privé sont membres de l'IAATO. Tous les opérateurs commerciaux de navires à passagers SOLAS qui mènent des activités touristiques dans la zone du Traité sur l'Antarctique sont membres de l'IAATO.

262. Le Royaume-Uni a fait remarquer qu'un opérateur terrestre, Arctic Trucks, est, depuis peu, soumis à l'autorité compétente du Royaume-Uni. Plusieurs Parties ont souligné les avantages que retirent tous les opérateurs qui relèvent de la compétence d'un pays qui a mis en œuvre le Protocole sur la protection de l'environnement.

263. Plusieurs Parties ont fait remarquer que le nombre de croisières aériennes est en augmentation et elles ont fait part de leur préoccupation à ce sujet. À la lumière de cette augmentation, certaines Parties ont demandé à l'IAATO de préciser sa stratégie future concernant le ravitaillement des navires et le soutage des combustibles et des stocks.

264. L'IAATO a expliqué qu'aucun de ses opérateurs ne ravitaille/avitaille en Antarctique. Elle a ajouté qu'aucun de ses opérateurs n'a émis le souhait de modifier ses pratiques actuelles.

265. En réponse à une question posée par l'ASOC à propos de l'augmentation du nombre de campements touristiques par rapport à l'année précédente, du fait de la hausse du nombre d'opérateurs repris dans le rapport de l'IAATO, et des lieux d'exploitation de White Desert et d'Arctic Trucks, l'IAATO a précisé qu'aucun nouveau campement n'a été installé. Le Royaume-Uni a informé la Réunion qu'il serait heureux de fournir des informations aux Parties et aux Observateurs intéressés par ces opérations.

266. La Réunion s'est félicitée de ce document et a remercié l'IAATO d'avoir fourni des informations aussi utiles aux Parties. Elle a encouragé l'IAATO à participer pleinement aux travaux du GCI, qui est chargé de développer une approche stratégique pour ce qui concerne le tourisme respectueux de l'environnement et les activités non gouvernementales menées en Antarctique.

267. La Bulgarie a remercié l'IAATO pour le soutien logistique qu'elle a apporté à l'Institut antarctique bulgare.

268. Le Royaume-Uni a présenté le document d'information IP 96, intitulé *« Data Collection and Reporting on Yachting Activity in Antarctica in 2014-15 »*,

préparé conjointement avec l'IAATO. Il fait état du nombre de voiliers de plaisance aperçus en Antarctique pendant la dernière saison. Les données sont tirées de rapports rédigés par l'équipe britannique basée à Port Lockroy. Le Royaume-Uni, l'IAATO et plusieurs navires ont fourni des données supplémentaires. Par rapport à l'année précédente, le nombre total de voiliers de plaisance aperçus en Antarctique a légèrement augmenté. Le document met en exergue l'augmentation du nombre de voiliers de plaisance qui ne sont pas autorisés à pénétrer dans la zone du Traité. Au total, six navires ont été aperçus : trois battaient pavillon d'États qui appliquent le Protocole sur la protection de l'environnement et trois battaient pavillon d'États qui ne sont pas parties au Protocole. Le document encourage les Parties à continuer de s'échanger des informations concernant les voiliers de plaisance auxquels elles ont délivré une autorisation, notamment par l'intermédiaire du mécanisme d'information pré-saison du SEEI mais aussi en exploitant les rapports post-visites, dans l'esprit de la Résolution 5 (2005). L'IAATO souhaite continuer de recevoir des informations sur les voiliers de plaisance non membres de l'IAATO ayant reçu une autorisation.

269. Plusieurs Parties ont fait remarquer que la présence de voiliers de plaisance non autorisés en Antarctique suscitait de plus en plus de préoccupation. La France a mentionné la zone grise du tourisme, à savoir les activités non autorisées qui impliquent des navires non membres de l'IAATO, dont certains battent pavillon de complaisance. Certains capitaines semblent ne pas avoir conscience des dangers de la navigation, ni de la complexité des activités de recherche et de sauvetage (SAR) menées dans les eaux antarctiques. Plusieurs Parties ont indiqué que les opérations SAR pèsent sur les ressources des Programmes antarctiques nationaux, les navires touristiques qui possèdent une autorisation et les navires de pêche légalement exploités.

270. En réponse à une question posée par l'ASOC concernant les activités commerciales des voiliers de plaisance qui ne sont pas membres de l'IAATO, l'IAATO a indiqué que la moitié des voiliers non membres de l'IAATO qui possèdent une autorisation affrètent régulièrement, mais pas annuellement, des marchandises dans les eaux antarctiques.

271. La Réunion a remercié l'IAATO et le Royaume-Uni pour leurs documents. La Réunion a reconnu que les questions relatives à la navigation de plaisance en Antarctique sont hautement prioritaires et doivent rester à l'ordre du jour. Elle a confirmé que les fonctions techniques du SEEI font actuellement l'objet d'une révision et elle a invité le Secrétariat à créer une page internet

(actualisée chaque année) reprenant la liste des voiliers de plaisance, navires et aéronefs autorisés pour chaque saison.

272. L'Argentine a présenté le document d'information IP 126, intitulé « *Report on Antarctic tourist flows and cruise ships operating in Ushuaia during the 2014/2015 Austral summer season* », qui rend compte du nombre et de la capacité des navires qui passent par Ushuaia. Le document identifie, par ailleurs, les nationalités des touristes et des membres d'équipage ainsi que les États où sont immatriculés les navires qui opèrent en Antarctique. Au total, 36 625 passagers à bord de 28 navires se sont rendus en Antarctique au départ d'Ushuaia. Le nombre total de passagers était 1,4 % moins élevé que lors de la saison 2013/2014. L'Argentine a précisé que cette information reposait sur les manifestes des navires qui ont été remis aux autorités portuaires argentines.

273. L'Argentine a présenté le document d'information IP 127 rév. 1, intitulé « *Non-commercial pleasure and/or sport vessels that travelled to Antarctica through Ushuaia during the 2014/2015 season* ». L'Argentine a indiqué que, depuis la XXXVIe RCTA, elle a fourni des informations sur les navires de plaisance non commerciaux qui se sont rendus en Antarctique au départ d'Ushuaia. Le document rend compte du nombre de navires de plaisance ou de navigation sportive qui se sont rendus en Antarctique au départ d'Ushuaia, de la durée de la saison, des voiliers identifiés, du nombre et de la nationalité des personnes qui ont voyagé à bord de ces voiliers en direction de l'Antarctique.

274. La Réunion a remercié l'Argentine d'avoir fourni ces précieuses informations. Par ailleurs, l'IAATO a fait remarquer que la collecte de données à partir de multiples sources est utile à des fins de vérification et permet de garantir l'exactitude des informations.

Groupe de travail spécial sur les questions d'autorités compétentes

Point 1 : Introduction

275. Lors de la XXXVIe RCTA, la Réunion a adopté la Décision 5 (2013) *Plan de travail stratégique pluriannuel de la Réunion consultative du Traité sur l'Antarctique*, dont l'objectif était de compléter l'ordre du jour en aidant la RCTA à identifier les questions prioritaires et à agir de manière plus efficace et efficiente. La XXXVIIe RCTA a décidé d'organiser une session spéciale sur les questions d'autorités compétentes liées au tourisme et aux activités non gouvernementales menées en Antarctique et, par la Décision 3 (2014), elle a actualisé le plan de travail stratégique pluriannuel. Il a été décidé

qu'un Groupe de travail spécial se réunirait pendant une journée lors de la XXXVIIIe RCTA. Les objectifs de ce Groupe de travail spécial sont les suivants : permettre aux Parties, aux Observateurs et aux Experts de partager leurs expériences relatives à des sujets de préoccupation spécifiques, discuter de la mise en œuvre du Protocole sur la protection de l'environnement et examiner des points communs pour définir la direction à suivre.

276. Lors de la XXXVIIIe RCTA, le Groupe de travail spécial sur les questions d'autorités compétentes s'est réuni le lundi 8 juin 2015 à Sofia, en Bulgarie. Le Groupe de travail spécial était présidé par la norvégienne Birgit Njåstad (Norvège) (SP 16 rév. 1).

277. Les documents suivants ont été présentés au Groupe de travail spécial et ont été adoptés tels que présentés :

i. Documents d'information résumant les processus nationaux d'octroi de permis et d'autorisations

- IP 4, intitulé *« Special WG on Competent Authorities issues: Summary of the United Kingdom's Antarctic Permitting Process »* (Royaume-Uni). Ce document rend compte de la mise en oeuvre du Traité sur l'Antarctique et de son Protocole sur la protection de l'environnement (notamment ses Annexes I à IV) dans la réglementation britannique, à travers les lois sur la protection de l'environnement antarctique de 1994 et 2013 et leurs règlements d'application.

- IP 6 rév. 1, intitulé *« Special WG on Competent Authorities issues: Summary of Japan's Certification Process of Antarctic Activity »* (Japon). Ce document met en exergue la procédure mise en place par le Japon en vue de certifier les activités menées en Antarctique ainsi que les tendances récentes. Par ailleurs, le document énumère les difficultés auxquelles sont confrontées les autorités de certification, malgré le nombre peu élevé de demandes faites chaque année par des acteurs non gouvernementaux.

- IP 36, intitulé *« Special WG on Competent Authorities session - Brief summary of the French competent authority domestic process »* (France). Ce document présente la procédure d'autorisation de l'autorité compétente française.

- IP 38, intitulé *« Special WG on Competent Authorities Issues - Summary of South Africa's Antarctic Authorisation Process »* (Afrique du Sud). Ce document porte sur la loi sud-africaine n° 60 de 1996, qui met en oeuvre le Traité sur l'Antarctique et son Protocole sur la protection de l'environnement dans le droit interne sud-africain. Il fournit également des informations sur la procédure d'autorisation des activités menées en Antarctique mise en place par l'Afrique du Sud.

• IP 72, intitulé *« Proceso de autorización de actividades no gubernamentales en la Antártica »* [Authorisation process of non-governmental activities in Antarctica] (Chili). Ce document porte sur la procédure d'autorisation applicable aux activités non gouvernementales menées par des citoyens chiliens ou organisées sur le territoire chilien, pour respecter les objectifs du Protocole sur la protection de l'environnement et les règles complémentaires sur la protection de l'environnement antarctique.

• IP 81, intitulé *« Special WG on Competent Authorities issues - Summary of the United States Framework for Regulation of Antarctic Tourism »* (États-Unis d'Amérique). Ce document fournit un aperçu du cadre réglementaire en vigueur aux États-Unis pour ce qui concerne les expéditions touristiques en Antarctique. Les États-Unis ont mis le Protocole en œuvre au moyen de lois et de règlements ; les États-Unis avaient intérêt à limiter les impacts sur l'environnement des touristes américains et des organisateurs de voyages basés aux États-Unis.

• IP 108, intitulé *« Special WG on Competent Authorities Issues - Summary of Canada's Antarctic Permitting System »* (Canada). Ce document porte sur la loi canadienne de protection de l'environnement antarctique (2003, AEPA) et ses règlementations d'application, qui mettent en oeuvre le Traité sur l'Antarctique et son Protocole sur la protection de l'environnement en droit interne. Le document rend compte, par ailleurs, du nombre de permis octroyés chaque année aux organisateurs de voyages, aux expéditions scientifiques et aux expéditions d'aventure en Antarctique.

• IP 117, intitulé *« Special WG on Competent Authorities issues - Summary of Parties' competent authority domestic process » (Norvège). Ce document présente un bref aperçu des résumés des proc*essus nationaux que les Parties ont soumis au Groupe de travail spécial sur les questions d'autorités compétentes. Le document précise que 13 des 37 Parties qui ont ratifié le Protocole sur la protection de l'environnement ont répondu.

ii. Documents d'information contenant des exemples et des cas qui se rapportent à l'ordre du jour du Groupe de travail sur les questions d'autorités compétentes.

- IP 35, intitulé « *Special WG on Competent Authorities session - French issues and experiences of relevance to the paragraphs III to VII of the agenda* » (France). Ce document met en lumière les questions qui intéressent l'autorité compétente française, en ce qui concerne les points III, IV, V, VI et VII de l'ordre du jour du Groupe de travail spécial sur les questions d'autorités compétentes.

- IP 54, intitulé « *Special WG on Competent Authorities Issues - Agenda Item V - Development of Domestic Guidance on Emergency Preparedness, Response Planning and Insurance Requirements (Measure 4 (2004))* » (Nouvelle-Zélande). Ce document fournit des informations sur les recommandations nationales néo-zélandaises destinées aux candidats à la préparation aux situations d'urgence, à la planification des interventions et aux exigences en matière d'assurance (Mesure 4, 2004).

- IP 58, intitulé « *Special Working Group on Competent Authorities issues - Examples and Issues from the United Kingdom* » (Royaume-Uni). Ce document présente plusieurs problèmes récents survenus lors de la mise en œuvre du Traité et du Protocole par l'autorité compétente britannique : demandes pour des activités supplémentaires au cours d'expéditions autorisées par une autre Partie consultative, demandes concernant des activités relativement nouvelles ou potentiellement très risquées, demandes impliquant des biens ou des opérateurs d'un État non partie au Traité, et activités britanniques en Antarctique pour lesquelles aucune demande n'a été formulée.

- IP 66, intitulé « *Special Working Group on Competent Authorities session – German contribution* » (Allemagne). Ce document met en lumière plusieurs questions, notamment : d'autres Parties ont-elles, par le passé, refusé d'octroyer une autorisation pour des activités risquées et quelles conditions et clauses restrictives ont été utilisées par ces Parties pour réglementer ces activités ?

- IP 75, intitulé « *Special WG on Competent Authorities session - An illustration of successful cooperation between NCAs* » (Chili et France). Ce document rend compte d'une activité menée par des ressortissants français pendant la saison 2014/15. Après le refus par l'autorité nationale française d'autoriser l'activité, les membres de l'expédition ont tenté d'obtenir une autorisation des autorités chiliennes. Grâce à la bonne communication et à la coopération entre les autorités chiliennes et françaises, l'activité a été suivie et menée finalement dans le respect du cadre réglementaire du Traité sur l'Antarctique.

- IP 95, intitulé *« Special WG on Competent Authorities session - Implementing the Madrid Protocol. Dutch experiences and questions for the ATCM workshop of Competent Authorities »* (Pays-Bas). Ce document fait état de la procédure de mise en oeuvre du Traité et du Protocole dans le droit interne néerlandais, au moyen de la loi sur la protection de l'Antarctique de 1998.

- IP 107, intitulé *« Special WG on Competent Authorities Issues - Recent Canadian Permitting Issues »* (Canada). Ce document porte sur les permis récemment délivrés par le Canada dans le cadre du tourisme maritime, du soutien en vol pour les recherches scientifiques et d'une expédition en solitaire. Le Canada a identifié plusieurs domaines qui pourraient tirer avantage d'indications supplémentaires ou d'un renforcement de la coopération avec d'autres Parties, tels que les activités d'aventure, les véhicules aériens sans pilote (UAV), les Canadiens qui participent à la réalisation de voyages organisés par d'autres Parties, le « Forum shopping » et les activités impliquant des stations nationales.

- IP 123, intitulé *« Special WG on competent Authorities session - Experiences and examples from the Norwegian competent authorities »* (Norvège). La Norvège a estimé qu'une évaluation commune de tous les aspects d'une activité constituerait la meilleure approche à adopter pour aborder les questions devant être étudiées (impact environnemental, plans d'intervention et assurance).

iii. Autres documents soumis à la RCTA, qui peuvent alimenter les discussions du Groupe de travail spécial

- IP 37 *Renforcement par la France de la sécurité des activités touristiques et non gouvernementales en Antarctique* (France). Ce document explique que, en application des réglementations adoptées par la RCTA et eu égard à l'accroissement des demandes d'activités impliquant un degré élevé de risques pour la vie humaine, l'autorité compétente française a adopté le 12 février 2015 un arrêté prévoyant l'auto-évaluation des risques de l'activité par le chef d'expédition et la prise en compte du critère de sécurité dans la délivrance de l'autorisation par l'ANC.

- IP 49, intitulé « *The unauthorised voyage of the* SV Infinity *(2014): Next Steps* » (Nouvelle-Zélande et Allemagne). Ce document décrit le voyage non autorisé du SV Infinity dans la mer de Ross au début de l'année 2014 et fournit des informations actualisées sur les mesures prises par la Nouvelle-Zélande et l'Allemagne en réponse à ce voyage.

- IP 64 rév. 1, intitulé « *The yacht* Sarah W. Vorwerk *within the Antarctic Treaty area during the season 2014/2015* » (Allemagne et Argentine). Ce document a été soumis en lien avec l'article 13, paragraphe 4, du Protocole, relatif au partage d'informations sur les activités qui ont une incidence sur la mise en œuvre du Protocole. Le document présente un compte rendu factuel des activités du *SV Sarah W. Vorwerk*. Le voilier de plaisance est suspecté d'avoir pénétré sans permission dans la zone du Traité sur l'Antarctique en décembre 2014.

- IP 65, intitulé « *Alleged Solo Expedition to the South Pole by a German National* » (Allemagne). Ce document rend compte de la coopération entre les autorités compétentes, les Parties et les sociétés logistiques lors de l'expédition au Pôle Sud que le ressortissant allemand Martin S. aurait entreprise en janvier 2015.

Point 2 : Point de vue des opérateurs touristiques (« demandeurs »), par l'Association internationale des organisateurs de voyages dans l'Antarctique (IAATO)

278. L'IAATO a fourni un aperçu des problèmes relatifs aux autorités compétentes auxquels sont confrontés les opérateurs touristiques (demandeurs), soulignant que les activités des opérateurs de l'IAATO ont été évaluées par 14 autorités compétentes différentes. Les différentes méthodes d'évaluation des activités des membres de l'IAATO adoptées par les autorités compétentes étaient contrastées. L'IAATO a précisé que les différentes approches ont posé quelques problèmes, mais qu'elles ont également profité au Système du Traité sur l'Antarctique. L'IAATO a ajouté que, de son point de vue, une bonne communication avec toutes les parties prenantes, qui assure la transparence et la bonne compréhension des différents rôles et responsabilités, est la clé du succès du système d'autorisation.

279. La Réunion a remercié l'IAATO pour sa présentation ainsi que pour sa contribution, soulignant que les informations qu'elle a fournies permettront d'alimenter les débats.

Point 3 : À quels problèmes les autorités compétentes des Parties ont-elles été confrontées lorsqu'elles ont traité des activités impliquant des ressortissants de plusieurs pays et/ou organisations ?

Point 4 : À quels problèmes les autorités compétentes des Parties ont-elles été confrontées lorsqu'elles ont traité des activités dont plusieurs éléments avaient été traités/approuvés/autorisés par d'autres autorités nationales ?

280. La Réunion a débattu d'une série de questions que les autorités compétentes nationales (ACN) ont dû se poser afin de déterminer si une activité avait été approuvée par une autre ACN et de savoir comment éviter les doubles autorisations ou l'absence d'autorisation. Parmi ces questions, on peut citer :

- La question des autorisations multiples ;
- La qualité des mécanismes de communication entre les ACN ;
- Les limites du SEEI pour ce qui concerne les informations pertinentes relatives aux autorités compétentes, aux détails des expéditions, aux autorisations, aux informations concernant les permis ou autorisations refusés et à la mise à jour de la liste de contact des ACN ;
- La nécessité d'affronter la question du « Forum shopping » et des navires battant pavillon d'États tiers ;
- La difficulté d'accéder aux listes des permis et des autorisations refusés et de comprendre les raisons de ces refus ;
- Le souhait des ACN de fournir des informations aux Parties qui ont des responsabilités en matière de coordination des opérations de SAR en Antarctique pour les activités qui ont lieu dans leur zone ;
- Les problèmes liés à l'application des dispositions pertinentes de la législation nationale ;
- L'absence de progrès en ce qui concerne la ratification de l'Annexe VI du Protocole sur la protection de l'environnement ;
- Les visites de stations qui impliquent plusieurs ACN ;
- Les autorisations liées en particulier aux activités touristiques sportives ; et

- les complications qui résultent des expéditions où intervient un ensemble de représentants gouvernementaux et d'ONG.

281. Compte tenu du fait que la question des communications et de la notification en temps opportun des activités intéresse et préoccupe toutes les Parties, un large consensus s'est dégagé sur la nécessité de continuer à améliorer le SEEI afin de le rendre plus convivial, plus moderne et plus complet. Des participants ont proposé que le SEEI serve à produire des informations détaillées plus facilement accessibles concernant notamment l'autorisation des activités, les coordonnées des autorités compétentes, les activités autorisées ou permises qui ont impliqué des ressortissants de différentes Parties et une liste des activités non permises ou non autorisées. Les Parties ont également recommandé que les coordonnées des autorités compétentes soient disponibles sur le site internet du Secrétariat. Par ailleurs, des participants ont proposé de renforcer la communication avec les ACN ayant des responsabilités en matière de coordination des opérations SAR en Antarctique.

282. Le Secrétariat a informé la Réunion qu'il avait la capacité et la flexibilité nécessaires pour améliorer la base de données des contacts et y inclure des informations dynamiques et détaillées sur les points de contact des autorités compétentes, conformément aux suggestions des Parties.

283. La Réunion a débattu de la manière d'identifier l'ACN responsable de l'autorisation ou de la permission d'une activité donnée. La Réunion a fait remarquer que l'ACN responsable de la permission ou de l'autorisation d'une activité non gouvernementale donnée n'était pas toujours clairement identifiée et a mis en lumière les difficultés qui se présentent lorsque, par exemple, au moins deux ACN sont contactées pour l'autorisation d'une même activité.

284. Dans le cas des navires de croisière et du tourisme terrestre, il a été observé que l'opérateur (et non pas les touristes individuels) est généralement identifié comme l'entité responsable. Il est plus difficile d'identifier l'entité responsable dans le cas de très petites expéditions impliquant des voiliers de plaisance, des activités ponctuelles et du tourisme d'aventure.

285. Certaines Parties ont également souligné éprouver des difficultés à poursuivre leurs ressortissants coupables d'avoir entrepris des activités non autorisées. Parmi ces difficultés, on peut citer : la poursuite d'individus en possession de plusieurs passeports, la législation nationale qui s'applique uniquement aux activités organisées au niveau national et les différents niveaux d'implication

entre ceux qui ont lancé l'activité et ceux qui sont responsables de son exécution. Il a été suggéré que la Réunion envisage d'examiner un instrument tel que la Mesure de conservation 10-08 (2009) de la CCAMLR, qui promeut l'application des mesures de conservation de la CCAMLR par les ressortissants des Parties contractantes. Il a également été suggéré d'envisager la notion de tourisme « illicite, non déclaré et non réglementé ».

286. La Réunion a souligné l'importance de la communication bilatérale entre les ACN concernées lorsque des ressortissants de plusieurs Parties sont impliqués dans la procédure d'autorisation d'une activité. Cette action doit venir s'ajouter à l'utilisation du SEEI.

287. Les suggestions suivantes ont également été avancées : suivi des ressortissants qui participent à des activités non autorisées ; communication des observations sur le terrain et suivi des activités non autorisées ; évaluation de l'étendue des activités non autorisées ; élaboration de principes de communication entre les ACN (notamment pour décider du moment où la communication doit commencer) ; et transmission coordonnée et en temps voulu de rapports à travers le SEEI.

288. La Réunion a cité plusieurs exemples qui démontrent qu'une activité est souvent définie comme la somme d'une ou de plusieurs petites sous-activités distinctes. Elle a, en outre, observé que, du point de vue des ACN, il était important de veiller à ce que tous les aspects d'une activité soient pris en compte de manière adéquate tout en s'assurant que plusieurs Parties ne traitent pas le même aspect d'une activité.

289. Sur la base des expériences précédentes et des informations échangées, les Parties ont soulevé plusieurs questions relatives à l'identification et à l'autorisation des sous-activités. Parmi ces questions, on peut citer :

    • La prise en compte des différentes procédures et législations nationales des ACN ;

    • La modification des demandes d'activité après la délivrance d'un permis ou d'une autorisation ; et

    • l'établissement de principes concernant le moment où la communication et la consultation d'autres Parties s'avèrent nécessaires.

290. La Réunion a souligné que, lorsqu'une ACN reçoit la notification d'une sous-activité, il peut parfois être difficile pour cette ACN de déterminer si cette sous-activité a été considérée comme faisant partie d'une activité plus vaste qui a déjà bénéficié d'un permis/une autorisation ou si elle doit la considérer

comme une activité séparée pour laquelle il convient de délivrer un permis/
une autorisation distinct(e). Cela peut s'avérer particulièrement difficile
si l'activité d'origine (plus vaste) a été approuvée par une autre Partie.
Plusieurs Parties ont dit craindre qu'une partie de l'activité ne complète
les autres parties de l'activité d'une façon qui complique l'identification
des entités responsables des différentes parties. Plusieurs exemples ont été
donnés : demandes tardives d'utilisation d'UAV ou demandes de permis/
autorisations supplémentaires pour des baignades ou des activités de plongée
sous-marine.

291. La Réunion a estimé qu'une activité peut être qualifiée de « sous-activité »
lorsqu'elle dépasse le cadre de l'activité principale initialement autorisée/
permise ou lorsqu'il s'agit d'une activité que ne peut pas superviser l'entité
qui a demandé le permis/autorisation initial(e) (par exemple, dans le cas
d'une activité scientifique non gouvernementale, le recours au transport
maritime touristique pour mener des travaux à terre). Dans un cas comme
celui-là, la sous-activité peut nécessiter une autorisation distincte, ce qui
peut s'avérer problématique si les opérateurs rechignent à demander des
permis/autorisations supplémentaires ou à formuler une nouvelle demande.
Certaines Parties ont souligné que le fractionnement des activités entraîne
certains risques du point de vue de la supervision de toutes les activités
impliquées. La Réunion a reconnu que l'octroi de différents permis/
autorisations pour des activités semblables ou liées peut poser problème et
a précisé que, en principe, les ACN sont tenues d'évaluer les activités dans
leur totalité, dans toute la mesure du possible.

292. La Réunion a souligné l'utilité des rapports post-visites, tels que les prévoit
la Résolution 6 (2005) sur le formulaire de rapport post-visite de sites dans
l'Antarctique, pour déterminer dans quelle mesure les activités proposées
correspondent aux activités qui font l'objet d'un rapport. Les rapports post-
visites ont également servi de base à l'évaluation du renouvellement des
permis/autorisations. La Réunion a accueilli favorablement les discussions
ultérieures sur les rapports post-visites et sur la possibilité de partager cette
information à plus grande échelle.

293. La Réunion a procédé à des échanges fructueux sur les activités qui
comportaient plusieurs sous-activités. De l'avis général, la meilleure solution
consiste à envisager l'activité dans son ensemble lors de la procédure
d'autorisation ou de notification, bien que cela ne soit pas toujours possible.
La Réunion a également débattu de la nécessité d'envisager les plans

d'intervention pour les expéditions de manière globale, en tenant compte notamment des assurances et des services de recherche et de sauvetage.

294. La Réunion a passé en revue les circonstances qui pourraient favoriser le « Forum shopping ». Elle a noté que les Parties interprètent et mettent en œuvre le Protocole sur la protection de l'environnement chacune à leur manière, ce qui peut entraîner des divergences du point de vue des normes et des critères d'évaluation. Elle a, en outre, indiqué que, lorsqu'une activité implique des participants de nationalités différentes, il conviendrait de nommer un organisateur qui pourrait se charger d'obtenir un permis/une autorisation en s'adressant à la Partie qui est la plus susceptible de lui délivrer un permis/une autorisation. La Réunion a précisé que les participants à une activité qui sont en mesure de démontrer que leur activité a reçu l'aval d'une autre Partie ne doivent pas solliciter l'autorisation de leur propre Partie. Afin de démontrer qu'une activité a reçu un permis/une autorisation adéquat(e), l'autorité compétente doit contacter les autorités compétentes des autres Parties, même s'il est peut-être trop tard pour inverser le processus engagé.

295. La Réunion a indiqué que le « Forum shopping » comporte des aspects positifs et négatifs. Cette pratique peut permettre de placer des opérateurs provenant de pays qui n'appliquent pas le Protocole sur la protection de l'environnement sous la surveillance de Parties qui, elles, l'ont mis en œuvre. Par ailleurs, la Réunion a jugé qu'il pouvait être utile de débattre de la question du « Forum shopping », bien que la portée de la question ne soit pas claire. Reconnaissant que le « Forum shopping » est un sujet important, la Réunion a ajouté qu'il serait utile d'examiner plus avant la portée de cette question. La Réunion a estimé qu'elle pouvait développer sans tarder des méthodes destinées à mettre en œuvre les deux mécanismes suggérés, qui permettraient d'atténuer les effets négatifs du « Forum shopping » grâce à une communication accrue. La Réunion a fait part de sa préoccupation à l'idée que ces problèmes augmentent avec la diversification des activités humaines en Antarctique et le développement des politiques nationales relatives à l'évaluation des différents types d'activités menées en Antarctique. En outre, elle a indiqué que le « Forum shopping » pouvait également se révéler problématique dès lors que l'activité impliquait des participants qui tentent d'obtenir un permis/une autorisation d'un État autre que le leur lorsque les procédures/exigences/stratégies nationales sont jugées trop contraignantes.

296. Les Parties ont échangé leurs informations et leurs expériences et ont discuté d'un cas concret de « Forum shopping » impliquant l'organisateur d'une activité potentiellement risquée. Les Parties concernées ont déclaré que cette

activité n'avait pas eu lieu grâce à une communication et une coopération efficaces. Les Parties ont également souligné l'importance de coopérer avec le centre de coordination des secours en mer (MRCC) concerné, dès la réception d'une telle demande. Elles ont également souligné que, dans cette affaire, l'organisateur avait tenté par deux fois d'obtenir un permis/ une autorisation auprès de l'autorité compétente de l'une des Parties. La Partie sollicitée par l'organisateur a clairement communiqué aux autres Parties qu'elle avait rejeté la demande, notamment pour des questions de sécurité et de responsabilité. Par la suite, une deuxième Partie a identifié les participants de cette activité dans un port de transit en Antarctique, où ils ont été informés qu'ils ne disposaient pas de l'autorisation nécessaire pour poursuivre leur activité. L'organisateur de l'activité a alors tenté d'obtenir une autorisation auprès de l'autorité compétente de la deuxième Partie. Sa demande a été rejetée et l'expédition en Antarctique a été interrompue.

297. La Réunion a analysé deux mécanismes susceptibles d'améliorer la communication et de réduire l'incidence potentiellement négative du « Forum shopping ». La première solution consiste à intégrer un mécanisme d'alerte au SEEI pour éviter le « Forum shopping ». Grâce à ce mécanisme, toutes les ACN seraient directement averties du rejet d'une demande. Les Parties ont souligné que ce genre de notification officielle avait été très utile dans le cas mentionné ci-dessus. La seconde solution prévoit la création d'un mécanisme informel qui permettrait aux autorités compétentes de discuter des expéditions potentiellement problématiques avant la prise d'une décision officielle. Dans ce sens, des participants ont proposé de créer un forum protégé par mot de passe, uniquement accessible aux autorités compétentes à partir du site internet du Secrétariat. La Réunion a estimé que de telles communications anticipées concernant les expéditions pourraient résoudre les problèmes avant qu'ils ne s'aggravent.

298. La Réunion a souligné l'importance de la communication et de l'échange d'informations dès lors que des participants ou des entités originaires de différentes nations sont impliqués dans une même activité. La Réunion avait déjà reconnu l'importance de la communication entre les ACN et les Parties, en adoptant la Résolution 3 (2004). Cette Résolution invite les Parties à échanger des informations sur les activités, notamment lorsqu'elles risquent d'avoir des incidences pour d'autres Parties, à consulter au besoin les Parties concernées pendant la procédure d'évaluation de ces activités et, le cas échéant, avant d'autoriser les activités ou leur poursuite et à communiquer au Secrétariat un point de contact unique en charge de fournir les informations sur le tourisme et les activités non gouvernementales en Antarctique. Eu égard aux questions soulevées par les Parties, certains

participants ont suggéré que la mise en œuvre de ces résolutions pouvait encore être améliorée.

299. Rappelant la Résolution 3 (2004) *Tourisme et activités non gouvernementales : Renforcement de la coopération entre les Parties* et la Résolution 6 (2010) *Amélioration de la coordination des activités de recherche et de secours en mer dans la zone du traité sur l'Antarctique*, la Réunion a souligné l'utilité de ces deux résolutions, tout en indiquant que leur actualisation permettrait d'améliorer la communication. La Réunion a particulièrement insisté sur le fait que la Résolution 3 (2004) contient une liste des points de contact en charge des activités touristiques de chaque Partie et que ces points de contact n'étaient pas toujours ceux de l'autorité compétente. Faisant référence à la Résolution 6 (2010), il a été observé qu'il serait également utile que ces informations ainsi qu'une liste des points de contact des cinq centres de coordination de sauvetage (RCC) en Antarctique soient disponibles sur le site internet du Secrétariat du Traité sur l'Antarctique.

300. Sur la base de cet échange, la Réunion a proposé de dresser une liste des points de contact des autorités compétentes ainsi qu'une liste exhaustive des points de contact des cinq MRCC et RCC. Elle a, en outre, indiqué qu'il serait utile d'envisager les différentes manières de partager les enseignements qu'elle a tirés des différents cas.

Point 5 : À quels problèmes les autorités compétentes des Parties ont-elles été confrontées lors de l'évaluation de la dimension sécuritaire des activités ?

301. La Réunion a indiqué que de plus en plus d'activités ont lieu en Antarctique. Elle a, par ailleurs, laissé entendre que les nouvelles activités, en particulier les activités sportives et d'aventure, présentent des risques et que les autorités compétentes ne possèdent peut-être pas toutes les informations leur permettant d'évaluer ces risques. La Réunion a souligné que les requérants sous-estiment bien souvent les risques que comportent les activités et a invité les ACN à procéder à un examen plus approfondi des activités ainsi qu'à mieux communiquer avec les requérants. La Réunion a relevé des exemples de coopération entre ACN pour limiter le « Forum shopping » après le refus d'autorisations et a admis que le renforcement de la coopération entre les ACN est essentiel pour éviter que des expéditions non autorisées potentiellement risquées ne soient menées en Antarctique.

302. En ce qui concerne la Résolution 4 (2004), la Réunion a ajouté qu'il peut être difficile de définir « l'expérience suffisante » lors de l'évaluation des

demandes. Certains participants ont déclaré que la compréhension du terme « expérience suffisante » était essentielle à la compréhension de certains aspects liés à la sécurité de l'activité proposée. Les Parties ont, par ailleurs, déclaré que, en raison de la diversification des activités, il pourrait devenir plus difficile d'évaluer les demandes et de veiller à ce que la protection de l'environnement et la sécurité des participants soient assurées. Certaines Parties ont fourni des exemples de situations dans lesquelles elles ont eu du mal à évaluer la sécurité d'une activité. La Réunion a fait remarquer que les cinq MRCC et RCC concernés jouent un rôle essentiel dans la sécurité des participants et la protection de l'environnement. À ce titre, leur avis pourrait être sollicité. Certaines Parties ont indiqué que les risques spécifiques à chaque activité devraient être évalués et elles ont fait référence aux matrices d'évaluation des risques développées à cet effet. Les Parties ont également suggéré que, pour certaines activités, des informations spécifiques relatives à des risques supplémentaires, telles que des certificats d'évaluation médicale spéciaux, complètent l'évaluation de l'activité afin de garantir l'examen minutieux de l'activité. L'IAATO a indiqué avoir déjà mis en place une exemple de liste de contrôle médicale destinée à ses Membres. Elle a souligné à quel point il est important que les opérateurs connaissent leurs clients et l'activité proposée afin d'adapter, le cas échéant, leurs capacités médicales. La Réunion a reconnu qu'il est important que les organisateurs de l'activité aient connaissance de la situation et des conditions spécifiques des sites et qu'ils soient aussi autonomes que possible pour éviter les situations d'urgence et pouvoir y faire face si elles se présentent. La Réunion a débattu du fait que des activités potentiellement risquées menées par des organisations non gouvernementales présentent des menaces pour les Programmes antarctiques nationaux. Elle a indiqué que, en cas d'urgence, les ressources des Programmes antarctiques nationaux risquent d'être détournées de leur fonction première et d'être utilisées dans le cadre d'une intervention d'urgence.

303.   La révision des lignes directrices pour les visiteurs de sites en vue d'y inclure une identification des risques liés aux activités aquatiques et l'élaboration de lignes directrices pour évaluer le déroulement d'activités spécifiques en Antarctique figurent parmi les suggestions sur la manière de progresser sur ces questions.

304.   Des participants ont observé que les discussions et l'échange d'informations au cours de la Réunion étaient importants et devraient se poursuivre. La Réunion a reconnu que des discussions supplémentaires étaient nécessaires pour comprendre certains éléments de la Mesure 4 (2004), et notamment

pour mieux comprendre ou définir les termes « expérience suffisante » et « exigences médicales suffisantes ». Rappelant la Résolution 7 (2014), la Réunion a également encouragé les Parties à mettre en vigueur la Mesure 4 (2014) afin qu'elle soit pleinement mise en œuvre. La Réunion a fait part de son intention d'élaborer des orientations supplémentaires pour ce qui concerne l'examen des activités.

305. En outre, les Parties ont été invitées à consulter les réseaux sociaux, les blogs ou les sites internet consacrés aux expéditions, qui constituent une source d'information sur les activités non gouvernementales. Les ACN ont été invitées à transmettre ces informations pertinentes à leurs homologues.

306. Reconnaissant que de nombreuses ACN ont assorti les permis liés aux procédures d'évaluation de lignes directrices ou de conditions/clauses restrictives, la Réunion a souligné l'utilité de partager de tels outils et a estimé qu'il pourrait être approprié de créer un forum d'échange d'informations. Cet objectif pourrait être atteint grâce à une liste des adresses e-mail des autorités compétentes. L'IAATO a rappelé à l'attention des Parties le document IP 72 rév. 1, qu'elle a soumis à l'occasion de la XXVe RCTA et dans lequel elle a identifié les différentes lignes directrices à la disposition de ses membres. Par ailleurs, elle a fait part de sa volonté d'être impliquée dans toute forme de partage d'information. La Réunion a pris note du fait que l'IAATO a élaboré des lignes directrices soumises à l'examen préalable de pairs du secteur, et elle a encouragé l'IAATO à continuer de partager ses orientations avec la RCTA afin que les ACN puissent s'en inspirer pour évaluer les propositions émanant d'opérateurs non membres de l'IAATO.

Point 6 : À quels problèmes/défis d'intérêt général les autorités compétentes des Parties ont-elles été confrontées en ce qui concerne les différents types d'activités ?

307. La Réunion a discuté des problèmes auxquels sont confrontées les ACN lors de l'évaluation des activités, de plus en plus diversifiées. Parmi ces problèmes, on peut citer :

- Le manque de lignes directrices ou d'informations concernant des activités que des ACN données n'avaient pas traitées auparavant, telles que le kite-ski, la plongée avec tuba et la pêche récréative ;

- La manière de traiter les personnes privées des Programmes antarctiques nationaux qui prennent part à des activités de loisirs ;

- Les activités d'aventure potentiellement risquées présentées comme des activités scientifiques ;

- Le manque de position harmonisée entre les différentes Parties au Traité, notamment en ce qui concerne les activités potentiellement risquées pour l'environnement et la protection de l'environnement ;

- L'existence de différents types d'activités qui ont diversifié les comportements et les interactions avec l'environnement ;

- La difficulté de réglementer et d'anticiper les interactions avec l'environnement liées aux nouvelles activités ;

- Le besoin de descriptions exhaustives des activités ;

- La nécessité de tenir compte de l'impact cumulé lors de l'évaluation des activités proposées ;

- Le défi qui consiste à empêcher le déroulement des expéditions non autorisées ; et

- la diversification des promoteurs d'activités.

308. La Réunion a proposé de mettre l'accent sur les risques plutôt que sur des types d'activité spécifiques, soulignant la cohérence de cette approche par rapport aux dispositions du Protocole sur la protection de l'environnement. La Réunion a également souligné l'importance de communiquer les exigences et l'applicabilité du Protocole aux nouveaux promoteurs d'activités dans la zone du Traité sur l'Antarctique, pour faire face à la diversification des promoteurs.

309. Certaines Parties ont souligné que la présence, dans la zone du Traité sur l'Antarctique, d'opérateurs et de biens appartenant à des Parties n'ayant pas ratifié le Traité constituait un obstacle à une réglementation globale des activités en Antarctique.

310. La Réunion, tout en reconnaissant la complexité de ces questions, a proposé d'en rediscuter à l'avenir.

Point 7 : Les autorités compétentes des Parties ont-elles rencontré des difficultés/problèmes lors de l'évaluation des activités à la lumière des objectifs et des principes du Protocole et d'autres recommandations pertinentes de la RCTA ?

311. La Réunion a examiné la manière dont les ACN ont tenu compte des principes généraux du Protocole sur la protection de l'environnement,

tels qu'énoncés à l'article 3, paragraphe 1. Puisque le Protocole ne fournit pas d'orientations spécifiques sur la manière d'intégrer les principes à la procédure d'autorisation des activités, la Réunion a pris note du fait que la diversification des activités autorisées en Antarctique pose des défis supplémentaires aux ACN. La Réunion a examiné des cas où des activités ont été refusées ou des permis/autorisations n'ont pas été délivrés, eu égard aux principes du Protocole et à d'autres recommandations pertinentes de la RCTA.

312. La Réunion s'est intéressée à des cas où l'octroi des permis/autorisations a été différé ou refusé, car l'activité était jugée contraire aux principes énoncés à l'article 3, paragraphe 1, du Protocole. Certaines ACN ont précisé qu'elles avaient découragé les demandes relatives à des activités jugées contraires à leurs politiques et à leur droit interne. D'autres Parties ont refusé de délivrer des permis/autorisations pour plusieurs raisons, notamment pour des questions de procédure, des raisons de sécurité, des risques de dommages à l'environnement et de violation de la législation relative aux valeurs intrinsèques, esthétiques et naturelles. Certaines Parties ont souligné que les valeurs intrinsèques de l'Antarctique, notamment les valeurs naturelles et esthétiques, ont été intégrées à la réglementation nationale et ont par conséquent guidé les travaux des ACN. Une meilleure définition des valeurs protégées au titre du Protocole, telles que la nature, ainsi que des orientations sur le rôle de ces valeurs dans l'évaluation des activités en Antarctique aideraient les ACN à y voir plus clair au moment de délivrer des permis/autorisations, eu égard notamment à la diversification des activités en Antarctique.

313. La Réunion a pris note du fait que les travaux et recommandations existants, notamment la RETA sur le tourisme et les activités non gouvernementales (2004), la RETA sur la gestion du tourisme maritime dans la zone du Traité sur l'Antarctique (2009) et l'étude sur le tourisme du CPE (2012), devraient être pris en compte lors des prochaines discussions sur les autorités compétentes.

314. Certains participants ont, en outre, suggéré d'adopter, en plus d'une approche de précaution, une approche prospective au vu des enjeux à venir. Par exemple, les nouvelles tendances qui se dessinent dans le secteur du tourisme aérien présentent des défis autres que ceux auxquels s'attaquent les recommandations résultant de la RETA 2009 sur la gestion du tourisme maritime dans la zone du Traité sur l'Antarctique.

Point 8 : *Résumé général et conclusions*

315. Le Groupe de travail spécial a donné l'occasion aux ACN d'échanger des expériences et des informations concernant un certain nombre de questions et de défis pertinents auxquels sont confrontées les ACN lorsqu'elles doivent gérer des activités non gouvernementales en Antarctique. La Réunion a souligné l'importance de pouvoir continuer à échanger ces informations à intervalles réguliers.

316. La Réunion est parvenue à la conclusion qu'il est inutile de dresser une liste de contacts pour les autorités compétentes et les cinq RCC concernés, que plus d'orientations détaillées sont nécessaires pour l'évaluation des différents types d'activités, qu'il convient d'élaborer des principes de communication entre les ACN ainsi qu'un forum d'échange d'informations entre les autorités compétentes, qu'il importe d'améliorer le SEEI afin de renforcer son utilité pour les autorités compétentes, que les éléments de la Mesure 4 (2004) doivent être compris et que des orientations doivent être formulées, que les autres ACN doivent avoir connaissance des activités non permises ou non autorisées (rejet officiel des permis/autorisations et nom des opérateurs qui ont été découragés de mener leur activité) et que les activités de sensibilisation des promoteurs d'activités en Antarctique doivent être renforcées.

317. La Réunion a fourni des informations sur des problèmes persistants, à savoir : comment traiter les participants qui ne sont pas des ressortissants des Parties qui ont autorisé l'activité et comment engager des poursuites contre ces personnes.

318. La Réunion a également souligné l'utilité des rapports post-visites pour remédier à ces problèmes et elle a indiqué qu'il était souhaitable que la Mesure 4 (2004) entre en vigueur.

Point 12 – Inspections effectuées au titre du Traité sur l'Antarctique et du Protocole relatif à la protection de l'environnement

319. Le Royaume-Uni a présenté le document de travail WP 19 rév. 1 *Recommandations générales à l'issue des inspections conjointes menées par le Royaume-Uni et la République tchèque en vertu de l'article VII du Traité sur l'Antarctique et de l'article 14 du Protocole relatif à la protection de l'environnement* et il a fait référence au document d'information IP 57, intitulé « *Report of the Joint Inspections undertaken by the United Kingdom and the Czech Republic under Article VII of the Antarctic Treaty and Article*

14 of the Environmental Protocol ». Les deux documents ont été préparés conjointement avec la République tchèque. Le Royaume-Uni a rendu compte de l'inspection du Traité sur l'Antarctique menée conjointement par le Royaume-Uni et la République tchèque dans la région de la Péninsule antarctique au cours de la saison 2014-2015. Les inspections ont été effectuées dans 12 stations de recherche, une structure non gouvernementale, un refuge, six navires de croisières et cinq navires de plaisance. Un total de 26 recommandations ont été identifiées. Les observateurs ont émis un certain nombre de recommandations générales résultant du programme d'inspection et dont la pertinence va au-delà des recommandations spécifiques formulées pour chaque station et navire reprises dans le rapport d'inspection. Ces recommandations sont organisées dans les domaines suivants : personnel et formation ; recherche scientifique ; logistique et infrastructure ; transport et communication ; sécurité, formation et procédures d'urgence ; gestion de l'environnement ; aspects médicaux ; et tourisme.

320. La Réunion a remercié les auteurs des documents pour leur travail, et félicité la République tchèque pour sa première participation à une inspection si rapidement après être devenue une Partie consultative, en 2014. Les Parties ont reconnu les moyens, le temps et la logistique nécessaires pour mener à bien une inspection, et indiqué que la coopération inhérente aux inspections incarnait l'esprit de coopération qui se trouve au cœur du Système du Traité sur l'Antarctique.

321. Des Parties ont émis des commentaires quant aux recommandations spécifiques reprises dans le document d'information IP 57. À propos des inspections de la Station antarctique allemande de réception O'Higgins, l'Allemagne a réitéré ses commentaires, indiquant que cette station n'est pas utilisée à des fins militaires et ne traite pas de données à des fins militaires. Le Chili a fait état d'une formation spéciale qu'il a mise en œuvre, qui inclut un volet sur le Traité sur l'Antarctique et les mesures de protection de l'environnement.

322. En répondant aux recommandations figurant dans le document d'information IP 57, l'Ukraine a rendu compte de l'état d'avancement des travaux en cours à sa station, notamment le projet d'amélioration et de modernisation de la station qui devrait être terminé d'ici à 2020. Elle a indiqué que les remarques de l'inspecteur avaient été examinées et que des mesures avaient été prises pour répondre aux recommandations. La Norvège a indiqué que les commentaires de l'Ukraine reflétaient le fait que différentes Parties disposent de capacités différentes pour répondre à ces recommandations, et que ce fait devrait être pris en compte dans les rapports d'inspection.

323. L'Ukraine a également indiqué avoir soumis les lignes directrices pour les sites en ce qui concerne sa station et l'IAATO a émis des commentaires sur l'utilité de ces lignes directrices.

324. Le Brésil a remercié le Royaume-Uni et la République tchèque pour leur travail, dont les conclusions relatives à la station brésilienne étaient très positives. Le Brésil a reconnu l'utilité des inspections, dans la mesure où elles visent à renforcer les objectifs du Traité sur l'Antarctique et du Protocole. Le Brésil a évoqué ses visites de courtoisie effectuées dans sept stations conjointement avec l'Argentine. Celles-ci sont décrites dans le document de contexte BP 2. Le Brésil a indiqué que les rapports d'inspection avaient valeur de recommandation ; ils reflètent le point de vue de leurs auteurs et ils pourraient être pris en compte de manière adéquate par les Parties qui font l'objet d'une inspection.

325. L'Australie a salué le rapport sur les inspections de deux navires de plaisances australiens et le processus de consultation entrepris en aval par les Parties inspectrices.

326. Faisant référence à la Recommandation 9 figurant dans le document de travail WP 19 rév. 1, certaines Parties ont conseillé aux autres de faire preuve de prudence lorsqu'elles encouragent des activités scientifiques sur des navires touristiques, ou dans le cadre d'expéditions touristiques, et ont noté une tendance des organisateurs de voyage à mettre en avant l'élément scientifique de leur programme pour justifier leur expédition. Les Pays-Bas ont fait référence à un accident mortel survenu récemment, impliquant deux explorateurs polaires en Arctique. Il est survenu au cours d'un voyage qui avait été présenté comme scientifique, mais qui se déroulait principalement comme un voyage d'aventure. Répondant à la Recommandation 9, l'IAATO a fait écho aux préoccupations mentionnées par les Pays-Bas, mais a indiqué l'importance de la science citoyenne. Elle a également déclaré espérer que les efforts déployés par les Parties fournissant des autorisations et les opérateurs permettraient de résoudre ces questions sans mettre à mal le potentiel que représente la science citoyenne dans son ensemble.

327. Plusieurs Parties, ainsi que l'ASOC, ont souligné qu'il était important que les Parties fournissent un suivi des recommandations contenues dans les rapports d'inspection à la RCTA et ont pris le document de contexte BP 14 présenté par l'Inde à titre d'exemple à suivre. L'Argentine a noté l'utilité de la procédure d'inspection en place, qui a permis aux Parties inspectées de commenter le projet de rapport et a indiqué qu'une discussion à la RCTA constituerait le meilleur moyen d'obtenir des avis sur la question.

328. Plusieurs Parties ont émis des réserves quant à la Recommandation 7 contenue dans le document de travail WP 19 rév. 1, notant surtout que la portée des inspections devrait se limiter à l'article 14 du Protocole relatif à l'environnement, et ne devrait pas inclure de commentaire sur les activités scientifiques des Programmes antarctiques nationaux. D'autres Parties ont indiqué que l'article VII du Traité sur l'Antarctique autorisait des inspections plus larges que celles que prévoit l'article 14 et ont insisté sur le fait qu'il devrait incomber à l'inspecteur de décider de la portée de l'inspection, dans le cadre du Système du Traité sur l'Antarctique. À propos de la Recommandation 11, l'Argentine a indiqué que, bien que souhaitable, il n'était pas toujours possible pour les Parties d'avoir recours à des énergies renouvelables. L'Argentine a également émis certaines craintes par rapport à la Recommandation 20, indiquant qu'il serait judicieux de mettre en place différents systèmes de traitement des eaux usées en fonction du nombre de personnes travaillant dans chaque station.

329. La Réunion a remercié le Royaume-Uni et la République tchèque pour avoir mené ces inspections et pour les efforts investis dans l'élaboration de ce rapport. Elle a par ailleurs convenu que les recommandations issues des rapports d'inspection étaient spécifiques aux acteurs de l'inspection et qu'elles devraient dès lors, être considérées comme adéquates par les Parties inspectées.

Point 13 – Questions scientifiques, coopération et facilitation scientifiques

330. Le Royaume-Uni a présenté le document de travail WP 16 *Le rôle de l'Antarctique dans les processus climatiques mondiaux*, préparé conjointement avec la Norvège. Le document proposait que, avant la COP 21 de la CCNUCC qui se tiendra à Paris en décembre 2015, la RCTA adopte une nouvelle Résolution visant à mettre en avant l'importance des activités scientifiques et l'expertise des questions relatives au changement climatique en Antarctique. Cette Résolution encourage les Programmes antarctiques nationaux à poursuivre leurs précieux travaux afin de mieux comprendre, et de pouvoir mieux prédire, les dynamiques mondiales dans le contexte du changement climatique. Le document incluait également un projet de Résolution sur le rôle de l'Antarctique dans les processus climatiques mondiaux, invitant les représentants des Programmes antarctiques nationaux à collaborer avec le SCAR afin de déterminer la meilleure manière de promouvoir la recherche internationale sur le changement climatique en Antarctique auprès de la COP 21.

331. En réponse aux préoccupations initiales émises par certaines Parties selon lesquelles une telle Résolution pourrait sortir du cadre du mandat de la RCTA, certaines Parties ont souligné que les débats sur le changement climatique qui se tiennent au sein de la RCTA devraient être uniquement axés sur les impacts du changement climatique en Antarctique et ne devraient pas traiter des questions relatives à des mesures d'atténuation ou tout autre aspect repris dans les négociations menées dans le cadre de la CCNUCC. Le Royaume-Uni et la Norvège ont répondu en soulignant que l'objectif du projet de Résolution était de promouvoir l'importance des études scientifiques sur le climat menées en Antarctique. L'intention n'était pas de renvoyer officiellement la Résolution à un organisme spécifique extérieur à la RCTA. Le Royaume-Uni a également précisé que cette proposition n'a pas été soumise au CPE car le document WP 16 porte sur la promotion de la science sur le changement climatique et non des conséquences de ce dernier.

332. La Réunion a remercié le Royaume-Uni et la Norvège et a reconnu que la recherche scientifique sur le changement climatique menée en Antarctique jouait un rôle important pour mieux comprendre les effets du changement climatique. L'ASOC a également soutenu la Résolution et a souligné l'importance du rôle prépondérant de la RCTA au niveau de la recherche sur le changement climatique.

333. La Réunion a adopté la Résolution 6 (2015) *Le rôle de l'Antarctique dans les processus climatiques mondiaux.*

Programmes à venir

334. Le SCAR a présenté le document d'information IP 20, intitulé « *Outcomes of the 1st SCAR Antarctic and Southern Ocean Science Horizon Scan* », qui donne aux Parties les résultats du projet visant à identifier les questions scientifiques les plus importantes portant sur l'Antarctique, qui devraient être traitées au cours des vingt prochaines années et même au-delà. Le document indique aux Parties que 70 des plus grands scientifiques antarctiques, décideurs et visionnaires mondiaux ont identifié 80 questions prioritaires regroupées dans six domaines généraux. Le SCAR a par ailleurs indiqué que, afin de répondre à ces questions, il serait utile de : allouer un financement stable et à long terme de la recherche ; garantir l'accès à l'Antarctique tout au long de l'année ; utiliser les technologies émergentes ; renforcer la protection de la région ; accroître la coopération internationale ; et améliorer la communication entre les Parties intéressées.

335. Le COMNAP a présenté le document d'information IP 59, intitulé « *The COMNAP Antarctic Roadmap Challenges (ARC) project* », qui découle du Programme Science Scan Horizon du SCAR. Le projet ARC identifie les défis de natures technique et logistique associés à la mise en pratique d'un tel programme scientifique. Le document indique que les résultats seront examinés lors d'un atelier organisé à Tromsø en 2015, à la suite duquel un rapport serait élaboré à destination des programmes antarctiques nationaux. Ce rapport mettra en évidence les besoins technologiques et logistiques probables des programmes scientifiques à venir dans la zone du Traité sur l'Antarctique.

336. La Réunion a remercié le SCAR et le COMNAP et les a félicités d'avoir entrepris ces projets. Il a été noté que les projets ont renforcé les connaissances relatives à l'océan Austral et à l'Antarctique, d'abord pour la communauté scientifique antarctique, mais également au niveau mondial.

Coopération scientifique internationale

337. L'Australie a présenté le document d'information IP 116, intitulé « *East Antarctic / Ross Sea Workshop on Collaborative Science* », préparé conjointement avec la Chine. Le document propose d'accueillir deux ateliers Antarctique oriental/mer de Ross sur la recherche concertée à Hobart, en Australie en 2016 et en Chine en 2017, afin de permettre aux nations qui ont des programmes de recherche actifs dans les régions de l'Antarctique oriental et de la mer de Ross de planifier des projets majeurs de recherche scientifique concertés multinationaux pour 2017-2018 et après. Le premier atelier identifierait les projets scientifiques majeurs qui pourraient être entrepris. Le second atelier porterait, quant à lui, sur les aspects logistiques. L'Australie a invité les Programmes antarctiques nationaux désireux de participer à se mettre en contact avec les organisateurs des ateliers.

338. La Réunion a remercié l'Australie et la Chine et a salué cette initiative visant à promouvoir la coopération internationale dans le domaine de la science en Antarctique.

339. Lors de la présentation du document IP 116, l'Australie a fait référence à la priorité du Plan de travail stratégique pluriannuel consistant à rassembler et comparer les priorités scientifiques stratégiques en vue d'identifier les possibilités de coopération. L'Australie a indiqué que la promotion de la coopération internationale dans le cadre d'activités scientifiques d'envergure mondiale en Antarctique constitue l'un des objectifs fondamentaux du

Traité sur l'Antarctique. L'Australie a soutenu l'idée que la RCTA joue un rôle accru dans l'identification d'objectifs scientifiques et la promotion de la coopération internationale visant à atteindre ces objectifs. L'Australie a par ailleurs invité la RCTA à examiner le sujet plus avant, en vue d'aider les Parties individuelles à orienter leurs Programmes antarctiques nationaux, à éviter le dédoublement des efforts, et à identifier de manière efficace et à coordonner les projets requérant une coopération internationale.

340. La Roumanie a présenté trois documents rendant compte de la coopération avec d'autres Parties en Antarctique : l'IP 91, intitulé *« Cooperation between Romania and Korea (ROK) in Antarctica »* ; l'IP 135, intitulé *« Cooperation of Romania with Australia in Antarctica »* ; et le document d'information IP 136, intitulé « Cooperation of Romania with Bulgaria in the Antarctic field ». La Roumanie a remercié la République de Corée, l'Australie et la Bulgarie pour les efforts déployés au cours de la coopération.

341. L'Allemagne a présenté le document d'information IP 63, intitulé *« EU-PolarNet – Connecting Science with Society »*, préparé conjointement avec la Belgique, la Bulgarie, la France et le Portugal. Le document résumait la coordination européenne et les mesures de soutien qui prendront place au cours des cinq années à venir, dans le cadre du programme EU-PolarNet. Entre 2015 et 2020, EU-PolarNet devrait développer et offrir un cadre stratégique et les mécanismes nécessaires pour donner la priorité à la science ; optimiser l'utilisation des infrastructures polaires ; établir de nouveaux partenariats menant à l'élaboration conjointe de projets de recherche polaire. Le document comprenait toutes les institutions majeures en matière de recherche polaire, ainsi que les fournisseurs d'infrastructures polaires en Europe. Les résultats devraient être présentés aux décideurs, avec l'objectif d'élaborer un Programme européen de recherche polaire cohérent. EU-PolarNet a été coordonné au sein de l'Institut Alfred Wegner de Bremerhaven, et les réalisations du projet s'inscriront dans la durée par le biais du Conseil polaire européen.

342. La République de Corée a présenté le document d'information IP 70, intitulé *« Report from Asian Forum of Polar Sciences to the ATCM XXXVIII »*. Le document indiquait que le Forum asiatique pour les sciences polaires (AFoPS), une organisation vieille de dix ans et consacrée à la recherche polaire et à la coopération, était devenu une plateforme de premier rang pour les efforts collectifs au niveau des échanges humains et d'information, de la coopération en matière de recherche, et de logistique entre les institutions asiatiques impliquées dans la recherche polaire. La République de Corée a

mentionné que quatre Parties consultatives et une Partie non consultative étaient membres de l'AFoPS et que la Corée en était actuellement présidente. Le document indique que le forum travaille à l'élaboration de nouvelles initiatives fondées sur le cadre fourni par le Scan Horizon du SCAR et, bien que celles-ci soient avant tout régionales, l'intention est de les partager avec la communauté antarctique dans son ensemble. Enfin, la République de Corée a apporté son soutien aux initiatives présentées par l'Australie et la Chine dans le document d'information IP 116.

343. Le SCAR a réitéré son engagement à renforcer les liens et à élargir le cadre des discussions avec l'AFoPS.

344. L'Uruguay a présenté le document d'information IP 125, intitulé « *"From East to West" initiative* ». L'initiative visait à inviter le personnel et les scientifiques qui opèrent en Antarctique oriental dans les stations uruguayennes en Antarctique occidental. Le document étudie également les différences de conditions scientifiques et opérationnelles entre l'Antarctique oriental et l'Antarctique occidental et précise que le partage des infrastructures s'est révélé utile pour réduire l'empreinte écologique humaine et promouvoir la coopération souhaitée entre les Parties. L'Uruguay a apprécié l'avis et le soutien du COMNAP sur cette question. L'Uruguay a encouragé les Parties à s'associer à cette initiative et à offrir des occasions de visites similaires et de conduite de recherches scientifiques dans leurs propres infrastructures en Antarctique.

345. La Réunion a noté que ces différents documents regorgeaient de bons exemples illustrant la coopération scientifique internationale entre les Parties.

Activités scientifiques nationales

346. La Fédération de Russie a présenté le document d'information IP 67, intitulé « *Russian studies of subglacial Lake Vostok in the season 2014–2015* ». Le document rappelle que le 5 février 2012, les scientifiques russes étaient les premiers au monde à accéder au lac Vostok. Les détails relatifs à cette expédition et les premiers résultats scientifiques sont repris dans les documents suivants, soumis par la Fédération de Russie : le document d'information IP 74, soumis à la XXXVe RCTA, intitulé « *Results of Russian activity for penetrating subglacial Lake Vostok in the season 2011–12* » et le document d'information IP 49, soumis à la XXXVIe RCTA, intitulé « *Results of studies of subglacial lake Vostok and drilling operations in deep ice borehole of Vostok station in the season 2011-2012* ». La Fédération de Russie a noté que les

forages ont continué lors des saisons 2012-2013, 2013-2014 et 2014-2015. Le 25 janvier 2015, un second accès par forage a été effectué pour atteindre la couche de surface du lac sous-glaciaire Vostok. Les résultats ont indiqué que les foreurs russes maîtrisaient la technologie utilisée pour la gestion de la montée du niveau des eaux dans le trou de forage et qu'ils pouvaient réguler ce processus au cours de forages répétés de « bouchons de glace », qui se créent à la fin de chaque saison antarctique, avant d'examiner les caractéristiques de la colonne d'eau du lac. La Fédération de Russie espère présenter les premiers résultats scientifiques lors de la XXXIXe RCTA.

347. En réponse à une demande émanant de la France, qui demandait pourquoi ce document d'information n'avait pas été soumis cette année au CPE, la Fédération de Russie a rappelé à la Réunion qu'elle avait présenté au CPE plusieurs documents relatifs à l'impact environnemental potentiel des forages, et que l'avis du CPE avait été pris en considération. La Réunion a accueilli favorablement les actualisations à venir des résultats scientifiques obtenus par la Fédération de Russie.

348. L'Inde a présenté le document d'information IP 100, intitulé « *Antarctic Lakes and Global Climate Perspectives: The Indian Footprint* ». Le document présente des études paléolimnologiques à long terme centrées sur les lacs de l'oasis Schirmacher et des collines Larsemann, en Antarctique oriental.

349. La Colombie a présenté le document d'information IP 23 intitulé « *Primera Expedición Científica Colombiana a la Antártica 2014/15* » *[First Colombian Scientific Expedition to Antarctica 2014/2015]*. Ce document présente la première expédition colombienne en Antarctique au cours de l'été 2014/2015, et indique que l'expédition tenait compte du cadre fourni par le Programme scientifique antarctique de la Colombie (Agenda Científica Antártica Colombiana). Les projets scientifiques portaient sur les domaines de l'océanographie physique, chimique, biologique ainsi que de la biologie marine dans la zone du détroit de Gerlache. D'autres projets portaient sur l'ingénierie marine et la physiologie humaine. Les données et échantillons obtenus avaient été étudiés et les résultats publiés. La Colombie a, au cours de cette expédition, mis en avant l'élément de la coopération internationale et a remercié le Brésil, le Chili, l'Équateur, l'Argentine, et la République de Corée pour leur soutien. Grâce à cette expérience positive acquise en matière d'exploitation par la marine et la force aérienne colombiennes et au bon travail d'équipe fourni en Antarctique, la Colombie a indiqué qu'elle poursuivrait son engagement dans des travaux scientifiques, soit en utilisant sa propre logistique, soit en concluant des accords de coopération avec d'autres pays.

350. La Colombie a également présenté le document d'information IP 26, intitulé *« Antarctic Scientific Agenda of Colombia 2014 - 2035 » [Antarctic Scientific Affairs Agenda of Colombia 2014-2035]*. Ce document présente le Programme scientifique des Affaires antarctiques de la Colombie (Agenda Científica de Asuntos Antárticos de Colombia), y compris ses objectifs, ses priorités stratégiques et un plan d'action. Il a été élaboré en tenant compte du Scan Horizon du SCAR et constitue un effort national qui a impliqué des universités, des centres de recherche, des ONG et des institutions, et conclut avec la mise en avant de huit champs de recherche prioritaires.

351. Le Vénézuela a présenté le document d'information IP 47, intitulé *« VIII Campaña Venezolana a la Antártida 2014-2015 » [VIII Vénézuelan Antarctic Campaign 2014-2015]*, qui rend compte de la huitième campagne antarctique du Vénézuela, qui s'est déroulée d'octobre 2014 à mars 2015. Le Vénézuela a remercié l'Argentine et le Chili pour leur collaboration au cours de cette campagne.

352. Le Canada a présenté le document d'information IP 134, intitulé *« Update on the Canadian Polar Commission and Canadian High Arctic Research Station (CHARS) Project »*. Le document présente une actualisation des travaux effectués par le Canada afin d'établir un programme de recherche antarctique national présidé par la Commission polaire canadienne. Il fournit également une actualisation sur la fusion du projet de la Commission polaire canadienne et de la Station de recherche canadienne en Haut Arctique (CHARS) de créer une nouvelle agence fédérale nommée Polar Knowledge Canada, qui poursuivrait les travaux visant à développer un programme de recherche antarctique national pour le Canada. Polar Knowledge Canada aurait pour mission d'explorer les possibilités de partenariat avec les programmes nationaux d'autres pays afin de faciliter l'accès à des infrastructures et à une logistique pour la recherche antarctique déjà existantes, mais aussi de permettre l'accès aux infrastructures et à la logistique canadiennes en Arctique.

353. Le Portugal a présenté le document d'information IP 3, intitulé *« Portugal's Antarctic Science and Policy Activities: a Review »*, qui offre un aperçu des activités antarctiques menées par le Portugal depuis 2005. Outre son engagement pour l'excellence scientifique, le Portugal a attiré l'attention sur ses activités d'éducation et de sensibilisation (dans le document IP 2). Le Portugal a également noté que son programme polaire national a rejoint le COMNAP en 2015 en qualité d'observateur.

354. La Finlande a présenté le document d'information IP 25, intitulé *« Finland's Antarctic Research Strategy 2014 »* qui fournit des informations sur sa Stratégie de recherche antarctique 2014 actualisée par le Comité de coordination

finlandais pour la recherche antarctique. Le document souligne le fait que la stratégie a pris en compte l'évolution des environnements de recherche nationaux et internationaux et des priorités définies par rapport à la stratégie de 2007. La Finlande a noté que l'Académie de Finlande a alloué 2,5 millions d'euros à la recherche en Antarctique pour l'année 2015-2016.

355. Le Japon a présenté le document d'information IP 30, intitulé *« Japan's Antarctic Research Highlights 2014–15 »*. Le document présente trois sujets sélectionnés issus de l'expédition de recherche antarctique japonaise de l'année passée. Parmi ceux-ci : les observations atmosphériques effectuées par un système hybride économique composé d'un UAV et d'un ballon qui revient de manière autonome après sa mission d'observation et collecte les données sur la répartition des aérosols jusqu'à 23 km d'altitude. Un autre sujet était la fin de la construction du plus grand système de radar atmosphérique en Antarctique, nommé PANSY. Grâce aux ravitaillements en carburant planifiés, le système peut engager des observations en continu de vents situés jusqu'à 500 kilomètres au-dessus de la station Syowa pendant environ 12 ans, soit un peu plus d'un cycle solaire. Ce système devrait fortement contribuer au développement de modèles de circulation mondiaux. Le troisième sujet était les observations de la mer de glace aux alentours de la zone de navigation Shirase au moyen de l'imagerie satellite et d'un capteur d'épaisseur de glace aéroporté.

356. L'Australie a présenté le document d'information IP 115, intitulé *« Australian Antarctic Science Program: highlights of the 2014/15 season »*. Le document abordait la recherche dans le Programme scientifique australien, guidé par le « Plan stratégique scientifique antarctique australien 2011-12 à 2020-2021 » (Australian Antarctic Science Strategic Plan 2011-12 to 2020-21). Le Plan concentre les efforts sur quatre domaines : processus et changement climatiques ; écosystèmes terrestres et littoraux : changement et conservation de l'environnement ; écosystèmes de l'océan Austral : changement et conservation de l'environnement ; et science expérimentale. Le document soulignait la large collaboration internationale qui a été menée dans le cadre du Programme scientifique antarctique australien.

357. L'Inde a présenté le document d'information IP 99, intitulé *« Recent Developments in Indian Ice-core Drilling Program in Dronning Maud Land, East Antarctica »*. L'Inde a souligné que l'un des principaux objectifs du programme de forage de la calotte glaciaire était de reconstituer le climat antarctique sur deux millénaires grâce à un éventail de calottes glaciaires à petite et moyenne profondeur issu de la côte de la Terre de la Reine-Maud.

358. Le SCAR a présenté le document d'information IP 98, intitulé *« Report on the 2014-2015 activities of the Southern Ocean Observing System (SOOS) »*. Ce rapport met en évidence les réalisations du Système d'observation de l'océan Austral (SOOS) en 2014 et les activités prévues pour 2015.

359. La Malaisie a présenté le document d'information IP 130, intitulé *« XXXIV SCAR Biennial Meetings including the 2016 Open Science Conference, 19-31 August, 2016, Kuala Lumpur, Malaysia »*. La Malaisie a indiqué qu'elle accueillerait les XXXIVes réunions bisannuelles du SCAR, dont la conférence scientifique publique de 2016 à Kuala Lumpur, qui se dérouleront du 19 au 31 août 2016.

360. Les documents suivants ont également été soumis et considérés comme présentés sous ce point :

  - IP 14, intitulé *« Research Activity Report. Czech Antarctic Expedition to James Ross Island Jan-Feb 2015 »* (République tchèque). Ce document offre un aperçu des activités liées aux projets à court et à long terme menés au cours de l'expédition tchèque en Antarctique sur l'île James Ross (station Mendel) qui s'est déroulée en janvier et février 2015, notamment des projets dans les domaines suivants : climatologie, glaciers et permafrost, hydrologie et limnologie, biologie terrestre, science environnementale, et science médicale ;

  - IP 79, intitulé *« Chilean Antarctic Science Program: Evolution and challenges »* (Chili). Le document décrit le fort développement de l'écologie terrestre et littorale dans le programme antarctique chilien, avec un accent mis sur l'écophysiologie. Les effets du changement climatique sur le gradient terrestre-littoral-marin constituent donc un point clé. Les défis actuels incluent l'évaluation non seulement du statut et des tendances, mais également de l'évolution des mécanismes de réponse des populations, des communautés et des écosystèmes au changement climatique. Des efforts supplémentaires émanant d'équipes pluridisciplinaires et plurinationales ont été requis pour mener à bien ces recherches ;

  - IP 94, intitulé *« Climate Change in Antarctica »* (Royaume-Uni). Ce document présentait un graphique produit par le British Antarctic Survey qui montre les modèles et magnitudes des changements dans le climat de l'Antarctique et de l'océan Austral.

361. Les documents suivants ont également été soumis sous ce point de l'ordre du jour :

- BP 1 *Extrait de la conférence du SCAR : l'acidification de l'océan Austral* (SCAR) ;

- BP 4, intitulé *« The Scientific Committee on Antarctic Research (SCAR) Selected Science Highlights for 2014/15 »* (SCAR).

- BP 5, intitulé *« Action Plan: Development of the Brazilian Antarctic science »* (Brésil).

- BP 8, intitulé *« Report from the Republic of Korea on Its Cooperation with the Consultative Parties and the Wider Polar Community »* (République de Corée).

- BP 10, intitulé *« Actividades del Programa Nacional Antártico Perú periodo 2014 – 2015 » [Activités du Programme antarctique national péruvien 2014-2015]* (Pérou).

- BP 15, intitulé *« Sintesis de biodiesel a partir de aceite producido por microalgas antárticas » [Synthèse de biodiesel à partir d'huile produite par des microalgues antarctiques]* (Équateur).

- BP 24, intitulé *« Determinación del marco de referencia geodésico oficial de la Estación Maldonado »* (Équateur).

- BP 25, intitulé *« Implementación de UAV's en la generación de cartografía oficial de la Estación Maldonado »* (Équateur).

Point 14 – Répercussions du changement climatique sur la gestion de la zone du Traité sur l'Antarctique

362. Les États-Unis d'Amérique ont présenté le document de travail WP 39 *Coopération et priorités scientifiques communes : observations et modélisations systématisées dans l'océan Austral*, préparé conjointement avec l'Australie. Les États-Unis ont rappelé que l'une des priorités du Plan de travail stratégique pluriannuel était liée à la collaboration et au renforcement des capacités pour la science et, plus particulièrement, en ce qui concerne le changement climatique. Le document souligne le rôle de l'océan Austral sur la productivité et le climat mondiaux et les indications de changements dans l'océan Austral. Il indique que la rareté des données met un frein à la compréhension du phénomène et souligne donc la nécessité d'établir une coopération internationale pour les observations et la modélisation dans l'océan Austral. Il encourageait les Parties à soutenir et à s'engager dans le SOOS. Les États-Unis ont également initié le projet SOCCOM et ont invité les Parties à y participer. Il s'agit d'un projet d'observation et de modélisation climatique

et carbone dans l'océan Austral qui a constitué une contribution au SOOS. Le projet SOCCOM implique un vaste programme d'observations effectuées grâce à un système d'observation robotisé visant à créer une base de données sans précédent pour les activités de modélisation. Les États-Unis ont renvoyé les Parties au document d'information IP 98 pour plus de précisions concernant les activités liées au SOOS qui ont eu lieu depuis la dernière RCTA.

363. La Réunion a remercié les États-Unis et l'Australie et reconnu l'importance fondamentale des observations et de la modélisation à long terme afin de mieux comprendre l'océan Austral et de développer les prévisions de la trajectoire future de l'océan Austral et du climat terrestre. Le Portugal a mis en exergue l'importance de cette recherche pour le GIEC et le lien avec le programme Scan Horizon du SCAR. De nombreuses Parties ont fait état de leur contribution spécifique au SOOS et ont encouragé d'autres Parties à contribuer à la coopération en matière d'observation et de modélisation à long terme de l'océan Austral.

364. L'Argentine a indiqué que, selon elle, le terme « océan Austral » n'est utilisé que pour désigner l'océan entourant l'Antarctique d'un point de vue scientifique. Elle a déclaré que, d'un point de vue politique ou juridique, la signification du terme varie d'un pays à l'autre, comme l'absence de définition au sein de l'OHI le montre.

365. Rappelant le Plan de travail stratégique pluriannuel et, en particulier, la Décision 3 (2014), l'Australie a fait référence au SP 7 *Actions adoptées par le CPE et la RCTA suite aux recommandations de la RETA sur le changement climatique.* L'Australie a invité les Parties à prendre en compte les Recommandations 9 à 17 de la RETA auxquelles il est fait référence dans le SP 7, et qui ont été priorisées pour les discussions de la XXXVIIIe RCTA. Elle a aussi suggéré d'ajouter une action au Plan de travail stratégique pluriannuel pour la XXXIXe RCTA, appelant à réviser l'état des connaissances sur le changement climatique en Antarctique. De manière générale, l'Australie a considéré que la RCTA pourrait avancer sur une série de recommandations émises par la RETA, en incitant les programmes nationaux et le SCAR à mener des recherches pertinentes. En ce qui concerne la Recommandation 9, l'Australie a suggéré que la RCTA continue à saluer les commentaires, la présence et les rapports de l'OMM à la RCTA. En ce qui concerne la Recommandation 14 de la RETA, l'Australie a suggéré que la discussion reprise dans le document WP 39 constituait une réponse satisfaisante de la RCTA à la Recommandation selon laquelle les Parties devraient ardemment encourager la collaboration et le développement de systèmes d'observation intégrés durables.

366. Le Royaume-Uni s'est rallié à l'avis de l'Australie et a également déclaré que les Recommandations 12 et 13 faisaient référence à la coopération en ce qui concerne les modèles de systèmes terrestres intégrés et les observations coordonnées du système antarctique de l'espace, deux questions abordées dans le document WP 39.

367. Le Brésil a réaffirmé que la Réunion devrait circonscrire les discussions relatives au changement climatique aux implications du changement climatique sur l'Antarctique et ne pas sortir du cadre de son mandat.

368. La Réunion a convenu de continuer à se pencher sur les recommandations figurant dans le SP 7.

369. Les documents suivants ont également été soumis sous ce point de l'ordre du jour :

    • IP 92, intitulé *« Antarctic Climate Change and the Environment – 2015 Update »* (SCAR). Ce document fournit une actualisation des récentes avancées réalisées dans la compréhension du changement climatique et de ses conséquences pour le continent antarctique et l'océan Austral. La mise à jour repose sur les éléments repris dans le rapport sur le changement climatique antarctique et l'environnement (ACCE) ;

    • IP 110, intitulé *« Climate Change 2015 : A Report Card »* (ASOC). Ce document résume les connaissances scientifiques actuelles concernant le changement climatique présent et futur en Antarctique ;

    • IP 114, intitulé *« The Antarctic Treaty System, Climate Change and Strengthened Scientific Interface with Relevant Bodies of the United Nations Framework Convention on Climate Change (UNFCCC) »* (ASOC). Celui-ci indique que le Système du Traité sur l'Antarctique a un important rôle à jouer dans la promotion des recherches liées au climat en Antarctique auprès de la communauté intéressée au changement climatique, y compris la CCNUCC.

Point 15 – Questions éducatives

370. La Bulgarie a présenté le WP 52 *Rapport des coprésidents concernant l'atelier sur l'éducation, Sofia, Bulgarie, mai 2015*, préparé conjointement avec la Belgique, le Brésil, le Chili, le Portugal et le Royaume-Uni. Il rend compte de l'Atelier sur l'éducation et la sensibilisation qui s'est tenu le 31 mai 2015. Il indique que 97 personnes, venant de 37 Parties, Observateurs et

Experts, y ont participé. La Bulgarie a annoncé qu'au cours de l'Atelier, il y a eu 26 présentations orales, 19 présentations avec posters et 22 documents. Ceux-ci avaient pour but de permettre aux participants d'apprendre plus sur les activités d'éducation et de sensibilisation ; d'envisager la possibilité de créer un forum virtuel sur la sensibilisation par l'éducation ; et d'aborder la préparation du 25e anniversaire du Protocole relatif à la protection de l'environnement lors de la XXXIXᵉ RCTA au Chili.

371. La Bulgarie a noté que les participants à l'Atelier ont recommandé l'établissement d'un forum RCTA dans le domaine de l'éducation et de la sensibilisation, et qu'ils proposent que celui-ci prenne la forme d'un GCI. La Bulgarie a souligné que ce forum œuvrerait à optimiser le rayonnement du 25ᵉ anniversaire du Protocole de Madrid.

372. La Réunion a noté que les documents suivants avaient été retenus lors de l'atelier :

- WP 47, *Atelier sur l'éducation et la sensibilisation – Rapport relatif aux discussions informelles sur l'élaboration d'une publication à l'occasion du 25e anniversaire du Protocole de Madrid* (Argentine). Ce document présente un compte-rendu des discussions informelles et recommande que le CPE reconnaisse les avancées réalisées au cours de ces discussions ; examine les différentes options proposées par les participants ; approfondisse ce débat au sein de l'atelier sur l'éducation et la sensibilisation ; et analyse l'opportunité de formaliser le processus d'élaboration de la publication pour la prochaine période intersession ;

- IP 2, intitulé *« Workshop on education and outreach - Portugal's Antarctic education and outreach activities »* (Portugal). Ce document met en avant les activités d'éducation et de sensibilisation menées par le Portugal depuis 2005 en préparation de l'Année polaire internationale (2007-2008) qui impliquaient des organisations éducatives nationales, l'Association of Polar Early Career Scientists et Polar Educators International. Le document contient également des informations sur des projets spécifiques qui illustrent l'engagement du Portugal dans l'éducation liée aux régions polaires et à la RCTA ;

- IP 9 rév. 1, intitulé *« Workshop on education and outreach - making an impact: national Antarctic program activities which facilitate education and outreach »* (COMNAP). Ce document indique que les Programmes membres du COMNAP sont tenus de communiquer les récits de leur pays en Antarctique au niveau national. Le document reprend une compilation des informations recueillies sur les activités d'éducation et de sensibilisation organisées par chaque Programme antarctique national. Les résultats ont mis en exergue la large palette d'activités d'éducation et de sensibilisation actuellement organisées par les Programmes antarctiques nationaux ou rendues possibles grâce à un partenariat avec des Programmes antarctiques nationaux. Le document aborde le soutien apporté par le COMNAP aux Programmes antarctiques nationaux dans l'optique de favoriser l'échange d'informations et d'idées sur l'éducation, la formation, la communication, la sensibilisation et l'engagement du grand public ;

- IP 17, intitulé *« Workshop on education and outreach - APECS-Brazil E&O activities during the XXXVII Antarctic Treaty Consultative Meeting (ATCM) »* (Brésil). Ce document rend compte du rôle de l'APECS-Brésil et de ses activités en 2014. Il reprend en particulier les activités suivantes : « Ier Voyage scientifique : le Brésil et le Traité antarctique » ; la « XIIe Semaine polaire internationale » ; et le « IIe atelier sur le développement de carrières », qui s'est déroulé en octobre dans le sud du Brésil en même temps qu'une exposition de photos organisée par le Brésil et le Portugal, intitulée « Regards sur un continent glacé ». Il fournit également des informations relatives au « Jour de l'Antarctique » et au projet « Researcher-Educator and Educator-Researcher Training Program » ;

- IP 18, intitulé *« Workshop on Education and Outreach - Cultural Contest - "Brasil in Antarctica" »* (Brésil) Ce document traite d'un concours culturel national organisé par la marine brésilienne intitulé « Brésil en Antarctique ». Afin de promouvoir la sensibilisation à l'importance du continent parmi les générations futures, le concours était destiné aux élèves âgés de 15 à 19 ans. Le concours et le voyage lui-même ont été diffusés sur la plus grande chaîne de télévision brésilienne, atteignant ainsi un public large et diversifié ;

- IP 31, intitulé *« Workshop on Education and Outreach - UK's Antarctic Education and Public Engagement Programmes »* (Royaume-Uni). Ce document indique que l'éducation et la sensibilisation constituent un volet important de la politique générale du Royaume-Uni relative à l'Antarctique. Les partenaires clés du Royaume-Uni, notamment le Bureau des Affaires étrangères et du Commonwealth, le British Antarctic Survey, l'Institut de recherche polaire Scott Polar et le UK Antarctic Heritage Trust, partagent l'objectif commun de sensibiliser divers secteurs de la société à l'importance de l'Antarctique, ainsi qu'aux objectifs et travaux du Système du Traité sur l'Antarctique ;

- IP 43, intitulé « *Workshop on Education and Outreach - Education and Outreach Activities of the United States Antarctic Program (USAP)* » (États-Unis d'Amérique). Ce document rend compte du soutien apporté par le Programme antarctique des États-Unis (USAP) aux activités d'éducation et de sensibilisation pour l'Année polaire internationale de 2007-2009 et de la diversité des évènements que l'USAP a continué de soutenir directement et indirectement, au travers d'autres organisations. Il rend également compte de la participation et du soutien du SCAR et les efforts du COMNAP en matière d'éducation et de sensibilisation, et des orientations futures des activités d'éducation et de sensibilisation, y compris des efforts visant à amener les données recueillies en régions polaires directement dans la salle de classe et le développement de coopérations internationales pour les scientifiques au début de leurs carrières ;

- IP 48, intitulé « *Taller sobre Educación y Difusión - Proyecto Libro Digital Juguemos en la Antártida* » [*Atelier sur l'éducation et la sensibilisation : projet de livre numérique « Jouons en Antarctique »*] (Vénézuela). Dans le but de promouvoir l'éducation et la sensibilisation à l'Antarctique, le Vénézuela a présenté le livre numérique intitulé « Jouons en Antarctique », un outil pédagogique dont le but est de motiver les enfants à se renseigner sur l'Antarctique. Le livre numérique présente les connaissances de base des sciences antarctiques aux enfants de maternelle et de première année de l'école primaire ;

- IP 62, intitulé « *Workshop on Education and Outreach - Whom, how and what do we reach with Antarctic education and outreach?* » (Allemagne). Ce document fait état de la longue tradition d'activités d'éducation et de sensibilisation à l'Antarctique en Allemagne. Depuis plus de 30 ans, les chercheurs polaires essayent de faire connaître au grand public la fascinante nature à l'état sauvage, les environnements reculés de l'océan Austral et le continent blanc. Ce document rend compte de l'utilisation d'une large gamme de programmes visant à ce que le grand public s'intéresse à l'Antarctique, ainsi que de programmes spécialisés élaborés avec l'objectif de renforcer l'interface entre d'un côté les écoles et de l'autre, les institutions antarctiques et les experts ;

- IP 73, intitulé « *Taller sobre Educación y Difusión - Principales actividades de divulgación y educación del Programa Chileno de ciencia Antártica* » [*Atelier sur l'éducation et la sensibilisation :*

principales activités d'éducation et de sensibilisation à la science antarctique du Programme antarctique chilien] (Chili). Il traite des principaux aspects d'une série d'activités développées par le Chili dans le cadre de l'éducation et de la sensibilisation à la science antarctique, menées dans les domaines de l'éducation, de la culture et du journalisme scientifique, et qui utilisent efficacement le travail en réseau et la collaboration avec diverses institutions nationales et étrangères ;

- IP 76, intitulé *« Workshop on education and outreach - Antarctic education & outreach in Italy before and after the 4th International Polar Year »* (Italie). Ce document présente l'intérêt constant de l'Italie pour les activités d'éducation et de formation liées à l'Antarctique et aux sujets polaires, initiées par un groupe de scientifiques et de membres du personnel logistique dès le début du « Programma Nazionale di Ricerche in Antartide » italien, et les résultats positifs des collaborations internationales développées dans le domaine à la suite de la participation à la 4e API ;

- IP 87, intitulé *« Workshop on Education and Outreach - Using Education to Create a Task Force for Antarctic Conservation »* (IAATO). L'IAATO a indiqué qu'elle défend depuis longtemps l'importance de l'éducation et de la sensibilisation et que, dans le cadre des programmes d'éducation permanents, elle promeut les travaux du Traité sur l'Antarctique à un large public tant à l'intérieur qu'à l'extérieur de l'Antarctique. La plupart sont des ressortissants de pays qui soutiennent leur propre Programme antarctique national. Le document mentionne les différentes composantes du programme éducatif de l'IAATO : « avant de partir de la maison », « en route pour l'Antarctique », « en Antarctique » et « sur le trajet du retour et au-delà » ;

- IP 89, intitulé *« Workshop on Education and Outreach – New Zealand Ice-Reach: Inspiring Communities to Connect with Antarctica »* (Nouvelle-Zélande). Ce document comprend un résumé des travaux menés par trois organisations basées à Christchurch, la porte de l'Antarctique en Nouvelle-Zélande, qui relie les communications nationales et internationales, les initiatives d'éducation et de sensibilisation suivantes : Antarctica New Zealand, qui vise des objectifs d'éducation et de sensibilisation ; l'IceFest, le conseil municipal de Christurch, en Nouvelle-Zélande, qui organise un festival bisannuel célébrant l'Antarctique ; et Gateway Antarctica, de l'université de Canterbury, qui offre un cadre d'enseignement d'envergure mondiale. Il mentionne également d'autres activités d'éducation et de sensibilisation liées à l'Antarctique qui ont lieu à travers la Nouvelle-Zélande ;

- IP 90, intitulé *« Workshop on Education and Outreach - Education and Outreach in the Australian Antarctic Programme »* (Australie). Ce document examine l'utilisation faite par la Division antarctique australienne (AAD) des médias, des relations publiques et des activités d'éducation. L'AAD gère le programme antarctique australien et s'occupe de mener et de coordonner des activités d'éducation et de sensibilisation. L'AAD s'occupe des interactions avec les médias, des relations publiques et des multimédias, tient un site internet complet, et est de plus en plus présente sur les réseaux sociaux. L'AAD a également mis en place un programme d'éducation, une initiative dont le but est de permettre aux étudiants d'effectuer une visite virtuelle dans les stations antarctiques australiennes depuis leur salle de classe ;

- IP 97, intitulé *« Workshop on Education and Outreach – Examples of educational and outreach activities of the Belgian scientists, school teachers and associations in 2013-2015 »* (Belgique). Ce document traite des activités d'éducation et de sensibilisation menées par les scientifiques belges, les enseignants, et les associations en 2013-2015, c'est-à-dire depuis que Bruxelles a accueilli la XXXVIe RCTA. Ceci illustre l'engagement de la Belgique pour l'éducation et la sensibilisation aux études sur le continent antarctique et au rôle du Traité sur l'Antarctique ;

- IP 105, intitulé *« Workshop on Education and Outreach - Antarctic Education and Outreach activities in Bulgaria »* (Bulgarie). Ce document indique que la Bulgarie, et en particulier l'Institut antarctique bulgare (BAI) ont reconnu la nécessité d'une sensibilisation continue du public et de la jeunesse aux régions polaire au cours des 15 dernières années. Le document définit les activités d'éducation et de sensibilisation entreprises par la Bulgarie depuis l'an 2000, et notamment par l'APECS Bulgarie et plusieurs organisations éducatives nationales, dans des projets comme « L'Antarctique dans mon école », « Arts antarctiques » et « Communication scientifique polaire » ;

- IP 118 rév. 1, intitulé *« Workshop on Education and Outreach - Norway's Antarctic Education and Outreach Activities »* (Norvège). Ce document reprend les activités d'éducation et de sensibilisation menées par la Norvège au cours des dernières années. Il mentionne deux publications sur l'Antarctique, une visite royale pour le 10e anniversaire de la station Troll en tant que station d'hivernage, la base de données gratuite « Quantarctica », la mise à jour du site et des fiches des données de l'Institut polaire norvégien, la production de cartes sur l'Antarctique, la participation à la mise sur pied du Portail des environnements antarctiques, et la production prévue d'un livre blanc sur l'Antarctique ;

- IP 120, intitulé « *Workshop on Education and Outreach - Summary of CCAMLR initiatives* » (CCAMLR). Ce document présente un résumé des initiatives prises par la CCAMLR ayant trait au renforcement des capacités, au soutien aux jeunes professionnels, à la sensibilisation et aux relations publiques. Les initiatives, qui venaient en appoint aux activités connexes soutenues par des membres individuels de la CCAMLR au niveau national incluaient des partenariats, des stages, des bourses, ainsi qu'une stratégie de sensibilisation et de relations publiques axée sur le site de la CCAMLR et les réseaux sociaux ;

- IP 124, intitulé « *Workshop on Education and Outreach - South Africa's Antarctic Education and Outreach Activities* » (Afrique du Sud). Ce document présente les activités d'éducation et de sensibilisation entreprises par l'Afrique du Sud. Bien que le Programme national antarctique sud-africain (SANAP) ne dispose pas d'une stratégie structurée au niveau de l'éducation et de la sensibilisation, il a pleinement mis à profit les occasions qui se sont présentées de temps à autre, ainsi que les évènements annuels. Le document fait état des activités liées aux collections existant dans les bibliothèques, aux expositions et aux supports et à l'interaction avec les médias. Il revient également sur d'autres activités, dont celles organisées pour les écoles ;

- IP 129, intitulé « *Workshop on Education and Outreach - Argentina's Art Programme and International Cooperation: Art in Antarctica, a ten-year project* » (Argentine) ;

- BP 7, intitulé « *Workshop on Education and Outreach – Poster Abstract on Education and Outreach Activities of the United States Antarctic Program (USAP)* » (États-Unis) d'Amérique.

- BP 19, intitulé « *Taller sobre educación y difusión - el tema antártico en los textos del nivel secundario del Ecuador* » [Atelier sur l'éducation et la sensibilisation : l'Antarctique dans les manuels scolaires des lycées en Équateur] (Équateur).

- BP 20, intitulé « *Uruguayan Antarctic Institute: Outreach, Culture and Education Program* » (Uruguay).

- BP 21, intitulé « *Workshop on Education and Outreach – Poster Abstract on Education and Outreach Activities of Bulgarian Antarctic Institute (BAI)* » (Bulgarie).

- BP 23, intitulé « *Workshop on Education and Outreach - First Uruguayan Antarctic Research School: training the next generation of Uruguayan Antarctic researchers* » (Uruguay).
- BP 26, intitulé « *Report on the ATCM XXXVIII Workshop on Education and Outreach* » (Bulgarie, Belgique, Brésil, Chili, Portugal et Royaume-Uni).

373. La Réunion a remercié la Bulgarie d'avoir organisé l'atelier et a souligné l'importance de renforcer les efforts déployés par les Parties en matière d'éducation et de sensibilisation. L'Australie a exprimé l'intérêt qu'elle porte à l'amélioration de forums collaboratifs virtuels et à l'exploration de nouvelles méthodes de sensibilisation. De nombreuses Parties, l'IAATO et l'ASOC ont exprimé le souhait de participer au GCI.

374. La Réunion a décidé d'établir un GCI sur l'éducation et la sensibilisation, avec le mandat suivant :

- Encourager la coopération et le soutien, à la fois au niveau national et international ;
- Développer, promouvoir et partager les résultats des initiatives en matière d'éducation et de communication qui promeuvent les observations et les résultats scientifiques, des initiatives de protection de l'environnement et du travail de gestion des Parties au Traité sur l'Antarctique, pour en faire un instrument de communication et d'éducation visant à renforcer l'importance du Traité sur l'Antarctique et de son protocole sur la protection de l'environnement ;
- Reconnaître les activités liées à l'éducation et à la sensibilisation menées par des groupes d'experts et promouvoir la coopération entre ces groupes ;
- Coordonner les activités d'éducation et de sensibilisation liées aux célébrations du 25e anniversaire du protocole de Madrid ; et
- fournir un premier rapport au Groupe de travail sur les questions opérationnelles lors de la XXXIXe RCTA.

375. Par ailleurs, il a été convenu que :

- Les Observateurs et les Experts qui participent à la RCTA seront invités pour apporter leurs commentaires ;
- le Secrétaire exécutif ouvrira le forum de la RCTA pour le GCI et assistera le GCI ;
- la Bulgarie sera responsable du GCI, et fera rapport des avancées réalisées au sein du groupe à la prochaine RCTA.

376. Le document d'information IP 101, intitulé *« COMNAP Practical Training Modules: Module 2 - non-native species »* (COMNAP) a également été soumis au titre du point 15 de l'ordre du jour. Ce document présente le second module, intitulé *« Non-native Species »*, comme le résultat de l'identification par le Groupe d'Experts en formations du COMNAP de domaines d'intérêt communs à tous les Programmes antarctiques nationaux, au cours de la Réunion générale annuelle du COMNAP de 2013.

Point 16 – Échange d'informations

377. L'Australie a présenté le document de travail WP 14 *Rapport du groupe de contact intersession chargé d'examiner les exigences en matière d'échange d'informations.* Un groupe de contact intersessions (GCI) a été établi par la XXXVIIᵉ RCTA afin d'examiner en profondeur les exigences actuelles en matière d'échange d'informations et d'identifier toute exigence supplémentaire nécessaire. L'Australie a par ailleurs indiqué que, conformément à l'accord conclu par la XXXVIIᵉ RCTA, le GCI a entamé des discussions dans le but : d'examiner les informations qui doivent être échangées à ce jour ; de déterminer s'il est toujours utile aux Parties d'échanger des informations sur chaque point et si certains points nécessitent d'être modifiés, actualisés, décrits différemment, rendus obligatoires (s'ils sont actuellement facultatifs), ou supprimés ; d'examiner les questions en souffrance relatives à l'échange d'information reprises dans le document SP 7 de la XXXVIIᵉ RCTA ; de déterminer les cas où d'autres systèmes d'échange d'informations (par exemple, celui du COMNAP) peuvent faire double-emploi avec les exigences actuelles de la RCTA, notamment lorsque les Parties souhaitent un échange d'informations continu en lieu et place d'un rapport annuel ; et de déterminer la catégorie idéale pour chaque point (informations pré-saisons, annuelles et permanentes).

378. L'Australie a présenté un résumé de quatre catégories et points d'informations faisant l'objet d'un échange : environnementales, scientifiques, opérationnelles, et autres. Outre les questions relatives à l'échange d'informations auxquelles la Réunion peut certainement facilement répondre, le document fournit également des informations concernant les domaines pour lesquels aucun accord formel n'a encore été atteint.

379. Le GCI a recommandé que la RCTA : examine son rapport, et tout avis émanant du CPE quant à l'échange d'informations portant sur des questions environnementales ; aborde les cas pour lesquels des modifications mineures

pourraient être acceptées par la majorité des Parties, en vue d'effectuer toute modification requise ; examine les catégories et points d'informations pour lesquels des débats approfondis seront certainement nécessaires ; détermine si des travaux supplémentaires sur ces catégories d'information sont nécessaires ; et propose un processus permettant d'avancer sur ces questions.

380. À la suite de discussions, la Réunion a adopté la Décision 6 (2015) *Échange d'informations*, comme point de référence unique pour les informations qui requièrent d'être échangées par les Parties. Les considérations liées aux amendements apportés aux exigences en matière d'échange d'informations, joints en annexe à la Décision, sont disponibles en Annexe 1 au présent rapport. La Réunion a par ailleurs convenu d'examiner et de modifier la liste consolidée d'informations devant être échangées de manière régulière par les Parties, telle que le prévoit la Décision.

381. La Réunion a également décidé d'établir un groupe de contact intersession pour avancer dans la révision globale des exigences existantes en matière d'échange d'informations, débutée lors de la XXXVIIe RCTA, avec le mandat suivant :

    1. Examiner les points d'informations qui font actuellement l'objet d'une obligation d'échange, en se concentrant particulièrement sur les points restant déjà identifiés comme requérant l'attention du groupe (énumérés dans l'Annexe 1 au WP 14 soumis lors de la XXXVIIIe RCTA) ;

    2. Émettre des recommandations sur :

        a. L'utilité pour les Parties de poursuivre l'échange d'informations sur ces points ;

        b. L'opportunité de modifier, mettre à jour, décrire différemment, rendre obligatoire (s'ils sont actuellement facultatifs), ou supprimer certains de ces points ;

        c. Le calendrier des échanges d'informations pour ces points ;

        d. La catégorie qui convient le mieux pour chaque point : informations pré-saisons, annuelles et permanentes ;

        e. Les mécanismes les plus adaptés à l'échange d'informations (par exemple, ceux du COMNAP) ; et

    3. la remise d'un rapport à la XXXIXe RCTA.

382. Par ailleurs, il a été convenu que :

    • Les Observateurs et les Experts qui participent à la RCTA seront invités pour apporter leurs commentaires ;

- Le Secrétaire exécutif ouvrira le forum de la RCTA pour le GCI et assistera le GCI ; et
- l'Australie présidera le groupe.

383. La Fédération de Russie a présenté le document d'information IP 68, intitulé *« Russia-U.S. Removal of Radioisotope Thermoelectric Generators from the Antarctic »*, préparé conjointement avec les États-Unis d'Amérique. La Fédération de Russie a décrit le projet conjoint russo-américain qui consiste à retirer l'équipement isotopique radioactif de plusieurs stations antarctiques. Le document indique que l'enlèvement des générateurs thermoélectriques à radioisotope (RTG) avait été provoqué par la crainte d'une utilisation non autorisée des RTG antarctiques à des fins terroristes. La Fédération de Russie a par ailleurs remercié l'Argentine et l'Allemagne d'avoir accueilli le R/V Akademik Fedorov, qui devait accéder à leurs ports respectifs avec une cargaison de RTG sur la route le menant à son démantèlement à Saint-Pétersbourg.

384. Les États-Unis d'Amérique ont insisté sur le fait que ce document fournit un exemple marquant de coopération en matière de contrôle des armes. Il montre également un exemple précieux de comment la coopération entre des Parties au Traité sur l'Antarctique peut se dérouler en Antarctique nonobstant les divergences d'opinions dans d'autres domaines.

385. La Réunion a félicité la Fédération de Russie pour l'enlèvement réussi de l'équipement isotopique.

386. L'enlèvement des RTG était identifié comme un exemple de remise en état de l'environnement. En outre, il a été fait référence aux Recommandations VI-5 et VI-6 relatives au contrôle des radioisotopes dans les recherches scientifiques et à l'échange d'informations sur l'utilisation des radioisotopes.

Point 17 – Prospection biologique en Antarctique

387. Les Pays-Bas ont présenté le document d'information IP 133, intitulé *« An Update on Status and Trends Biological Prospecting in Antarctica and Recent Policy Developments at the International Level »*. Il fournit une actualisation de l'état et des tendances de la prospection biologique en Antarctique, ainsi qu'une révision des évolutions politiques récentes au niveau international. Les Pays-Bas ont indiqué que ces questions avaient été reprises par l'Assemblée générale aux Nations Unies, par le biais d'un Groupe de travail

informel ad hoc, chargé d'examiner les questions relatives à la conservation et à l'utilisation durable de la biodiversité marine dans des zones se trouvant au-delà des juridictions nationales. Il indique que la neuvième réunion du Groupe de travail, qui s'est tenue plus tôt en 2015, avait recommandé qu'une décision soit prise lors de la 69e session de l'Assemblée générale des Nations Unies, afin de développer de nouveaux instruments juridiquement contraignants relatifs à la biodiversité en dehors des juridictions nationales, conformément à la Convention des Nations Unies sur le droit de la mer. Les Pays-Bas ont précisé que le Groupe de travail n'avait pas exclu les ressources vivantes marines antarctiques et ont souligné la pertinence de cette question pour la RCTA.

388. La Réunion a remercié les Pays-Bas pour actualisation. En réponse à la possibilité de négociations relatives à un instrument pertinent pour la zone du Traité sur l'Antarctique, plusieurs Parties ont souligné que la collecte et l'utilisation de matériaux biologiques en Antarctique devraient être débattues au sein du Système du Traité sur l'Antarctique. Il a été noté que les Parties devraient garder à l'esprit les systèmes réglementataires du Système du Traité sur l'Antarctique et être prudentes lorsqu'elles s'engagent dans des discussions relatives à la mise en oeuvre d'un régime différent, qui pourrait entrer en conflit avec celui du Traité. La Réunion a réaffirmé que le Système du Traité sur l'Antarctique constitue le cadre adéquat pour gérer la collecte de matériaux biologiques dans la zone du Traité sur l'Antarctique et pour examiner l'usage qui en est fait. De nombreuses Parties ont mis en exergue l'importance du maintien de la prospection biologique à l'ordre du jour de la RCTA.

Point 18 – Préparation de la XXXIXe Réunion

a. Lieu et date

389. La Réunion a accueilli favorablement la proposition du gouvernement chilien d'être l'hôte de la XXXIXe RCTA à Santiago, aux dates provisoires du 6 au 15 juin 2016.

390. Aux fins de planification ultérieure, la Réunion a pris note du calendrier probable des RCTA à venir :

- 2017 Chine
- 2018 Équateur

b. Invitation des organisations internationales et non gouvernementales

391. Conformément aux pratiques établies, la Réunion a convenu que les organisations suivantes, présentant un intérêt scientifique ou technique pour l'Antarctique, devrait être encouragées à envoyer des experts pour assister à la XXXIXᵉ RCTA : le Secrétariat de l'ACAP, l'ASOC, le GIEC, l'IAATO, l'Organisation de l'aviation civile internationale (OACI), l'OHI, l'OMI, l'IOC, les Fonds internationaux d'indemnisation pour les dommages dus à la pollution des hydrocarbures (FIPOL), l'UICN, le PNUE, la CCNUCC, l'OMM et l'OMC.

c. Préparation de l'ordre du jour pour la XXXIXᵉ RCTA

392. La Réunion a adopté l'ordre du jour provisoire pour la XXXIXᵉ RCTA (cf. Annexe 2).

d. Organisation de la XXXIXᵉ RCTA

393. Après avoir mené des discussions concernant les méthodes de travail de la RCTA, la Réunion a décidé d'apporter des changements à une série de Groupes de travail réguliers. En 2016, le GT1 traitera des questions politiques, juridiques et institutionnelles et le GT2 sera chargé des questions opérationnelles, scientifiques et du tourisme. En outre, un Groupe de travail spécial (GT3) pourra, si nécessaire, être établi. Pour 2016, la Réunion a convenu de créer un GT3 chargé du 25ᵉ anniversaire du Protocole relatif à la protection de l'environnement.

394. Conformément au Règlement intérieur révisé adopté par cette RCTA, les présidents de ces groupes devront être nommés avant la clôture de la Réunion et, en l'absence de nomination, les présidents seront désignés au début de la RCTA suivante. La Réunion a convenu de nommer René Lefeber, des Pays-Bas, en qualité de président du GT1 pour 2016. La Réunion a convenu de nommer Máximo Gowland, d'Argentine, et Jane Francis, du Royaume-Uni, en qualité de co-présidents du GT2 en 2016. Le Chili, en tant que pays hôte de la prochaine RCTA, a convenu de nommer un président pour le GT3.

e. La conférence du SCAR

395. Eu égard à la précieuse série de conférences que le SCAR dispense à de nombreuses RCTA, la Réunion a décidé d'inviter le SCAR à donner une nouvelle conférence sur les questions scientifiques intéressant la XXXIXᵉ RCTA.

Point 19 – Autres questions

396. En ce qui concerne les références erronées relatives au statut territorial des îles Malouines, Géorgie du Sud et Sandwich du Sud, qui apparaissent dans les documents portant sur cette Réunion consultative du Traité sur l'Antarctique, l'Argentine a rejeté toute référence décrivant ces îles comme des entités séparées du territoire national, ce qui leur donnerait un statut international qu'elles n'ont pas, et a affirmé que les îles Malouines, Géorgie du Sud, et Sandwich du Sud ainsi que les zones maritimes attenantes sont partie intégrante du territoire national argentin. En outre, l'Argentine a rejeté le registre maritime utilisé par les autorités britanniques qui en auraient prétendument la responsabilité, et a également rejeté l'utilisation des ports d'attache dans ces archipels, et tout autre action unilatérale entreprise par telles autorités coloniales que l'Argentine ne reconnaît pas et rejette. Les îles Malouines, Géorgie du Sud et Sandwich du Sud ainsi que les zones maritimes attenantes sont partie intégrante du territoire national argentin, se trouvent sous occupation britannique illégale, et font l'objet d'un conflit de souveraineté opposant la République Argentine et le Royaume-Uni de Grande-Bretagne et d'Irlande du Nord, reconnus par les Nations Unies.

397. En réponse, le Royaume-Uni a déclaré n'avoir aucun doute quant à sa souveraineté sur les îles Falkland, Géorgie du Sud et Sandwich du Sud et leurs zones maritimes environnantes, comme le savent tous les délégués présents. À cet égard, le Royaume-Uni n'a aucun doute quant au droit du gouvernement des îles Falkland d'utiliser un registre maritime pour les navires battant pavillon du Royaume-Uni et des îles Falkland.

398. L'Argentine a rejeté la déclaration du Royaume-Uni et a réaffirmé sa position juridique bien connue.

Point 20 – Adoption du Rapport final

399. La Réunion a adopté le Rapport final de la XXXVIIIe Réunion consultative du Traité sur l'Antarctique. Le président de la Réunion, l'Ambassadeur Rayko Raytchev, a prononcé une allocution de clôture.

Point 21 – Clôture de la Réunion

400. La Réunion a été déclarée close le mercredi 10 juin à 12h50.

2. Rapport du CPE XVIII

Contenu

Rapport de la dix-huitième Réunion du Comité pour la protection de l'environnement (XVIIIe CPE)

Sofia, Bulgarie, 1 – 5 juin 2015

1. Conformément à l'article 11 du Protocole au Traité sur l'Antarctique relatif à la protection de l'environnement, les Représentants des Parties au Protocole (Afrique du Sud, Allemagne, Argentine, Australie, Bélarus, Belgique, Brésil, Bulgarie, Canada, Chili, Chine, Équateur, Espagne, États-Unis d'Amérique, Fédération de Russie, Finlande, France, Inde, Italie, Japon, Monaco, Nouvelle-Zélande, Norvège, Pays-Bas, Pérou, Pologne, Portugal, République de Corée, République tchèque, Roumanie, Royaume-Uni, Suède, Ukraine, Uruguay et Venezuela) se sont réunis à Sofia du 1er au 5 juin 2015 afin de fournir des conseils et de formuler des recommandations aux Parties sur la mise en œuvre du Protocole.

2. Conformément à l'article 4 du Règlement intérieur du CPE, ont également assisté à la réunion les représentants des Observateurs suivants :

   - Les Parties contractantes au Traité sur l'Antarctique qui ne sont pas Parties au Protocole : Malaisie, Mongolie, Suisse et Turquie ;
   - Le Comité scientifique pour la recherche antarctique (SCAR), le Comité scientifique de la Commission pour la conservation de la faune et la flore marines de l'Antarctique (CS-CAMLR) et le Conseil des directeurs des programmes antarctiques nationaux (COMNAP) ; et
   - Des organisations techniques, environnementales et scientifiques : la Coalition sur l'Antarctique et l'océan Austral (ASOC), l'Association internationale des organisateurs de voyages dans l'Antarctique (IAATO), l'Union internationale pour la conservation de la nature (UICN), le Programme des Nations unies pour l'environnement (PNUE) et l'Organisation météorologique mondiale (OMM).

Point 1 – Ouverture de la réunion

3. Le Président du CPE, M. Ewan McIvor (Australie), a ouvert la réunion le lundi 1er juin 2015 et a remercié la Bulgarie de l'avoir organisée à Sofia.

4. Le Comité adresse ses sincères condoléances à la Belgique pour la douloureuse perte qu'elle a subie avec le décès de feu M. Frédéric Chemay, représentant belge au CPE, survenu en septembre 2014.

5. Au nom du Comité, le Président a souhaité la bienvenue au Venezuela et au Portugal, comme nouveaux Membres depuis leur adhésion au Protocole, respectivement le 31 août 2014 et le 10 octobre 2014. Le Président a noté que le CPE comprenait désormais 37 Membres.

6. Le Président a résumé les travaux effectués pendant la période intersession, notant que les travaux retenus et planifiés lors du XVIIe CPE, et pour lesquels des résultats étaient escomptés pour le XVIIIe CPE, ont été réalisés intégralement (IP 121).

Point 2 – Adoption de l'ordre du jour

7. Le Comité a adopté l'ordre du jour ci-après et a confirmé la répartition des documents à examiner, à savoir 41 documents de travail (WP), 45 documents d'information (IP), 4 documents du Secrétariat (SP) et 9 documents de contexte (BP) :

    1. Ouverture de la réunion

    2. Adoption de l'ordre du jour

    3. Débat stratégique sur les travaux futurs du CPE

    4. Fonctionnement du CPE

    5. Coopération avec d'autres organisations

    6. Réparation et réhabilitation des dommages causés à l'environnement

    7. Conséquences du changement climatique pour l'environnement : approche stratégique

    8. Évaluation d'impact sur l'environnement (EIE)

        a. Projets d'évaluations globales d'impact sur l'environnement

        b. Autres questions relatives aux EIE

    9. Plans de gestion et de protection des zones

        a. Plans de gestion

        b. Sites et monuments historiques

c. Lignes directrices relatives aux visites de sites

d. Gestion et protection de l'espace marin

e. Autres questions relevant de l'Annexe V

10. Conservation de la faune et de la flore de l'Antarctique

a. Quarantaine et espèces non indigènes

b. Espèces spécialement protégées

c. Autres questions relevant de l'Annexe II

11. Suivi de l'environnement et rapports

12. Rapports d'inspection

13. Questions à caractère général

14. Élection des membres du Bureau

15. Préparatifs de la prochaine réunion

16. Adoption du rapport

17. Clôture de la réunion

Point 3 – Débat stratégique sur les travaux futurs du CPE

8.   La Nouvelle-Zélande a présenté le document de travail WP 21 *Portail des environnements en Antarctique : achèvement du projet et prochaines étapes*, et a mentionné le document d'information IP 11 *Élaboration du contenu et processus de rédaction du Portail des environnements de l'Antarctique*, préparés conjointement avec l'Australie, la Belgique, la Norvège et le SCAR. Ces documents présentaient les progrès réalisés dans le cadre du développement du projet du Portail des environnements en Antarctique depuis la XXXVIIᵉ RCTA. Les travaux intersession incluaient : la promotion du Portail durant la conférence scientifique publique du SCAR, notamment à travers un atelier organisé par l'Association des jeunes chercheurs et éducateurs des régions polaires (Association of Polar Early Career Scientists -APECS) sur le Portail, l'établissement de deux groupes consultatifs pour apporter des commentaires sur certains points du Portail, et un atelier distinct pour tester et améliorer le processus éditorial. La Nouvelle-Zélande a aussi noté qu'un éditeur avait été recruté et que le groupe éditorial du Portail avait été établi pour produire, réviser et actualiser le contenu du Portail. Le groupe

éditorial supervisait alors la production de 15 articles directement liés à des sujets d'actualité du Comité. Ces articles se fondent sur les contributions de 50 auteurs venant de 15 pays différents. La Nouvelle-Zélande a indiqué que le Portail était en cours de transfert à Gateway Antarctica, à l'université de Canterbury, et qu'un Comité de gestion temporaire serait mis en place pour superviser l'exploitation du portail. La Nouvelle-Zélande a par ailleurs noté qu'une proposition de financement avait été soumise à une fondation internationale pour soutenir le fonctionnement du Portail au cours de la prochaine période triennale.

9. Les coauteurs du document de travail ont recommandé au Comité de : d'accueillir favorablement l'achèvement du Portail des environnements en Antarctique et d'exprimer son appui en faveur de la version finale ; d'envisager la façon dont le Portail peut contribuer à animer ses débats, à formuler ses avis à la RCTA et à planifier ses futurs travaux prioritaires ; d'envisager si, et comment, il pourrait coopérer avec le Portail en proposant à l'avenir des membres au groupe de rédaction ; et donner son avis sur les futures modalités de gestion du Portail.

10. Le Comité a salué les remarquables travaux réalisés par la Nouvelle-Zélande, l'Australie, la Belgique, la Norvège et le SCAR depuis le XVIIᵉ CPE dans la poursuite de l'élaboration du Portail des environnements en Antarctique. Certains Membres ont mis en avant la réactivité des coauteurs de la proposition face aux questions soulevées au cours des précédentes réunions du CPE, notamment sur l'élaboration d'un processus de rédaction rigoureux qui garantisse que les informations scientifiques présentes dans le Portail soient de la plus haute qualité, et noté le fait que l'ensemble de son contenu soit équilibré et neutre sur le plan politique.

11. Concernant la possibilité d'utiliser le Portail pour soutenir les débats du Comité, il a été convenu que les Membres pourraient s'inspirer des informations reprises sur le Portail pour appuyer leurs travaux, notamment en matière d'élaboration de politiques, pour mener des procédures d'évaluation d'impact sur l'environnement, et pour préparer les réunions et les débats durant les réunions. Le Comité a noté qu'il pourrait proposer d'inclure certains points au contenu du Portail en lien avec les thématiques qui sont actuellement étudiées en son sein.

12. Il a été demandé comment l'élection du groupe éditorial se déroulerait à l'avenir, et il a été noté que la gouvernance et la gestion du Portail étaient des questions sur lesquelles le Comité devrait revenir lors des prochaines réunions. À cet égard, il a été observé que la prudence devait entourer

le financement futur du Portail, et qu'il fallait tout mettre en œuvre pour préserver la nature politiquement neutre du contenu et éviter de mettre en péril la gestion du Portail. Il a été proposé que l'hébergement du Portail incombe à terme au Secrétariat.

13. Le Comité a favorablement accueilli l'information selon laquelle l'hébergement du Portail était en cours de transfert à l'Université de Canterbury, et il a fait remarquer qu'une demande de financement externe était en cours de traitement.-

14. La France a proposé de contribuer à la traduction vers le français en fournissant des ressources nécessaires.

Avis du CPE à la RCTA sur le Portail des environnements de l'Antarctique

15. Le Comité a convenu d'informer la RCTA que : il a accueilli favorablement l'achèvement du projet du Portail des environnements en Antarctique, exprime son appui en faveur du produit final, et reconnaît l'utilité du Portail des environnements en Antarctique en tant qu'outil permettant d'aider le CPE à être aussi informé que possible de l'état des environnements en Antarctique.

16. Le Comité a approuvé le projet de Résolution relative à la gestion et à l'utilisation futures du Portail des environnements en Antarctique, et a décidé de le soumettre à la RCTA pour approbation.

25ᵉ Anniversaire du Protocole relatif à la protection de l'environnement

17. La Norvège a présenté le document de travail WP 44 *Un colloque pour célébrer le 25e anniversaire du Protocole au Traité sur l'Antarctique relatif à la protection de l'environnement*, préparé conjointement avec l'Australie, le Chili, la France, la Nouvelle-Zélande et le Royaume-Uni. Suite à une suggestion de la Norvège lors du XVIIᵉ CPE, le document WP 44 proposait qu'un colloque commémoratif permettant de célébrer et de débattre des réalisations atteintes au regard du rôle du Protocole en tant qu'« outil-cadre » incontournable pour la protection de l'environnement en Antarctique ait lieu conjointement à la XXXIXᵉ RCTA et au XIXᵉ CPE.

18. Le document recommandait que le CPE : convienne de la tenue d'un colloque anniversaire pour les 25 ans du Protocole, conjointement à la XXXIXᵉ RCTA et au XIXᵉ CPE au Chili, le samedi suivant immédiatement la clôture de la réunion du CPE ; accepte le cadre décrit dans le document WP 44 comme point de départ pour l'élaboration à venir du programme du

colloque ; accepte la proposition de la Norvège de coordonner (avec d'autres) la planification et de prendre la responsabilité de la mise en œuvre concrète du colloque ; et accepte d'utiliser le forum de discussion du STA comme une plateforme permettant aux Membres de faire part de leurs contributions aux organisateurs quant à l'ordre du jour du colloque.

19.   Le Comité a estimé et est convenu que le 25ᵉ anniversaire du Protocole constituait une étape historique offrant une occasion idoine et pertinente de se pencher sur le Protocole sur l'environnement en tant que cadre de gestion de l'environnement pour l'Antarctique, et qu'un colloque représentait un moyen utile et approprié à cette fin.

20.   Le Comité est convenu qu'un tel colloque commémoratif devrait se tenir conjointement à la XXXIXᵉ RCTA et au XIXᵉ CPE au Chili, par exemple le samedi suivant immédiatement la clôture de la réunion du CPE.

21.   Pour ce qui a trait à sa portée, de nombreux Membres ont formulé le souhait que ce type de colloque commémoratif ne se limite pas seulement aux célébrations internes, mais bien qu'il soit utilisé comme un moyen d'atteindre et de retenir l'attention de l'extérieur. L'éventail de suggestions alla de l'idée de fournir aux dirigeants politiques une plateforme permettant de se réunir autour des problèmes soulevés, à l'éventualité d'ouvrir le colloque au grand public. Plusieurs Membres ont proposé d'élaborer une sorte de « produit » à partir du colloque, qui constituerait un vecteur de communication, bien que les implications précises d'une telle proposition n'aient pas été explorées plus en profondeur. Par ailleurs, certains Membres ont manifesté le souhait de saisir cette occasion pour analyser le Protocole depuis divers angles, notamment son évolution historique, mais aussi son contexte juridique et social.

22.   L'ASOC a exprimé son soutien envers le projet de colloque, qui constituerait une excellente occasion d'évaluer la mise en œuvre et l'efficacité du Protocole à ce jour, et offrirait la possibilité de penser stratégiquement à la façon dont le Protocole peut traiter les défis actuels et à venir. L'ASOC a suggéré que les débats incluent un examen des inspections menées en vertu de l'Article 14 du Protocole, qui constituent la preuve « sur le terrain » de la façon dont le Protocole a été mis en œuvre en pratique.

23.   Le CPE a noté qu'il existait également un certain nombre d'autres initiatives touchant à la dimension extérieure et de sensibilisation des célébrations des 25 ans. La brochure célébrant les 25 ans proposée par l'Argentine constituait l'une de ces propositions et l'un de ces « produits ». Au cours du week-

end précédant la XXXVIIIe RCTA/XVIIIe CPE, l'Atelier sur l'éducation et la sensibilisation avait proposé la mise en place d'un forum dynamique sur l'éducation et la sensibilisation, qui profiterait de l'anniversaire des 25 ans pour susciter des efforts conjoints en matière d'éducation et de sensibilisation.

24. Le Comité a également indiqué que le colloque devrait constituer l'occasion de se concentrer à la fois sur les succès du passé et sur les défis à venir, et inclure une procédure claire pour garantir un bon équilibre quant aux présentations et aux intervenants invités à s'exprimer lors du colloque. Il a été noté que le colloque devait s'inscrire dans le budget actuel dont dispose le Secrétariat.

Avis du CPE à la RCTA sur l'organisation d'un colloque pour célébrer le 25e anniversaire du Protocole au Traité sur l'Antarctique relatif à la protection de l'environnement

25. Le CPE a indiqué à la RCTA que le 25e anniversaire du Protocole constituait une étape historique offrant une occasion propice, pertinente et vivement souhaitée de faire le point sur le Protocole sur l'environnement en tant que cadre de gestion de l'environnement pour l'Antarctique, et qu'un colloque représentait un moyen utile et adapté à cette fin.

26. Le CPE a également déclaré qu'un tel colloque commémoratif devrait se tenir conjointement au XIXe CPE et à la XXXIXe RCTA au Chili, éventuellement le samedi qui suit immédiatement la réunion du CPE.

27. Le CPE a recommandé qu'un Comité de pilotage, qui se composerait de représentants des pays partisans, de Parties intéressées et éventuellement d'anciens présidents du CPE soit établi. Le Comité de pilotage devrait élaborer le programme du colloque, en tenant compte, le cas échéant, des idées émises par les Membres du CPE concernant la portée potentielle, l'équilibre entre les présentations et les intervenants ainsi que le cadre budgétaire. Le Comité de pilotage doit examiner des mécanismes garantissant que les Parties puissent au cours de la période intersession fournir leur avis au Comité de pilotage en ce qui concerne l'élaboration du programme du colloque.

---

28. L'Argentine a introduit le document de travail WP 47 *Atelier sur l'éducation et la sensibilisation – Rapport relatif aux discussions informelles sur l'élaboration d'une publication à l'occasion du 25e anniversaire du Protocole de Madrid*. Le document présentait les résultats des discussions informelles menées par

l'Argentine, notamment un projet d'index de sujets pour une publication, et les moyens pressentis pour aller plus loin. L'Argentine a souligné l'importance d'informer le grand public sur les nombreuses réalisations atteintes au cours des 25 dernières années. Elle a noté que différents points de vue avaient été exprimés au cours des discussions informelles relatives à la portée de la publication. L'Argentine a noté que si certains participants considéraient que la portée devait se restreindre aux travaux et aux réalisations du Comité effectués jusqu'à ce jour, d'autres proposaient que la publication mette en avant les principaux défis et objectifs à venir. L'Argentine a proposé que le format et la conception de la publication soient interactifs et conviviaux. L'Argentine a recommandé que le CPE : prenne note des progrès réalisés au cours des discussions informelles ; examine les différentes suggestions faites par les participants ; et évalue les avantages de formaliser le processus de publication pour la prochaine période intersession.

29.   Le Comité a remercié l'Argentine d'avoir mené les discussions informelles en intersession et a soutenu la mise en place d'une procédure officielle, respectant l'équilibre entre les auteurs afin de préparer une publication reflétant les résultats obtenus du Protocole et du CPE, de même que les défis à venir. Le Comité est convenu qu'une telle publication devrait être concise, politiquement neutre et préparée dans des termes accessibles au grand public.

30.   Le Comité a noté que l'Atelier sur l'éducation et la sensibilisation qui s'est tenu avant la XXXVIIIe RCTA avait porté sur l'idée de créer un forum pour coordonner les activités de sensibilisation liées au 25e anniversaire du Protocole, et que ce forum pourrait constituer un moyen utile de diffuser des informations sur cette publication auprès du grand public.

31.   L'ASOC a noté que le 25e anniversaire était un jalon important dans l'histoire de la gouvernance antarctique et qu'il convenait de réfléchir aux succès et aux défis des 25 années écoulées et d'évaluer également ceux des années à venir. L'ASOC a fait part de sa volonté de participer au processus de publication.

32.   Le SCAR a fait part de sa volonté de participer au processus de publication.

33.   Le Comité a décidé d'établir un GCI sur l'élaboration d'une publication sur le 25e anniversaire du Protocole de Madrid dans le cadre des mandats ci-après :

   1.   Établir un petit groupe d'auteurs pour élaborer le processus éditorial de la publication, en prenant en considération l'équilibre géographique et la

diversité des Parties représentées au sein du CPE en termes d'expérience et en incluant d'anciens présidents du Comité. Parallèlement, établir un groupe éditorial pour compiler et éditer le texte, une fois les contributions reçues ;

2. Préparer une publication en ligne neutre, courte et concise, incluant des outils visuels et dynamiques, en tenant compte des objectifs déjà définis par le CPE pour la publication ;

3. Identifier les différents moyens de diffusion de la publication ; et

4. Soumettre au XIXe CPE le projet de publication en vue de le faire examiner et valider par les Parties, avant qu'elle ne soit lancée à l'occasion de la date d'anniversaire en octobre 2016.

34. Le Comité a accepté avec gratitude la proposition de l'Argentine visant à coordonner le GCI et a encouragé les Membres à s'impliquer largement dans ces travaux durant la prochaine période intersession. Le Comité a accueilli favorablement la proposition de Patricia Ortúzar (Argentine) d'animer le GCI.

Plan de travail quinquennal

35. Le Comité a examiné le Plan de travail quinquennal adopté lors du XVIIe CPE (WP5) et, conformément à l'accord du XVe CPE (2012), a brièvement examiné le plan de travail figurant à la fin de chacun des points de l'ordre du jour.

36. Le Comité a révisé et actualisé son Plan de travail quinquennal (Annexe 1). Les principales modifications consistaient en des mises à jour pour refléter les actions adoptées durant la Réunion, notamment celle visant à inclure un nouveau point sur la protection des valeurs géologiques exceptionnelles. Le Comité a également décidé de retirer un certain nombre de points pour lesquels aucune tâche n'a été identifiée (les espèces spécialement protégées, les mesures et les plans d'urgence, la mise à jour du Protocole et la révision des annexes, les inspections, les déchets, la gestion de l'énergie), indiquant que certains de ces points constituaient des points permanents de son ordre du jour et que ces questions, ou toute autre nouvelle question, pourraient être aisément ajoutées au plan de travail à l'avenir.

37. Le Comité est convenu que, pour les prochaines réunions, le Plan de travail quinquennal devrait être soumis sous la forme de document du Secrétariat en même temps que le Plan de travail de la RCTA.

Point 4 – Fonctionnement du CPE

38. Le Président a fait référence au document du Secrétariat SP 2 *Rapport du Secrétariat 2014/2015*, qui synthétise les activités menées par le Secrétariat au cours de l'année écoulée. Le Président a remercié le Secrétariat pour le travail qu'il a fourni en soutien au Comité.

39. L'Australie a présenté le document de travail WP 14 *Rapport du groupe de contact intersession chargé d'examiner les exigences en matière d'échange d'informations*. Au XXXVIIe CPE, le Comité a pris note de son intérêt à contribuer aux débats sur les exigences en matière d'échange d'informations sur les questions environnementales. La XVIIe RCTA a par conséquent demandé au CPE de fournir un avis sur ce sujet. L'Australie a résumé les travaux du groupe de contact intersession, qui avait identifié deux grands groupes d'informations à échanger. Le premier groupe est constitué de points ou catégories pour lesquels des modifications ou précisions assez simples ont été proposées par un participant ou plus sans débat, et qui pourraient recueillir le soutien général des parties. Le second groupe est constitué de points ou catégories pour lesquels aucun accord clair ne s'est dégagé, et pour lesquels des discussions complémentaires quant aux amendements proposés seront probablement nécessaires.

40. Le document recommandait au Comité de : étudier le rapport en se référant à l'échange d'informations relatives aux questions environnementales ; débattre des catégories et des points d'informations pour lesquels des amendements mineurs pourraient recueillir un soutien général, en vue d'identifier toute modification nécessaire là où elle est possible ; et, pour les catégories et les points pour lesquels des débats ultérieurs seraient probablement nécessaires, déterminer s'il fallait effectuer des travaux complémentaires sur ces catégories et points, et proposer une démarche pour mener à bien ces travaux.

41. Le Comité a remercié l'Australie d'avoir coordonné le GCI et d'avoir remis un rapport exhaustif des débats qui s'y sont tenus. Le Comité a fait part de son intérêt à débattre plus avant des modifications à apporter aux exigences en matière d'échange d'informations sur les questions environnementales. Il a pris note du fait que les observations formulées par les Représentants du CPE au cours de la réunion seraient prises en considération lors des débats de la RCTA portant sur ce document, et s'est dit prêt, si nécessaire, à fournir davantage de conseils à la RCTA sur les échanges d'informations sur les questions environnementales.

42. Le Président a rappelé que la XXXVIIᵉ RCTA avait actualisé son Plan de travail stratégique pluriannuel afin d'y inclure le point « renforcement de la coopération ente le CPE et la RCTA » au titre des priorités. Le Président a noté que le Comité entretenait de bonnes relations de travail avec la RCTA, mais a souligné l'importance pour le Comité de trouver d'autres pistes pour renforcer cette relation, et a demandé l'opinion des Membres à cet égard.

43. Le Comité a accueilli favorablement la décision de la RCTA de faire de l'examen de sa relation avec le CPE une priorité, et a exprimé son soutien à l'égard des étapes entreprises par le Président, parmi lesquelles : informer au préalable les délégations de la RCTA sur les questions prévues à l'ordre du jour du CPE, qui peuvent également être intéressantes et pertinentes dans le cadre des délibérations de la RCTA ; saisir l'occasion, durant la réunion, de consulter les présidents des groupes de travail de la RCTA et transmettre de façon informelle les conclusions des débats pertinents du CPE ; et chercher à se concentrer sur la présentation du rapport du CPE sur les questions pour lesquelles le Comité avait élaboré un avis spécifique à l'intention de la RCTA.

44. Le Comité a rappelé son rôle d'organe consultatif envers la RCTA, comme le prévoit l'Article 12 du Protocole, et a pris note de la nécessité d'assurer un dialogue efficace entre la RCTA et le CPE. Le Comité a également noté l'importance de se montrer réceptif aux requêtes d'avis formulées par la RCTA et de faire preuve de proactivité en attirant l'attention de celle-ci sur les questions importantes.

45. Le Comité est convenu qu'il serait judicieux de demander à la RCTA de faire part de ses commentaires sur la façon dont le Comité rend ses avis, et si ces avis concernent des questions prioritaires pour la RCTA. À cet égard, le Comité a noté qu'il pourrait être précieux pour la RCTA d'examiner les priorités reprises dans le Plan de travail quinquennal du CPE.

Avis du CPE à la RCTA sur les possibilités de renforcement de la coopération entre le CPE et la RCTA

46. Le Comité a salué le fait que la RCTA ait fait de l'examen de sa relation avec le CPE une priorité, et il a encouragé la RCTA à faire part de ses commentaires quant aux possibilités d'améliorer la façon dont il fournit ses avis, notamment pour les faire mieux correspondre aux priorités de la RCTA.

Point 5 – Coopération avec d'autres organisations

47. Le COMNAP a présenté le document d'information IP 8 *Rapport annuel 2014/2015 du Conseil des directeurs des programmes antarctiques nationaux (COMNAP)*, également présenté à la RCTA. Le COMNAP a indiqué au Comité que le Dr Anoop Tiwari avait été nommé comme nouveau responsable du Groupe d'experts sur l'environnement du COMNAP et a remercié le précédent responsable du groupe, le Dr Sandra Potter, pour les années qu'elle a passées à servir cette fonction.

48. L'Observateur du CS-CAMLR a présenté le document d'information IP 12, intitulé *« Report by the SC-CAMLR Observer »*. Comme les années précédentes, le document se penchait sur cinq questions d'intérêt commun au CPE et au CS-CAMLR, identifiées en 2009 lors de leur atelier conjoint : a) les changements climatiques et l'environnement marin de l'Antarctique ; b) la biodiversité et les espèces non indigènes dans l'environnement marin de l'Antarctique ; c) les espèces antarctiques nécessitant une protection spéciale ; d) la gestion de l'espace marin et les aires marines protégées ; et e) Le suivi écosystémique et environnemental.

49. L'IP 12 a présenté les progrès réalisés sur ces cinq sujets et a mis en lumière certaines initiatives importantes du CS-CAMLR, notamment le Programme de bourses scientifiques de la CCAMLR et les travaux du CS-CAMLR en matière d'aires marines protégées (AMP) et d'écosystèmes marins vulnérables, et la nécessité de développer davantage l'ensemble des indicateurs actuels du Programme de suivi de l'écosystème de la CCAMLR (CEMP) dans le cadre d'approches de gestion par rétroaction pour les pêches au krill. Le rapport complet de la 33e réunion du CS-CAMLR est disponible sur le site internet de la CCAMLR : *http://www.ccamlr.org/en/meetings/27*.

50. En réponse à deux questions formulées par la Turquie, l'observateur du CS-CAMLR a noté que l'évaluation la plus récente de la population de krill dans la zone de la Convention avait été effectuée sur base de l'évaluation synoptique de la campagne CCAMLR 2000. Cette évaluation estimait la population à 60 millions de tonnes de krill et le CS-CAMLR a reconnu qu'elle était dépassée, en expliquant qu'il n'y avait toutefois aucune preuve que la densité du krill à une plus petite échelle annuelle indiquait une quelconque variation de la biomasse du krill depuis cette étude. Le CS-CAMLR a également rapporté qu'aucune espèce marine non indigène n'avait été rapportée à la CCAMLR, mais a rappelé qu'il avait été convenu

que le CPE se chargerait de la question des espèces non indigènes dans l'environnement antarctique.

51. Le SCAR a présenté le document d'information IP 19 *Rapport annuel 2014/15 du Comité scientifique pour la recherche antarctique (SCAR)* et a fait référence au document de contexte BP 4, intitulé *« The Scientific Committee on Antarctic Research (SCAR) Selected Science Highlights for 2014/15 »*. Il a mis en lumière plusieurs exemples de ses activités, notamment la publication d'un Atlas biogéographique de l'océan Austral, l'achèvement du programme Science Scan Horizon du SCAR (IP 20) et les publications qui s'en sont suivies dans les revues *Antarctic Science et Nature*, ainsi que la participation à l'élaboration du Portail des environnements en Antarctique. Le SCAR a souligné les progrès réalisés dans la préparation d'un rapport sur l'acidification de l'océan Austral, et a rappelé aux délégués que la question serait abordée lors de la Conférence du SCAR lors de la XXXVIIIᵉ RCTA (BP 1). Le SCAR a également signalé aux délégués que le XIIe Colloque international des sciences de la terre antarctiques (ISAES) 2015 se tiendrait du 13 au 17 juillet à Goa, en Inde, et que les XXXIVᵉ Réunions du SCAR et sa conférence scientifique publique se tiendraient à Kuala Lumpur, en Malaisie, du 19 au 31 août 2016. Il a par ailleurs signalé qu'en 2018, les Réunions du SCAR et la conférence scientifique publique se tiendraient du 15 au 27 juin à Davos, en Suisse. Il a également indiqué qu'il continuait de développer des programmes de bourses destinés aux jeunes chercheurs et visant à appuyer le renforcement des capacités.

52. Le SCAR a pris note de la nomination du Dr Aleks Terauds au titre de nouveau responsable du Comité permanent sur le Système du Traité sur l'Antarctique (SCATS) et que plusieurs nouveaux membres avaient rejoint le SCATS.

53. Le Chili a présenté le document d'information IP 106, intitulé *« Report by the CEP Observer to the XXXIII SCAR Delegates' Meeting »*, dans lequel sont présentés les principaux aspects de la réunion pertinents pour le Comité. Le Chili a saisi cette occasion pour remercier le SCATS et le Dr Chown pour le soutien qu'il a fourni au Comité par le passé, et a fait part de ses vœux de réussite au Dr Terauds. Il a également rappelé que, durant la conférence scientifique publique du SCAR, le SCATS avait organisé un *« flipped symposium »* au cours duquel des présentations ont été données sur l'opinion actuelle des chercheurs antarctiques sur la conservation, la biodiversité, le suivi, les sites protégés, les impacts locaux, les espèces envahissantes et le rôle des programmes antarctiques nationaux, ainsi que sur les défis que

ces questions constituent pour le Système du Traité sur l'Antarctique et la communauté scientifique internationale. Il a indiqué que ces informations pourraient s'avérer utiles aux travaux du CPE.

54.   La Malaisie a informé le Comité que la prochaine conférence scientifique publique du SCAR se tiendrait du 19 au 31 août 2016 à Kuala Lumpur, et a invité les membres à consulter le site internet de la conférence (http:// scar2016.com/) pour davantage d'informations.

Nomination de Représentants du CPE dans d'autres organisations

55.   Le Comité a désigné le Dr Yves Frenot (France) pour représenter le CPE lors de la 27e Réunion de l'Assemblée générale du COMNAP qui se tiendra à Tromsø, en Norvège, du 26 au 28 août 2015, et le Dr Polly Penhale (États-Unis d'Amérique) pour représenter le CPE lors de la 34e Réunion du CS-CAMLR qui se tiendra à Hobart, du 19 au 23 octobre 2015. Le Président du CPE a également accepté l'invitation du Président du CS-CAMLR à participer à la réunion du CS-CAMLR 2015.

Atelier conjoint du CPE et du CS-CAMLR

56.   Les États-Unis d'Amérique ont présenté le document de travail WP 6 *Proposition d'atelier conjoint CPE/CS-CAMLR (2016) sur les changements et le suivi climatiques*, préparé conjointement avec le Royaume-Uni. Les réunions du CPE et du CS-CAMLR en 2014 étaient favorables à la tenue d'un second atelier organisé conjointement par le CPE et le CS-CAMLR en 2016. Les deux comités sont convenus que le thème général retenu pour l'atelier pourrait être l'identification des effets des changements climatiques qui auraient vraisemblablement le plus d'incidences sur la conservation de l'Antarctique, et l'identification de sources de travaux de recherche et de données de suivi, existantes ou potentielles, pertinentes pour le CPE et le CS-CAMLR. Après les débats du XVIIe CS-CAMLR, un Comité de pilotage a été établi, coordonné par le Dr Polly Penhale (vice-présidente du CPE, États-Unis d'Amérique) et le Dr Susie Grant (vice-présidente du CS-CAMLR, Royaume-Uni), et comprenant les Présidents du CPE (M. Ewan McIvor, Australie) et du CS-CAMLR (Dr Christopher Jones, États-Unis d'Amérique). En outre, il a été noté que le Dr So Kawaguchi (Australie) et le Dr Anton Van De Putte (Belgique) avaient été nommés pour rejoindre le Comité de pilotage. Le Comité directeur a appelé les Membres du CPE à donner leur avis concernant le projet de mandat de l'atelier, les points

spécifiques à inscrire à l'ordre du jour, et la désignation d'autres membres au sein du Comité de pilotage.

57.   Le Comité s'est dit extrêmement favorable à l'organisation d'un second atelier organisé conjointement par le CPE et le CS-CAMLR en 2016.

58.   Le Comité est convenu que le projet de Mandat inclus dans le WP 6 constituait une base solide pour l'atelier, en particulier le Mandat (ii) examen des programmes de suivi actuel et développement potentiel de nouvelles approches, et le mandat trois (iii) développement de mécanismes de coopération pratiques entre le CPE et le CS-CAMLR sur les changements climatiques et leur suivi. En outre, le Comité a reconnu la nécessité de rester prudent quant à la possibilité d'élargir le mandat de l'atelier, et a recommandé de se concentrer sur le suivi des effets des changements climatiques plutôt que de débattre de mesures d'atténuation des changements climatiques.

59.   La composition du Comité de pilotage proposé a été jugée adéquate et sa taille idéale pour mener des travaux efficaces. Il a été convenu que l'atelier serait ouvert à tous les Membres du CPE et à tous les Membres du CS-CAMLR, ainsi qu'à tous les Observateurs au CPE et au CS-CAMLR. Le SCAR et l'ASOC ont tous deux exprimé le souhait de participer à l'atelier.

60.   Il a été convenu que l'atelier serait ouvert aux observateurs et que la possibilité d'inviter des experts qui viendraient partager leurs expériences en matière de systèmes d'observation et de suivi des changements climatiques, tels que ceux travaillant en Arctique, serait examinée.

61.   Les participants sont convenus que la date qui conviendrait le mieux aux Membres du CPE pour organiser l'atelier serait juste avant la réunion de 2016 de la RCTA/du CPE au Chili. Il a été reconnu que ce lieu et cette date conviendraient peut-être moins aux participants du CS-CAMLR et, par conséquent, il a été recommandé d'explorer des pistes pour permettre aux personnes n'étant pas en mesure d'assister physiquement à la réunion d'y participer à distance. Bien qu'une participation à distance implique de possibles coûts et difficultés techniques potentiels, il a été jugé que cette possibilité méritait d'être étudiée.

62.   Le Chili a fait part de son souhait d'accueillir l'atelier conjoint en 2016, en indiquant néanmoins qu'aucun engagement définitif ne pouvait être donné à ce moment-ci. Une décision devrait être prise à l'automne 2015, une fois examinés le cadre général et le budget requis pour soutenir la réunion de la RCTA/du CPE.

63. L'ASOC a déclaré que l'environnement antarctique ne reconnaissait pas les frontières institutionnelles, particulièrement en ce qui concerne les changements climatiques. La coopération entre les différents organes du STA a été requise et l'ASOC s'est déclaré très favorable à la tenue d'un second atelier organisé conjointement par le CPE et le CS-CAMLR.

64. Les documents suivants ont également été soumis à ce point de l'ordre du jour :

   - BP 4, intitulé « *The Scientific Committee on Antarctic Research (SCAR) Selected Science Highlights for 2014/15* » (SCAR).
   - BP 6, intitulé « *Submission to the CCAMLR CEMP database of Adélie penguin data from the Ross Sea region* » (Nouvelle-Zélande).

Point 6 – Réparation et réhabilitation des dommages causés à l'environnement

65. Le Président a rappelé que le CPE avait donné un avis à la XXXVIe RCTA (2013) concernant la réparation et la réhabilitation des dommages causés à l'environnement, comme l'indique la Décision 4 (2010). La RCTA avait examiné cet avis lors de sa réunion de 2014, remercié le Comité pour sa précieuse contribution et décidé qu'aucun avis complémentaire n'était nécessaire à ce stade. Prenant acte du fait que la XXXVIIIe RCTA étudierait des questions relatives à la responsabilité en cas de dommages à l'environnement, conformément à la Décision 4 (2010), le Comité a accepté de se tenir prêt à fournir un avis sur la question, comme demandé.

66. Le Brésil a présenté le document de travail WP 49 *Réhabilitation environnementale en Antarctique*, préparé conjointement avec l'Argentine, et a mentionné le document d'information IP 16, intitulé « *Bioremediation on the Brazilian Antarctic Station area* ». Le document de travail WP 49 présente les résultats des discussions bilatérales entre le Brésil et l'Argentine visant à échanger des informations relatives à la réhabilitation et aux risques environnementaux, notamment la biorestauration des sites antarctiques contaminés par les hydrocarbures. Le document met en lumière certaines difficultés rencontrées pour établir des paramètres de mesure adéquats des niveaux de contamination en Antarctique, étant donné que certains paramètres internationaux ne s'appliquent pas à l'environnement antarctique. Pour répondre à ce problème, les deux Membres ont proposé d'utiliser les expériences précédentes issues de la coopération en matière de suivi de la pollution. Le document souligne également l'importance des contributions

faites au Manuel de nettoyage afin de partager les informations relatives aux bonnes pratiques. Le Brésil et l'Argentine recommandent au CPE : de noter et de reconnaître l'utilité des résultats et des conclusions d'ateliers bilatéraux et plurilatéraux qui permettent un échange plus approfondi de points de vue et d'expériences ; d'encourager les programmes antarctiques nationaux à coopérer sur les problèmes relatifs aux expériences de réhabilitation ; et d'encourager les Membres et Observateurs à intégrer à l'avenir leurs expériences dans le Manuel de nettoyage.

67. De nombreux Membres et l'ASOC ont apprécié la grande qualité du travail présenté par le Brésil et l'Argentine, qui pourrait être ajouté aux études de cas reprises dans le Manuel de nettoyage et permettre ainsi d'améliorer les bonnes pratiques en matière de réparation et de réhabilitation. Les Membres ont également reconnu l'excellent travail fourni par l'Australie dans les documents de contexte BP 12 et BP 13, soulignant que ces documents renforçaient encore la valeur des études de cas déjà existantes. La Nouvelle-Zélande a informé le Comité du fait que le Portail des environnements en Antarctique publierait sous peu un rapport synthétisant l'état actuel des connaissances en matière de réparation et de réhabilitation.

68. Plusieurs Membres ont fait remarquer que les espèces non indigènes devraient être prises en considération dans les efforts de réparation et de réhabilitation. L'Inde a salué le caractère économiquement rentable des efforts de biorestauration *in situ* déployés par le Brésil, l'Argentine et l'Australie, mais a mis en garde contre l'utilisation d'engrais sans optimisation des doses, ce qui pourrait permettre aux espèces non indigènes de s'installer à proximité du site réhabilité, d'où la nécessité de poursuivre les recherches en la matière. L'Équateur a rappelé au Comité qu'il était important de travailler prioritairement avec des communautés de microbes et de bactéries indigènes lorsque l'on effectue une biorestauration.

69. L'ASOC a indiqué que la réparation et la réhabilitation des dommages à l'environnement figuraient parmi les exigences du Protocole en vertu des Annexes I, III et VI, et devaient être effectuées dans la autant que possible, tout en prenant en considération les effets environnementaux néfastes que la réparation et la réhabilitation pourraient avoir. Des exemples de dommages à l'environnement pour lesquels aucune action n'avait été prise ont été signalés. Dans ce contexte, l'ASOC a remercié le Brésil et l'Argentine pour le document intéressant qu'ils ont remis et a soutenu les propositions visant à renforcer la coopération et les connaissances en matière de réhabilitation de l'environnement.

70. Le Comité a adopté les recommandations contenues dans le document de travail WP 49.

71. Les États-Unis d'Amérique ont présenté le document d'information IP 41, intitulé *« Remediation and Closure of Dry Valley Drilling Project Boreholes in Response to Rising lake Levels »*. Ce document traite de la réhabilitation et de la fermeture de deux puits de forage installés dans le cadre du programme de forage de la Vallée sèche (Dry Valley), visant à atténuer les risques de contamination des lacs de la Vallée sèche ou de l'environnement suite à la montée du niveau des lacs. Les États-Unis d'Amérique ont souligné que le changement environnemental devait être pris en considération au moment d'examiner le statut des sites ayant abrité des activités passées.

72. Les documents suivants ont également été soumis à ce point de l'ordre du jour :

    • Le document de contexte BP 12, intitulé *« Remediation of fuel-contaminaed soil using biopile technology at Casey Station »* (Australie).

    • Le document de contexte BP 13, intitulé *« Remediation and reuse of soil from a fuel spill near Lake Dingle, Vestfold Hills »* (Australie).

Point 7 – Conséquences du changement climatique pour l'environnement : approche stratégique

73. Le Royaume-Uni et la Norvège ont présenté le document de travail WP 37 *Rapport du GCI sur le changement climatique*. Ils ont rappelé au Comité que le GCI sur le changement climatique avait été établi lors du XVIe CPE afin d'élaborer pour le CEP un programme de travail en réponse au changement climatique (PTRCC). Le document indique qu'au cours des deux ans de consultation, un PTRCC a été élaboré. Le PTRCC décrit les problèmes que le CEP doit traiter en relation avec que le changement climatique en Antarctique, ainsi que les actions et les tâches qu'il convient d'entreprendre pour y faire face, tout en les classant par ordre de priorité et en formulant des propositions quant à la manière, au moment approprié et aux acteurs les plus à même d'entreprendre ces actions. Le document souligne par ailleurs qu'un énoncé des objectifs a été accepté, qui accompagnera le PTRCC, et que la question de la future gouvernance du PTRCC a été examinée. Le Royaume-Uni et la Norvège ont insisté sur le fait que le PTRCC devait être perçu comme un document évolutif, qui nécessitera un examen et une révision réguliers afin de rester pertinent. Ils ont également noté que de tels efforts nécessiteraient une

participation du plus grand nombre, ainsi que l'engagement des Membres. Ils ont encouragé les Membres à adopter le PTRCC et à se concentrer sur la mise en œuvre des tâches et actions identifiées dans le document.

74. Le Comité a remercié le Royaume-Uni et la Norvège d'avoir organisé le GCI, et tous ses participants pour leur contribution. Le Comité a salué le rapport détaillé des débats repris dans le document WP 37 ainsi que le PTRCC proposé.

75. Après y avoir apporté quelques amendements mineurs pour intégrer des suggestions à l'égard de l'application des critères de la liste rouge de l'UICN, et aux lignes directrices de l'OMI relatives au bio-encrassement, le Comité a adopté le PTRCC (annexe 2). Ce faisant, le Comité a indiqué que les actions identifiées dans le PTRCC correspondant à ses rôles et fonctions n'incluaient pas les questions liées à l'atténuation des changements climatiques, qui relèvent de la responsabilité d'autres organismes. Le Comité est convenu de conserver le PTRCC comme document à part, souple et évolutif, et de l'actualiser tous les ans, comme demandé.

76. Concernant les questions restantes identifiées au sein du document WP 37 qui n'avaient pas encore été incorporées dans le PTRCC (le carbone suie, l'ozone, les événements climatiques ponctuels, l'efficience énergétique, les énergies renouvelables), la France, soutenue par les Pays-Bas, a souligné l'importance de les prendre ultérieurement en considération dans le PTRCC.

77. Concernant la priorisation des tâches dans le plan de travail, l'Argentine a noté que la mise en œuvre constituerait un défi, mais qu'il serait possible de le surmonter avec le temps. Il a également été à nouveau souligné que l'accent devait porter sur l'examen des conséquences des changements climatiques, et l'Argentine a souligné la présence dans le document d'une référence aux pratiques en vigueur dans les stations antarctiques qui n'ont pas d'impact sur les changements climatiques, et que l'Argentine avait déjà demandé de supprimer. Pour ce qui concerne la gouvernance du PTRCC, l'Argentine a souligné la nécessité de trouver un mécanisme qui encourage la participation des Membres, notamment grâce à la traduction des documents dans les quatre langues officielles, et a noté qu'un groupe subsidiaire ne constituerait peut-être pas la meilleure solution à cet égard.

78. L'ASOC a suggéré que la RCTA/le CPE s'inspire des expériences relatives à la lutte contre les changements climatiques en Arctique le cas échéant, par exemple en s'intéressant aux travaux menés par des groupes d'experts tels que l'Évaluation de l'impact du changement climatique dans l'Arctique.

79. Le Comité a également reconnu l'importance d'un engagement et d'une participation maximaux sur cette question, ainsi que dans le cadre du processus de mise en œuvre du PTRCC. À ce sujet, le Comité a accepté d'ajouter un point relatif au PTRCC à son ordre du jour pour les réunions ultérieures, et a encouragé les Membres à examiner plus en profondeur les mécanismes de gestion les plus adaptés pour concourir à la mise en œuvre du PTRCC en vue du XIXe CPE.

Avis du CPE à la RCTA sur le Programme de travail en réponse au changement climatique du CPE

80. Le Comité a approuvé un projet de résolution relatant l'intention de mettre en œuvre le Programme de travail en réponse aux changements climatiques en priorité, et est convenu de transmettre le projet de résolution à la RCTA pour approbation.

81. Le Royaume-Uni a présenté le document de travail WP 38 *Application de l'outil de planification de la conservation RACER (évaluation rapide de la résilience de l'écosystème circumarctique) à l'île James Ross*, et a fait référence au document d'information IP 34, intitulé « *Results of RACER Workshop Focused on James Ross Island* », préparé conjointement avec la République tchèque. Au XVIIe CPE, le Comité a reconnu que la résilience devrait être un facteur clé dans la désignation, la gestion et la révision des zones protégées, il a reconnu que le RACER pouvait être utilisé comme outil pour déterminer les caractéristiques clés qui sont importantes pour conduire à une résilience, et il a encouragé une coopération future afin d'examiner l'applicabilité du RACER en Antarctique. Le document de travail WP 38 contenait des informations sur l'activité intersession future relative au RACER. Cette activité inclut l'identification des facteurs clés sur l'île James Ross qui sont susceptibles de persister, quels que soient les différents scénarios climatiques. Les coauteurs ont mis en avant que cette méthodologie ne visait pas à remplacer, modifier ou être en contradiction avec l'Annexe V du Protocole.

82. Le Comité s'est vu demander de : prendre acte de l'analyse RACER de l'île James Ross effectuée lors de la période intersession et de retenir les résultats comme base pour la désignation d'une nouvelle zone protégée fondée sur les critères de résilience ; d'adopter également les travaux menés par la République tchèque, avec le soutien du Royaume-Uni et d'autres Parties intéressées en vue de soumettre une proposition au CPE visant à désigner dans un premier temps la vallée Torrent et la zone adjacente, la

Mesa Johnson, et le bassin versant du lac Monolith dans une seule ZSPA reprenant plusieurs sites, et ce sur la base des critères de résilience.

83. Le Comité a remercié le Royaume-Uni et la République tchèque pour leur rapport sur ces travaux à l'occasion desquels ils avaient testé l'application de la méthodologie RACER sur l'île James Ross. Le Comité a soutenu les recommandations contenues dans le document WP 38, notant l'avis du Royaume-Uni et de la République tchèque selon lesquels la tâche consistant à identifier les zones à protéger en fonction de la résilience était entreprise dans le cadre des dispositions de l'Annexe V au Protocole et ne cherchait nullement à ajouter des dispositions complémentaires.

84. L'Argentine a remercié la République tchèque et le Royaume-Uni pour leurs travaux et leur présentation. L'Argentine a exprimé sa volonté de participer, et a indiqué que plusieurs scientifiques argentins travaillaient depuis plus de 30 ans sur l'île James Ross et disposaient à ce titre d'une grande expérience et de connaissances solides de la zone, de même que de nombreuses données à partager.

85. L'ASOC a également remercié le Royaume-Uni et la République tchèque et a soutenu fortement la recommandation d'élaborer une ZSPA multi-sites pour la péninsule Ulu de l'île James Ross, qui reste à ce jour sous-représentée dans le système des zones protégées malgré le fait qu'elle constitue l'une des plus vastes zones libres de glace en Antarctique. L'ASOC a particulièrement apprécié l'expertise des scientifiques tchèques et d'autres Parties opérant dans la zone, et a indiqué que la désignation de zones protégées pour promouvoir la résilience climatique constituait une tâche importante pour la RCTA.

86. Le Comité fait part de son impatience de recevoir les détails de la proposition de désignation d'une ZSPA multi-sites sur l'île James Ross, et souligne également l'utilité d'avoir eu l'occasion de l'examiner et la commenter au début du processus. Les États-Unis d'Amérique et l'Argentine ont noté l'importance d'examiner largement les diverses disciplines scientifiques afin de compléter les résultats obtenus par l'analyse RACER, et ils ont exprimé leur intérêt à participer aux travaux ultérieurs. La République tchèque a souligné l'importance de compléter l'analyse RACER avec les données scientifiques disponibles, en incluant également les sites de valeurs paléontologiques exceptionnelles dans la proposition de ZSPA.

87. Les États-Unis d'Amérique ont présenté le document de travail WP 39 *Coopération et priorités scientifiques communes : observations et*

modélisations systématisées dans l'océan Austral, préparé conjointement avec l'Australie. Le document met en avant l'océan Austral comme composante importante du système climatique de la Terre. Des observations limitées indiquent que l'océan Austral évolue (réchauffement à certaines profondeurs, adoucissement de l'eau, modifications écologiques, modifications de la circulation, acidification), mais ces processus et les taux de modification restent mal compris en raison d'observations clairsemées, sur le court terme et d'échantillonnages spatiaux et temporels irréguliers. Ces lacunes dans les connaissances ont de nombreuses répercussions sur la gouvernance et la gestion de cette région et même au-delà.

88.   Les États-Unis d'Amérique et le Royaume-Uni ont recommandé que les Parties prennent acte de l'importance des observations et des modélisations faites au niveau de l'océan Austral afin d'appréhender le changement climatique, et de la nécessité d'une coopération internationale en la matière. Le soutien du Système d'observation de l'océan Austral (SOOS), qui fournit un mécanisme excellent pour faire progresser la recherche scientifique, serait particulièrement précieux.

89.   Les États-Unis d'Amérique ont indiqué qu'ils avaient récemment inauguré le SOCCOM, Climat de l'océan Austral et observations et modélisations carbone, qui visait à combler les lacunes en matière d'observation en utilisant des flotteurs profileurs dotés de capteurs dernière génération. Les États-Unis d'Amérique accueilleraient favorablement la participation d'autres programmes nationaux.

90.   Le COMNAP a fait savoir que, à la suite d'un atelier SOOS fructueux, il avait initié un groupe de réflexion SOOS et il a salué la participation des Membres intéressés.

91.   L'ASOC a rappelé au Comité les travaux menés par la CCAMLR concernant l'océan Austral, et a indiqué que les observations et les modélisations, couplées à une gestion et une protection de l'environnement adéquat sous l'égide la CCAMLR et de la RCTA, devraient viser à distinguer les effets des changements climatiques de ceux pouvant être induits par les pêches.

92.   L'Argentine a remercié l'Australie et les États-Unis d'Amérique pour leur contribution et a manifesté son vif soutien au document, en soulignant que l'océan Austral y était décrit scientifiquement et non politiquement. L'Argentine a également estimé qu'il était précieux de poursuivre les travaux visant à comprendre l'état environnemental des océans et à approfondir les connaissances océanographiques de ces zones.

93. Des Membres ont souligné l'importance de la collaboration dans le domaine de la recherche scientifique sur l'océan Austral, en particulier à la lumière des changements climatiques actuels qui entraînent de profonds changements relatifs aux conditions de la glace de mer sur l'ensemble du continent et ont d'importants impacts sur les activités logistiques des programmes antarctiques nationaux.

94. Le SCAR a accueilli favorablement ce document de travail. Il a souligné qu'il a été l'un des soutiens essentiels du SOOS depuis sa création et qu'il restait engagé dans la facilitation des efforts multinationaux en cours visant à entreprendre une veille de l'océan Austral. Le SCAR a noté l'existence de lacunes similaires pour les systèmes antarctiques terrestres et salué les efforts coopératifs similaires afin de mener une surveillance et de réaliser une modélisation dans ces zones.

95. Le Comité a chaleureusement remercié les États-Unis d'Amérique et l'Australie d'avoir porté cette question à son attention et a appuyé les recommandations du WP 39. Plusieurs Membres ont exprimé leur volonté de participer au processus continu de surveillance de l'océan Austral, et au développement du SOOS.

Avis du CPE à la RCTA sur des observations et une modélisation de l'océan Austral

96. Le Comité a noté l'importance des questions traitées dans le document WP 39 pour l'atelier CPE/S-CAMLR, et pour les actions identifiées dans le PTRCC afin de soutenir et d'effectuer un suivi collaboratif à long terme des changements dans l'environnement antarctique, et a adopté les recommandations contenues dans le document. Le Comité a adopté les recommandations contenues dans le document de travail WP 49.

97. Le SCAR a présenté le document d'information IP 92, intitulé *« Antarctic Climate Change and the Environment – 2015 Update »*. Le SCAR a rendu compte des mises à jour apportées au Rapport sur le changement du climat et de l'environnement antarctiques (ACCE) liées à la compréhension du phénomène du changement climatique sur l'ensemble du continent antarctique et de l'océan Austral, et de son impact sur les biotes marin et terrestre. Le SCAR a souligné un certain nombre d'études scientifiques récentes qui ont significativement contribué à la compréhension des impacts des changements climatiques tant sur les environnements physiques que biologiques. Le SCAR a souligné les conclusions du rapport ACCE selon lesquelles l'acidification des océans constituerait l'un des plus grands défis

auxquels l'écosystème antarctique sera confronté à l'avenir. Le SCAR a indiqué qu'il effectuait des mises à jour régulières du rapport ACCE par le biais d'un wiki. Le Comité a salué cette actualisation effectuée par le SCAR.

98. Le Royaume-Uni a présenté le document d'information IP 94, intitulé « Climate Change in Antarctica ». Ce document présente un graphique fourni par le British Antarctic Survey qui montre les modèles et magnitudes des changements climatiques de l'Antarctique et de l'océan Austral.

99. L'ASOC a présenté l'IP 110, intitulé *« Climate Change 2015 : A Report Card »*, qui résume les conclusions scientifiques actuelles concernant le changement climatique présent et futur en Antarctique. L'ASOC a mis l'accent sur la nécessité de voir les Membres apporter tout leur soutien à la recherche scientifique.

100. L'ASOC a également présenté le document d'information IP 114, intitulé *« The Antarctic Treaty System, Climate Change and Strengthened Scientific Interface with Relevant Bodies of the United Nations Framework Convention on Climate Change (UNFCCC) »*. Celui-ci indique que le Système du Traité sur l'Antarctique a un important rôle à jouer dans la promotion des recherches liées au climat en Antarctique auprès de la communauté intéressée par le changement climatique, y compris la Convention-cadre des Nations Unies sur les changements climatiques (CCNUCC). L'ASOC a suggéré que les scientifiques du GIEC soient invités aux événements à venir du CPE et de la RCTA, et a salué la participation du SCAR à une session prochaine de la CCNUCC.

101. La France a soutenu les recommandations énoncées dans le document d'information IP 114 et a proposé que la CdP 21 de la CCNUCC soit informée de l'élaboration du PTRCC.

102. Les documents suivants ont également été soumis à ce point de l'ordre du jour :

- Document du Secrétariat SP 7 *Actions adoptées par le CPE et la RCTA suite aux recommandations de la RETA sur le changement climatique* (Secrétariat).

- Document de contexte BP 1 *Extrait de la conférence du SCAR : l'acidification de l'océan Austral* (SCAR).

Point 8 – Évaluation d'impact sur l'environnement (EIE)

8a) Projets dévaluations globales d'impact sur l'environnement

103. Aucun projet d'EGIE n'a été soumis au Comité pour examen lors de la réunion.

104. L'Italie a présenté le document de travail WP 30 *Vers la présentation d'un projet d'évaluation globale de l'environnement pour la construction et l'exploitation d'une piste en gravier dans la zone de la station Mario Zucchelli, Terre Victoria, Antarctique*. L'Italie a rappelé au Comité que ce document faisait suite aux rapports relatifs à l'intention de l'Italie de construire une piste d'atterrissage en graviers, présentée lors de précédentes réunions du CPE (IP 57 du XVIIe CPE, IP 80 du XVIe CPE, et IP 41 du XVe CPE). Ce document a fait rapport des progrès réalisés par l'Italie dans l'élaboration d'un projet d'EGIE, et l'Italie a invité les Membres à fournir leurs conseils quant à la version provisoire du document. Les raisons de la construction d'une piste d'atterrissage en gravier à proximité de la station Mario Zuchelli ont été présentées. Elles visent principalement à réduire la dépendance vis-à-vis des programmes antarctiques nationaux voisins, à réduire la nécessité d'affréter un navire deux fois par an, et à disposer d'une plus grande souplesse pour soutenir la science dans la région. L'Italie y a également brièvement décrit les impacts sur l'environnement, les efforts en matière de suivi, et les mesures d'atténuation envisagées durant la préparation du projet informel d'EGIE. L'Italie a indiqué qu'elle souhaitait diffuser un projet formel d'EGIE conformément aux dispositions de l'Annexe I du Protocole au Traité sur l'Antarctique relatif à la protection de l'environnement en vue de la XXXIXe RCTA. L'Italie a invité les Parties et les Observateurs à exprimer leur avis en fournissant des commentaires détaillés lors de la prochaine période intersession.

105. Le Comité a remercié l'Italie pour la mise à jour détaillée sur ses intentions relatives à la construction d'une piste d'atterrissage en graviers à la station Mario Zucchelli qu'elle a présentée dans le document de travail WP 30. Plusieurs Membres ont indiqué qu'il était intéressant d'être informé de l'EGIE au préalable, et ont signalé qu'ils avaient déjà examiné le projet préliminaire d'EGIE et ont proposé de faire part de leurs commentaires détaillés directement à l'Italie. Certains Membres ont exprimé le souhait d'obtenir plus de détails sur : les accords officiels de coopération entre les programmes antarctiques nationaux opérant à proximité de la station Mario Zuchelli ; la relation entre cette nouvelle piste d'atterrissage en gravier et les

autres pistes existantes en Antarctique ; le point à partir duquel l'exploitation d'une nouvelle piste d'atterrissage pourrait intensifier le transport aérien dans la région ; l'utilisation de la piste d'atterrissage par d'autres opérateurs ; les types d'aéronefs qui pourraient y atterrir ; l'utilisation du carburant et sa manipulation ; l'appui des prévisions météorologiques ou du temps ; les mesures d'atténuation ; les impacts sonores potentiels et leur atténuation ; les impacts potentiels de la nouvelle piste sur les valeurs de la nature sauvage ; les impacts indirects et cumulés liés à la construction et à l'exploitation de la piste ; la prise en compte d'autres solutions, notamment celle de ne rien construire.

106. L'ASOC a remercié l'Italie pour son approche transparente en ce qui concerne l'activité proposée. Tout en comprenant les difficultés logistiques auxquelles l'Italie est confrontée, l'ASOC a indiqué que des groupes environnementaux émettaient des réserves quant à la construction de nouvelles pistes d'atterrissage en raison des impacts directs, indirects et cumulatifs qu'elles entraînent. L'ASOC a proposé que le projet officiel d'EGIE inclue d'autres solutions possibles, notamment l'alternative obligatoire de ne pas procéder à la construction, et examine l'utilisation raisonnablement prévisible de la piste, notamment sur le plan du tourisme.

107. En réponse à une question, l'Italie a indiqué qu'elle était prête à soumettre le projet d'EGIE en cours d'élaboration au forum du CPE dès juillet 2015. Le Comité a invité tout autre Membre intéressé à faire part de ses commentaires à l'Italie au cours de la préparation d'un projet officiel d'EGIE. Le Président a également indiqué qu'une fois le projet officiel d'EGIE transmis par l'Italie, un GCI officiel serait établi pour l'examiner, conformément aux Procédures d'examen intersession par le CPE des projets d'évaluation globale d'impact sur l'environnement.

108. Le Bélarus a présenté le document d'information IP 39, intitulé *« Construction and Operation of Belarussian Antarctic Research Station at Mount Vechernyaya, Enderby Land »*. Ce document a présenté l'EGIE finale jointe, qui comportait des modifications, apportées en réponse aux commentaires présentés par les Membres sur le projet d'EGIE relatif au projet de construction et d'exploitation d'une station de recherche antarctique bélarusse, qui a circulé en 2014, conformément aux dispositions de l'Annexe I au Protocole relatif à la protection de l'environnement (document de travail WP 22 de la XXXVIIe RCTA). Le Bélarus a adressé ses remerciements à tous les Membres qui ont participé au GCI chargé d'examiner le projet d'EGIE et à la discussion sur le projet d'EGIE au XVIIe CPE, et a reconnu que, grâce à leurs suggestions,

l'EGIE avait été améliorée. Il a souligné les modifications importantes apportées au document, concernant notamment la conception de la station, le programme de suivi, et l'évaluation de l'état actuel de l'environnement. Il a signalé que les réponses détaillées à chaque commentaire reçu figuraient dans la pièce jointe au document. Le Bélarus a ensuite mis en lumière les engagements qu'il a pris vis-à-vis de la protection de l'environnement et a signalé avoir mobilisé des fonds pour mener des programmes de suivi de l'environnement.

109. Le Comité a favorablement accueilli le document remis par le Bélarus. Il a noté que, en diffusant l'EGIE finale et en présentant ce document reprenant en détail la façon dont les commentaires reçus avaient été pris en considération, le Bélarus avait répondu à son obligation conformément à l'Annexe I au Protocole relatif à la protection de l'environnement. Le Comité a présenté ses vœux de réussite au Bélarus dans la mise en œuvre de la construction et de l'exploitation de sa station au mont Vechernyaya, Terre Enderby.

8b) Autres questions relatives aux EIE

110. L'Australie a présenté le document de travail WP 13 *Rapport initial du groupe de contact intersession mis sur pied pour examiner les Lignes directrices pour les évaluations d'impact sur l'environnement en Antarctique*, préparé conjointement avec le Royaume-Uni. Le document constitue un rapport initial du GCI établi lors du XVIIe CPE. Il y était indiqué que le groupe s'était accordé sur un ensemble de questions qui devraient être examinées à l'occasion de la révision des lignes directrices des EIE, et avait entamé les travaux relatifs aux modifications spécifiques suggérées. Le GCI avait également recensé les politiques et autres questions plus vastes abordées durant les débats qui mériteraient de faire l'objet d'un examen plus approfondi par le CPE. Il a noté que la dernière révision des lignes directrices EIE datait de 2005, et qu'il était important que le CPE les révise afin de garantir qu'elles représentent correctement et précisément l'opinion actuelle du Comité en ce qui concerne les questions importantes à couvrir dans un document d'EIE. Le Comité a été invité à prendre note du rapport initial, à faire part de ses observations quant aux activités menées jusqu'à présent par le GCI, et à soutenir la poursuite du GCI pour une autre période intersession.

111. Le Comité a remercié l'Australie et le Royaume-Uni d'avoir coordonné le groupe, et a félicité tous les participants du GCI pour leur excellent travail. Il a favorablement accueilli ce premier rapport du GCI et a pris note des progrès réalisés. Le Comité est convenu que les travaux du GCI axés sur l'examen

des changements climatiques dans le cadre du processus d'EIE devraient porter sur les implications du changement climatique en Antarctique et non sur des mesures d'atténuation.

112. L'ASOC a remercié l'Australie et le Royaume-Uni de coordonner le GCI sur les lignes directrices EIE, ce qui est essentiel aux travaux du CPE. L'ASOC a formulé l'espoir que ces travaux se poursuivent.

113. Le Comité a approuvé la poursuite du GCI pour une deuxième période intersession, et a noté que le rapport final du GCI qui sera présenté XIXe CPE aborderait plusieurs points d'intérêt pour la RCTA. Il est également convenu du mandat suivant :

    1. Poursuivre la révision des Lignes directrices pour les évaluations d'impact sur l'environnement en Antarctique qui figurent en annexe à la Résolution 1 (2005) pour y intégrer certaines questions, notamment celles identifiées dans le WP 29 de la XXXVIIe RCTA et, le cas échéant, suggérer des modifications à apporter aux lignes directrices.

    2. Recenser les questions abordées durant les débats au titre du point 1 du mandat, qui concerne la politique et les autres questions relatives à l'élaboration et à la gestion des EIE qui mériteraient de faire l'objet de débats approfondis au CPE en vue de renforcer la mise en œuvre de l'Annexe I au Protocole.

    3. Fournir un rapport final au XIXe CPE.

114. L'Australie et le Royaume-Uni sont convenus de coordonner le GCI. Le Comité a favorablement accueilli la proposition de Phil Tracey (Australie) et d'Henry Burgess (Royaume-Uni) d'organiser conjointement le GCI.

Avis du CPE à la RCTA sur la révision des Lignes directrices pour les évaluations d'impact sur l'environnement en Antarctique

115. Le Comité est convenu de conseiller à la RCTA d'inclure dans sa révision des *Lignes directrices pour les évaluations d'impact sur l'environnement en Antarctique :* des orientations nouvelles ou complémentaires pour accentuer l'importance des sujets clés ; les procédures, nouvelles ou révisées, et les ressources du CPE pour les évaluations d'impact sur l'environnement ; des références à d'autres lignes directrices et d'autres ressources pertinentes. Le processus de révision identifierait aussi des questions de politique générale plus vastes liées aux évaluations d'impact sur l'environnement, notamment les impacts cumulatifs ou encore la réparation et la réhabilitation

de l'environnement. Le rapport final du processus de révision devrait être présenté au XIXe CPE et serait susceptible d'intéresser la RCTA.

116. La République tchèque a présenté le document d'information IP 15, intitulé « *Proposed routes for all-terrain vehicles based on impact on deglaciated area of James Ross Island* ». Ce document a complété les informations contenues dans l'IP 133 présenté par la République tchèque à la XXXIVe RCTA portant sur les traces de pneus laissées par de précédentes expéditions menées à différents endroits de l'île James Ross. Il y a été fait rapport de l'utilisation de véhicules tout-terrain par l'expédition tchèque de 2015. Ont également été présentées la suggestion d'un suivi de l'impact environnemental et la proposition préliminaire pour les itinéraires à suivre par les véhicules tout-terrain sur l'île James Ross. Il y a été indiqué que non seulement les couches de données GPS mais aussi les exemplaires papier des cartes étaient à la disposition des Membres intéressés.

117. Les États-Unis d'Amérique ont fait part de leur intérêt quant aux efforts déployés pour établir des itinéraires destinés aux véhicules tout-terrain sur l'île James Ross, en précisant que des études de terrain sur l'île étaient menées par une communauté scientifique diversifiée et que les itinéraires devaient prendre en considération, à la fois la protection de l'environnement et les conséquences sur les projets scientifiques.

118. L'ASOC a présenté le document d'information IP 111, intitulé « *Cumulative Impact Assessment* ». Dans ce document, certains des débats relatifs à l'évaluation des impacts cumulatifs repris dans les documents présentés lors de précédentes réunions de la RCTA et du CPE ont été passés en revue. En ce qui concerne l'évaluation des impacts sur l'environnement, l'approche retenue est axée sur l'environnement, et il y est recommandé aux Membres de : examiner les recommandations antérieures relatives à l'évaluation des impacts cumulatifs ; achever la révision des Lignes directrices relatives aux EIE afin qu'elle prenne efficacement en considération les impacts cumulatifs ; mener des études de cas sur les impacts cumulés sur des sites particuliers ; intensifier et améliorer la prise en considération des impacts cumulatifs dans la mise en œuvre de l'Annexe I.

119. Plusieurs Membres ont remercié l'ASOC d'avoir soulevé une question importante et ont noté que, si la question des impacts cumulatifs était complexe, elle méritait toutefois que l'on s'y attarde, par exemple dans la révision des Lignes directrices des EIE.

Véhicules aériens sans pilote

120. À la suite d'un premier débat mené lors du XVIIᵉ CPE (2014) relatif à l'utilisation de véhicules aériens sans pilote (UAV) en Antarctique, le Comité est convenu de débattre en profondeur de la question lors du XVIIIᵉ CPE. Le Comité a demandé : que le SCAR et le COMNAP remettent un rapport sur l'utilité et les risques liés à l'exploitation d'UAV en Antarctique ; que l'IAATO remette un document relatant ses expériences et ses pratiques actuelles relatives aux UAV ; que les autres Membres soumettent des documents sur leur expérience en la matière.

121. Le COMNAP a présenté le document de travail WP 22 *Utilisation des UAV en Antarctique – Risques et avantages*. Les avantages pratiques que constituent les UAV pour les programmes nationaux antarctiques, notamment en ce qui concerne le soutien scientifique, la recherche scientifique, les opérations et la logistique y ont été décrits, avec une attention particulière portée aux aéronefs pilotés à distance (RPA) de courte et moyenne portées. Le COMNAP a indiqué que les UAV présentaient plusieurs avantages évidents du point de vue de la sécurité, de la réduction de l'utilisation de carburant fossile, et du transport dans la région. Outre d'autres avantages relatifs aux faibles coûts d'utilisation et à la facilité de transport, les risques potentiels liés aux interférences avec d'autres activités aériennes y ont également été signalés. Les recommandations du COMNAP telles que reprises dans le document prévoyaient notamment que les programmes antarctiques nationaux élaborent des lignes directrices pour les UAV spécifiques au programme, à l'équipement et au site et se fondent sur le Code de conduite des UAV du COMNAP, en cours d'élaboration, et que les programmes antarctiques nationaux et d'autres opérateurs recueillent et partagent des données et soutiennent la recherche sur l'utilisation des UAV.

122. Le SCAR a présenté le document de travail WP 27 *Distances relatives à l'approche des espèces sauvages en Antarctique*, et a fait référence au document de contexte BP 22, intitulé « *A Meta-Analysis of Human Disturbance Impacts on Antarctic Wildlife* ». Ce document a été élaboré sur la base de plus de 60 travaux de recherche menés sur 21 espèces. Il est clairement ressorti de la méta-analyse que les perturbations humaines ont des effets négatifs significatifs sur la faune antarctique. Pour ce qui concerne le camping et les véhicules aériens sans pilote, le SCAR a indiqué qu'il existait actuellement peu de preuves quant à la nature ou la portée de leurs impacts sur la faune antarctique. Le SCAR a également noté que des recherches étaient en cours à l'échelle mondiale pour mieux comprendre

les impacts des UAV sur la faune, ce qui pourrait également être précieux pour documenter la politique antarctique en la matière. Il a recommandé au CPE de : inviter les Membres à entreprendre davantage de recherches pour soutenir l'élaboration de lignes directrices fondées sur des preuves concernant les distances relatives à l'approche de la faune sauvage en Antarctique ; inviter les Membres qui utilisent des UAV à proximité des concentrations de faune sauvage à soutenir les recherches sur les impacts des UAV ; inviter les Membres à envisager d'éviter de faire décoller des UAV à moins de 100 mètres de la faune sauvage et envisager d'éviter les approches verticales d'UAV tant qu'aucune information spécifique à l'Antarctique n'est disponible.

123. La Pologne a présenté le document d'information IP 77, intitulé « *UAV remote sensing of environmental changes on King George Island (South Shetland Islands): preliminary information on the results of the first field season 2014/2015* ». Ce document a présenté les premières informations s sur la première saison d'un nouveau programme de suivi conjoint mené par la Pologne et la Norvège recourant à des UAV à voilure fixe pour recueillir des données environnementales géospatiales. Il y a également été fait rapport des observations menées pour évaluer les impacts potentiels des survols sur les manchots nicheurs. L'étude était axée sur les espèces nichant dans la ZSPA no 128 (côte occidentale de la baie de l'Amirauté), et dans la ZSPA, o 151 (Lons Rump, et Chabrier Rock et les îles Shag / baie de l'Amirauté).

124. L'Afrique du Sud a présenté le document d'information IP 80, intitulé « *South Africa's use of Unmanned Aerial Vehicles (UAV) in Antarctica* ». Ce document a fait rapport de l'utilisation des UAV par le programme antarctique sud-africain durant l'été 2013/2014, du suivi des impacts sur l'environnement potentiels liés à cette activité, de la préparation de lignes directrices par l'autorité de l'aviation civile d'Afrique du Sud relatives à l'utilisation d'UAV en Afrique du Sud. La nécessité d'élaborer des règles et, ensuite, des lignes directrices pour régir l'utilisation grandissante des UAV y a été soulignée.

125. Les États-Unis d'Amérique ont présenté le document d'information IP 82, intitulé « *A risk-based approach to safe operations of unmanned aircraft systems in the United States Antarctic Program (USAP)* » et le document d'information IP 83 « *Guidance on unmanned aerial system (UAS) use in Antarctica developed for applications to scientific studies on penguins and seals* ». Ces documents ont fait rapport de l'utilisation des UAV par le programme antarctique des États-Unis d'Amérique, de l'utilisation de

lignes directrices opérationnelles, ainsi que d'une évaluation des risques liés à l'exploitation des UAS menée par la National Science Foundation pour valider et documenter le projet de lignes directrices. Les États-Unis d'Amérique ont signalé avoir publié une déclaration programmatique sur les UAV pour la saison 2014/15, interdisant l'utilisation d'UAV dans le cadre du programme antarctique des États-Unis d'Amérique, sauf sur autorisation délivrée après un processus de sécurité et d'examen environnemental approfondi. Ils ont également publié des lignes directrices en matière de planification préalable au vol, d'opérations de vols et sur les certifications nécessaires. Elles sont détaillées dans le document d'information IP 82. Le document d'information IP 83 a présenté les leçons que les États-Unis d'Amérique ont tirées durant l'exploitation d'UAV en Antarctique. Ce document a décrit les travaux menés par le programme américain des ressources marines vivantes (AMLR) visant à appuyer les travaux du programme de contrôle de l'écosystème de la CCAMLR en utilisant des UAV pour étudier les phoques et les manchots. Il y a été fait part de la formation rigoureuse suivie et du processus de sélection des UAV entrepris avant le début des opérations de terrain. Reconnaissant que l'étude portait uniquement sur les études de population d'oiseaux et de mammifères terrestres, les États-Unis d'Amérique ont présenté ce document à l'attention de ceux qui envisagent d'autoriser l'utilisation d'UAV en Antarctique.

126. L'IAATO a présenté le document d'information IP 88, intitulé « *IAATO Policies on the use of unmanned Aerial Vehicles (UAVs) in Antarctica* ». Il décrit les débats et les évolutions de politiques au sein de l'IAATO concernant l'utilisation d'UAV au cours d'opérations menées par les membres de l'IAATO. Une récente déclaration portant sur l'utilisation d'UAV en Antarctique a mis en avant l'accord des Membres de l'IAATO qui : interdit les vols d'UAV utilisés à des fins récréatives dans les zones côtières durant la saison 2015/16 ; autorise les vols d'UAV à des fins scientifiques ou commerciales, ou dans les zones reculées, à condition qu'un permis/une autorisation soit délivré par une autorité compétente. L'IAATO a signalé que, durant la saison 2014/15, ses opérateurs avaient enregistré 68 vols d'UAV, 44 dans les zones côtières. Il a par ailleurs noté que la plupart des vols s'étaient déroulés sans incident, mais qu'un UAV avait été perdu dans une crevasse.

127. Le Comité a remercié tous les Membres et Observateurs qui ont soumis des documents afin d'éclairer le débat sur les dommages à l'environnement de l'utilisation d'UAV en Antarctique. Il a noté l'importance de prendre en compte les risques liés à la sécurité lors de l'utilisation d'UAV, et que cet

aspect serait examiné plus en profondeur par la RCTA et le COMNAP. Il a reconnu les intérêts que présente l'utilisation d'UAV pour la recherche et les opérations de suivi, notamment une éventuelle réduction des risques environnementaux si une comparaison est faite par rapport à d'autres moyens de collecte de telles données.

128. Prenant en considération que la RCTA examinerait également le document de travail WP 22, le Comité a globalement appuyé les recommandations présentées par le COMNAP dans le document. Le Comité a accueilli favorablement les travaux en cours du COMNAP visant à la préparation de directives pour l'utilisation d'UAV en Antarctique, sous la forme d'un code de conduite, et a remercié le COMNAP de sa proposition de rendre compte des progrès réalisés lors du XIXᵉ CPE.

129. Le Comité a en outre remercié le SCAR pour les avis formulés dans les documents WP 27 et BP 22, et a noté qu'en dépit de l'absence de données scientifiques issues de publications examinées par les pairs au sujet des impacts négatifs des UAV sur les espèces sauvages en Antarctique, des recherches étaient en cours en la matière, à la fois en Antarctique et de façon plus générale. Concernant les recommandations présentées dans le document de travail WP 27, le Comité est convenu ce qui suit : encourager les Membres à approfondir les recherches en appui à l'élaboration de lignes directrices sur les distances d'approche de la faune sauvage en Antarctique ; et soutenir la recherche sur les impacts des UAV, ainsi que les moyens de s'en passer. Le Comité a estimé opportun d'adopter une approche de précaution en l'absence de données scientifiques, et a noté l'utilité d'examiner les réponses obscures aux perturbations lors de l'évaluation des impacts sur l'environnement des UAV. Il a noté la proposition du SCAR quant à la possibilité d'éviter les décollages d'UAV à moins de 100 mètres de faune sauvage en attendant que des informations propres à l'Antarctique soient disponibles, tout en notant l'importance de tenir compte des différents types et des différentes tailles d'UAV, ainsi que des conditions environnementales particulières de chaque site. Le Comité a salué la proposition du SCAR de présenter un rapport à la XXᵉ réunion du CPE en 2017 sur les progrès de la recherche en matière d'impacts des UAV sur la faune sauvage. Le Comité a en outre noté qu'il serait utile que le Portail des environnements en Antarctique fournisse des résumés des connaissances scientifiques en matière d'impacts des UAV sur la faune sauvage dès qu'elles sont disponibles.

130. Certains Membres ont fait part de leur inquiétude quant au possible surnombre des UAV en Antarctique en raison de leur faible coût, craintes

renforcées par des accidents qui ont déjà eu lieu avec de tels aéronefs par le passé. À cet égard, ils ont manifesté leur souhait de voir l'usage des UAV réservé en priorité aux objectifs scientifiques et de logistique, conformément aux lignes directrices des EIE, et ont fait part de leurs inquiétudes face à l'utilisation à des fins récréatives des UAV.

131. Le Comité a remercié tous les Membres qui ont soumis des documents sur l'utilisation des UAV en Antarctique. Il a également remercié l'IAATO d'avoir présenté son projet de lignes directrices et de politiques relatives à l'utilisation d'UAV, et a noté que ces politiques et lignes directrices représentaient une approche prudente pour la gestion de l'utilisation des UAV.

132. L'Allemagne a informé le Comité qu'elle menait actuellement un projet de recherche sur les impacts de micro-UAV sur les colonies de manchots, et qu'elle prévoyait en présenter les résultats lors de la prochaine réunion du Comité.

133. L'Espagne a souligné l'importance des UAV et des véhicules sous-marins sans pilote pour la recherche scientifique, le renforcement de la sécurité de la navigation dans les eaux couvertes de glace, et la réduction des impacts sur l'environnement en ce qui concerne les opérations navales ou aériennes. La France a en ce sens évoqué l'utilisation possible des UAV pour la détection des crevasses dans les zones côtières du continent, ce qui rendrait plus sûres les traversées.

134. L'ASOC a noté que les UAV étaient considérés comme des aéronefs. Il a encouragé les Membres à élaborer des lignes directrices adaptées à l'utilisation des types d'aéronefs que représentent les UAV. Il a encouragé les programmes antarctiques nationaux, le COMNAP et l'IAATO à s'assurer que toutes les lignes directrices élaborées soient cohérentes les unes par rapport aux autres, et a formulé le souhait que soient développées des lignes directrices communes pour l'exploitation d'UAV en Antarctique.

135. Le Comité a manifesté son soutien au développement de lignes directrices pour les aspects environnementaux de l'utilisation des UAV en Antarctique, lesquelles pourraient fournir des conseils afin d'éviter ou de réduire au maximum les perturbations subies par la faune sauvage, et pourraient par ailleurs prendre en compte d'autres valeurs environnementales telles que l'état naturel et les valeurs esthétiques. Il a également noté qu'il serait peut-être souhaitable d'établir à l'avenir un GCI pour poursuivre les débats en la matière, en tenant compte de tout autre conseil émanant du SCAR et du

COMNAP, ainsi que de toute information importante contenue dans les documents soumis par des Membres et des Observateurs à la réunion.

136. Le Comité a en outre noté qu'il pourrait être utile, à un moment donné, de se pencher sur les véhicules marins sans pilote. Il a invité les Membres intéressés à examiner plus en profondeur cette question et à proposer des documents pour examen.

Avis du CPE à la RCTA sur les véhicules aériens sans pilote (UAV)

137. Le Comité a débattu de l'utilisation des véhicules aériens sans pilote (UAV) en Antarctique, a reconnu l'intérêt d'élaborer des directives sur les aspects environnementaux de l'utilisation des UAV en Antarctique, et est convenu qu'il envisagerait lors du XIXᵉ CPE de commencer à développer de telles directives.

---

138. Le document suivant a également été soumis à ce point de l'ordre du jour :

- SP 5 *Liste annuelle des évaluations préliminaires (EPIE) et globales (EGIE) d'impact sur l'environnement réalisées entre le 1er avril 2014 et le 31 mars 2015* (Secrétariat).

Point 9 – Plans de protection et de gestion des zones

9a) Plans de gestion

i) *Projets de Plans de gestion qui ont été révisés par le Groupe subsidiaire sur les plans de gestion*

139. La coordinatrice du Groupe subsidiaire sur les plans de gestion (GSPG), Mᵐᵉ Birgit Njåstad (Norvège), s'est faite la porte-parole du GSPG pour présenter le document de travail WP 15 *Groupe subsidiaire sur les plans de gestion – Rapport sur les travaux intersession de 2014/15*. Elle a remercié tous les participants qui ont activement contribué au GSGP pour leur travail compliqué, et elle n'a pas manqué de rappeler que tous les Membres étaient les bienvenus pour rejoindre le GSPG. Conformément aux points no 1 à no 3 du Mandat, le Groupe a procédé à la révision de cinq projets de plans de gestion pour des Zones spécialement protégées de l'Antarctique (ZSPA) qui avaient été soumis à un processus de révision intersession par les XVIᵉ et XVIIᵉ CPE.

140. Le GSPG a informé le CPE qu'il n'a pas été en mesure de fournir des conseils plus détaillés et d'achever le processus de révision, étant donné que

les auteurs de ces projets n'avaient pas été à même de progresser dans la révision de ces plans de gestion pendant la période intersession. Le GSPG a prévu qu'il devrait être en mesure d'achever ses travaux au cours de la prochaine période intersession. Dès lors, le GSPG a suggéré de poursuivre les travaux intersession en ce qui concerne les plans de gestion ci-après :

- ZSPA no 125 : péninsule Fildes, île du Roi-George (Chili)
- ZSPA no 144 : « baie du Chili » (baie Discovery), île Greenwich, îles Shetland du Sud (Chili)
- ZSPA no 145 : port Foster, île de la Déception, îles Shetland du Sud (Chili)
- ZSPA no 146 : baie du Sud, île Doumer, archipel Palmer (Chili)
- ZSPA no 150 : île Ardley (péninsule Ardley), baie Maxwell, île du Roi-George (Chili)

141. Le Chili a informé le Comité qu'il avait l'intention de présenter en octobre 2015 les versions révisées des cinq plans de gestion au GSGP pour examen.

142. La coordinatrice du GSGP a ensuite rappelé l'objectif à long terme consistant à faire réviser tous les plans de gestion par le GSPG ou une autre entité en vue d'assurer que ceux-ci contiennent bien toutes les dispositions adéquates et qu'ils soient clairs et efficaces. Elle a par ailleurs attiré l'attention des Membres sur le tableau figurant à la fin du document WP 15 et qui détaille les progrès engagés pour répondre à cet objectif. Elle a fait remarquer que seuls deux des plans de gestion révisés soumis au CPE durant l'année avaient déjà fait l'objet d'un examen antérieur par le GSPG.

143. Le Comité a remercié le GSPG et Mme Njåstad pour leur travail et le rapport qui en a résulté. Il a également pris acte de la déclaration du Chili et a montré qu'il attendait avec intérêt les avis qui seront donnés la prochaine année par le GSPG sur ces plans de gestion.

ii) Projets de Plans de gestion révisés qui n'ont pas été révisés par le Groupe subsidiaire sur les plans de gestion

144. Le Comité a étudié les plans de gestion révisés de dix-sept ZSPA et d'une ZGSA qui n'avaient pas été révisés par le GSPG. Pour chacun des plans, le(s) auteur(s) : ont résumé les modifications suggérées pour le plan de gestion existant ; ont indiqué que le plan, dans le cas des Plans de gestion des ZSPA, avait été étudié et révisé conformément au Guide pour l'élaboration

des Plans de gestion des Zones spécialement protégées de l'Antarctique (le Guide) ; et ont recommandé sa validation par le Comité et sa soumission à la RCTA pour adoption :

a. WP 1 *Plan de gestion révisé pour la Zone spécialement protégée de l'Antarctique no 106 cap Hallet, Terre Victoria du Nord, mer de Ross* (États-Unis d'Amérique)

b. WP 2 *Plan de gestion révisé pour la Zone spécialement protégée de l'Antarctique no 119 vallée Davis et étang Forlidas massif Dufek, montagnes Pensacola* (États-Unis d'Amérique)

c. WP 3 *Plan de gestion révisé pour la Zone spécialement protégée de l'Antarctique no 152, détroit de Western Bransfield* (États-Unis d'Amérique)

d. WP 4 *Plan de gestion révisé pour la Zone spécialement protégée de l'Antarctique no 153 baie Eastern Dallmann* (États-Unis d'Amérique)

e. WP 8 *Mise à jour du Plan de gestion et des cartes de la Zone spécialement gérée de l'Antarctique no 2 Vallées sèches de McMurdo, Terre Victoria du Sud* (Nouvelle-Zélande et États-Unis d'Amérique)

f. WP9 *Révision du Plan de gestion pour la Zone spécialement protégée de l'Antarctique (ZSPA) no 103 îles Ardery et Odbert, côte Budd, Terre Wilkes, Antarctique oriental* (Australie)

g. WP 10 *Révision du Plan de gestion pour la Zone spécialement protégée de l'Antarctique (ZSPA) no 101 Roquerie Taylor, Terre Mac.Robertson* (Australie)

h. WP 11 *Révision du Plan de gestion pour la Zone spécialement protégée de l'Antarctique (ZSPA) no 164 monolithes de Scullin et Murray, Terre Mac.Robertson* (Australie)

i. WP 12 Révision du Plan de gestion pour la Zone spécialement protégée de l'Antarctique (ZSPA) no 102 îles Rookery, baie Holme, Terre Mac. Robertson (Australie)

j. WP 25 *Révision du Plan de gestion pour la Zone spécialement protégée de l'Antarctique (ZSPA) no 104, île Sabrina, îles Balleny* (Nouvelle-Zélande)

k. WP 26 *Révision des Plans de gestion pour les Zones spécialement protégées de l'Antarctique (ZSPA) no 105, 155, 157, 158 et 159* (Nouvelle-Zélande)

l. WP34 *Plan de gestion révisé pour la Zone spécialement protégée de l'Antarctique no 148 mont Flora, baie Hope, péninsule antarctique* (Royaume-Uni)

m. WP 41 *Révision du Plan de gestion pour la Zone spécialement protégée de l'Antarctique (ZSPA) no 168 mont Harding, montagnes Grove, Antarctique de l'Es*t (Chine)

n. WP 42 *Révision du Plan de gestion pour la Zone spécialement protégée de l'Antarctique (ZSPA) no 163 : glacier Dakshin Gangotri, Terre de la Reine Maud* (Inde)

145. Pour ce qui concerne les documents de travail WP 1 (ZSPA no 106), WP 2 (ZSPA no 119), WP 3 (ZSPA no 152) et WP 4 (ZSPA no 153), les États-Unis d'Amérique ont indiqué que seules des modifications mineures aux plans de gestion existants avaient été proposées. Celles-ci comprennent l'actualisation des cartes, des modifications textuelles ainsi que l'ajout de classifications relativement à l'Analyse des domaines environnementaux de l'Antarctique (ADE) et aux Régions de conservation biogéographiques de l'Antarctique (RCBA). Les plans ont été actualisés afin d'intégrer de récents résultats scientifiques.

146. S'agissant du WP 8 (ZGSA no2), la Nouvelle-Zélande et les États-Unis d'Amérique n'ont fait état que de modifications mineures apportées au plan et aux cartes des installations, des campements, des sites de débarquement et des lignes côtières ainsi que d'autres aspects physiques dans la zone. En réponse à la requête de l'IAATO relative à l'introduction de nouveaux sites visités dans les Vallées sèches de McMurdo, les États-Unis d'Amérique ont favorablement accueilli la volonté qu'ont manifestée l'IAATO, l'ASOC, et d'autres Parties intéressées de poursuivre les travaux relatifs au Plan de gestion de la ZGSA no 2 durant la prochaine période intersession.

147. Pour ce qui concerne les documents de travail WP 9 (ZSPA no 103), WP 10 (ZSPA no 101), WP 11 (ZSPA no 164) et WP 12 (ZSPA no 102), l'Australie a signalé qu'elle avait proposé des modifications mineures relativement à la description des zones, aux cartes et aux modalités de gestion. Le cas échéant, ces modifications comprenaient : les emplacements des caméras pour l'étude des oiseaux, le renforcement des mesures de biosécurité, l'éclaircissement des exigences en matière d'élimination des déchets et la mise à jour des estimations relatives aux populations des différentes espèces d'oiseaux. L'Australie a également fait remarquer que des modifications mineures

avaient été proposées en ce qui concerne les limites des ZSPA nos 101 et 164 par souci de clarté et en vue d'affiner la cartographie sur le fondement de l'imagerie satellitaire.

148. Au moment de présenter les documents de travail WP 25 (ZSPA no 104) et WP 26 (ZSPA nos 105, 155, 157, 158 et 159), la Nouvelle-Żélande a précisé que seules des modifications mineures relatives aux plans de gestion et aux cartes avaient été proposées. Elle a souligné, en outre, qu'il a été suggéré d'apporter une légère correction aux limites de la ZSPA no 157 afin de refléter la modification qui avait été réalisée en 2014 en ce qui concerne la frontière commune avec la ZSPA no 121, tout en précisant que les frontières des autres zones n'avaient fait l'objet d'aucun changement.

149. Conformément au document de travail WP 34 (ZSPA no 148), le Royaume-Uni et l'Argentine ont expliqué que les modifications proposées portaient sur : l'insertion d'une introduction, les références à l'ADE et aux RCBA, la mise à jour de la description de la zone, l'amendement des dispositions relatives à l'accès à la zone et au prélèvement d'échantillons de spécimens géologiques, l'incorporation d'une carte géologique plus précise. De surcroît, le Royaume-Uni et l'Argentine ont également recommandé que l'Argentine soit reconnue comme Partie co-gestionnaire, avec le Royaume-Uni, de la ZSPA no 148. L'Argentine a remercié le Royaume-Uni pour son invitation à participer au développement et à l'actualisation du Plan de gestion.

150. Le Comité a apporté son soutien à la proposition formulée dans le WP 48 visant à faire du Royaume-Uni et de l'Argentine des Parties co-gestionnaires de la ZSPA no 148.

151. Dans le cadre du WP 41 (ZSPA no 168), la Chine a expliqué que les modifications du plan de gestion suggérées incluent : de plus amples détails sur les visites du CHINARE dans la zone, l'amélioration des buts et des objectifs en vue de les rendre conformes aux dispositions relatives à la prévention de l'introduction d'espèces non indigènes, et l'ajout de détails à la bibliographie.

152. Enfin, dans le document de travail WP 42 (ZSPA no 163), l'Inde a rapporté que de légères modifications du plan de gestion avaient été proposées, dont : l'introduction des récentes observations effectuées sur le retrait du glacier Dakshin Gangotri, l'actualisation des restrictions relatives aux substances et aux organismes autorisés dans la zone en vue de respecter les dispositions contenues dans le manuel du CPE sur les espèces non indigènes.

153. Le Comité a adopté tous les Plans de gestion révisés qui n'avaient pas fait l'objet d'un examen par le GSPG.

iii) Nouveaux projets de Plans de gestion pour des zones protégées ou gérées

154. Aucun nouveau projet de Plan de gestion pour des zones protégées ou gérées n'a été soumis.

Avis du CPE à l'attention de la RCTA relatifs aux Plans de gestion révisés pour les ZSPA et ZGSA :

155. Le Comité est convenu de soumettre les plans de gestions révisés suivants à la RCTA pour adoption sous la forme d'une Mesure :

#	Nom
ZSPA no 101 :	roquerie Taylor, Terre Mac. Robertson
ZSPA no 102 :	îles Rookery, baie Holme, Terre Mac. Robertson
ZSPA no 103 :	îles Ardery et Odbert, côte Budd, Terre Wilkes, Antarctique oriental
ZSPA no 104 :	île Sabrina, île Balleny
ZSPA no 105 :	île Beaufort, détroit McMurdo, mer de Ross
ZSPA no 106 :	cap Hallet, Terre Victoria du Nord, mer de Ross
ZSPA no 119 :	vallée Davis et étang Forlidas, massif Dufek, montagnes Pensacola
ZSPA no 148 :	mont Flora, baie Hope, péninsule antarctique
ZSPA no 152 :	détroit Western Bransfield
ZSPA no 153 :	partie orientale de la baie de Dallmann
ZSPA no 155 :	cap Evans, île de Ross
ZSPA no 157 :	baie Backdoor, cap Royds, île de Ross
ZSPA no 158 :	pointe Hut, île de Ross
ZSPA no 159 :	cap Adare, côte Borchgrevink
ZSPA no 163 :	glacier Dakshin Gangotri, Terre de la Reine Maud
ZSPA no 164 :	monolithes de Scullin et Murray, Terre Mac.Robertson
ZSPA no 168 :	mont Harding, montagnes Grove, Antarctique oriental
ZGSA no 2 :	vallées sèches de McMurdo, Terre Victoria du Sud

iv) Autres questions relatives aux Plans de gestion pour les zones protégées ou gérées

156. La coordinatrice du GSPG, Mme Birgit Njåstad (Norvège), a présenté les éléments du document de travail WP 15 *Groupe subsidiaire sur les plans de gestion – Rapport sur les travaux intersession de 2014/2015*, qui faisaient état du travail intersession du GSPG en réponse aux points n°4 et 5 du Mandat. Le document mentionne les discussions coordonnées par Dr Polly Penhale

(États-Unis d'Amérique), membre du GSPG, sur le lancement des travaux visant à élaborer les orientations pour la préparation et la révision des plans de gestion des ZGSA, notamment par le biais de l'établissement d'un plan de travail durant toute la procédure. Le document rappelle l'objectif à long terme qui avait été convenu, à savoir garantir que tous les plans de gestion des ZSPA et ZGSA contiennent les éléments essentiels ainsi qu'ils soient clairs, cohérents et efficaces, comme mentionné au point n°5 du Mandat. C'est pourquoi le document propose que les Parties étudient l'aperçu général actualisé relatif à l'avancée des plans de gestion des ZSPA et ZGSA et qu'elles envisagent toute action nécessaire au maintien d'un niveau correct de révision et de prise en considération.

157. Le GSPG a conseillé au CPE d'inclure dans le Plan de travail 2015/16 l'élaboration d'orientations permettant de déterminer ou non si une zone devrait être désignée comme ZGSA. Une fois ce travail accompli, le GSPG inclurait ensuite la préparation dans son plan de travail d'un document contenant des listes de vérification, dans l'esprit du « Guide pour l'élaboration des plans de gestion des zones spécialement protégées de l'Antarctique ». Dans le cadre d'une première consultation avec le CPE sur la proposition de nouvelles ZGSA, le GSPG a fait observer que la discussion en marge portant sur l'initiative de la Norvège de mettre en place un processus de pré-évaluation des ZSPA et des ZGSA (WP 29) pourrait présenter un intérêt pour cette question.

158. Le Comité a remercié le GSPG pour ses conseils, et il est convenu d'adopter la proposition de Plan de travail du GSPG pour la période 2015/16.

Mandats	Tâches suggérées
Points 1 à 3 du Mandat	Examiner les projets de plan de gestion soumis par le CPE pour une révision intersession et fournir des conseils aux auteurs des projets (y compris les cinq plans de gestion dont l'examen avait été reporté lors de la période intersession 2014-15).
Points 4 à 5 du Mandat	Coopérer avec les Parties concernées pour assurer la bonne progression de l'examen des plans de gestion dont l'échéance de révision quinquennale est dépassée
	Poursuivre les travaux concernant l'élaboration de lignes directrices visant à orienter la préparation et l'examen des plans de gestion des ZGSA conformément au plan de travail adopté pour la procédure d'examen, c'est-à-dire commencer à élaborer des lignes directrices qui permettront d'évaluer la pertinence de la désignation de ZGSA.
	Examen et actualisation du Plan de travail du GSPG

Mandats	Tâches suggérées
Documents de travail	Préparer un rapport pour le XIXᵉ CPE au titre des points 1 à 3 du Mandat du GSPG
	Préparer un rapport pour le XIXᵉ CPE au titre des points 4 à 5 du Mandat du GSPG

159. La Chine a présenté le document de travail WP 48 *Rapport sur les discussions informelles tenues durant une période intersession supplémentaire concernant la proposition d'une nouvelle Zone gérée spéciale de l'Antarctique à la station antarctique chinoise Kunlun, Dôme A.* Faisant suite à l'examen, pendant le XVIᵉ CPE, de la proposition de la Chine en faveur de la désignation d'une nouvelle ZGSA à la station antarctique chinoise de Kunlun, Dôme A, et à la suite de discussions intersession informelles s'étant tenues pendant la période intersession 2013/14, ce document fait état de discussions informelles complémentaires qui se sont tenues pendant la période intersession 2014/15. Il contient, en annexe, un résumé des réponses formulées par la Chine en réponse aux diverses préoccupations exprimées antérieurement par les Membres. La Chine a également brièvement introduit les travaux de recherche scientifique menés dans la zone, y compris les projets de coopération internationale. Préoccupée par le fait que l'environnement de la zone est vulnérable à des dommages, qui s'ils devaient être causés, seraient très certainement irréversibles et tenant compte de la capacité environnementale extrêmement faible dans la région, la Chine a proposé en 2013 de créer une nouvelle Zone gérée spéciale de l'Antarctique conformément au Protocole. Cette proposition a déjà fait l'objet de trois cycles de discussions au cours des deux dernières années. Les problèmes d'ordre juridique et technique qui avaient été soulevés ont été débattus de manière approfondie dans un esprit de concertation internationale. Durant le troisième de cycle des discussions, l'Argentine a aimablement offert de partager son expérience. La Chine a ainsi remercié l'Argentine pour ses commentaires tout au long de la période intersession et a demandé au Comité de transférer la proposition au GSPG.

160. L'Argentine a remercié la Chine pour la prise en considération de sa contribution à l'occasion des discussions, mettant en exergue son ouverture au débat autour du Plan de gestion. Dans le cas où l'on conviendrait de transférer la proposition de la Chine au GSPG pour examen, l'Argentine a déclaré qu'elle aurait encore des recommandations à émettre quant au Plan de gestion.

161. L'Allemagne, quant à elle, a émis des réserves quant à la nécessité de créer une ZGSA dans cette région, avant d'opposer son refus quant au transfert de cette proposition au GSPG.

162. La Chine a répondu que le principe fondamental d'une ZGSA n'était pas de calculer le nombre de pays menant des activités dans la région, mais bien d'évaluer les impacts qu'y causerait l'activité humaine. La Chine a à cœur de construire un système de protection de l'environnement dans la zone du Dôme A qui soit de qualité et efficace, ce qui permettrait de contribuer à la protection de l'environnement antarctique en appliquant un haut degré d'exigence. Compte tenu de la capacité environnementale extrêmement faible de la région et de la coopération scientifique internationale qui ne cesse d'y prendre de l'ampleur, dans le cadre du Protocole et de ses annexes, la Chine espère et n'a d'autre souhait que d'échanger et de coopérer avec les autres Parties en faveur de la création et de l'exploitation d'une ZGSA dans la région du Dôme A.

163. Le Président a déclaré pour résumer qu'aucun consensus n'avait été atteint au sein du Comité quant au transfert au GSPG du projet de plan de gestion de la ZGSA.

164. La Nouvelle-Zélande s'est montrée d'accord avec les déclarations du Président.

165. Le Comité a remercié la Chine d'avoir mené de nouvelles discussions intersession informelles et d'avoir fourni un rapport. Le Comité a reconnu que la Chine était disposée à débattre et à prendre en compte les commentaires émis par les membres du CPE. Il a par ailleurs souligné que les Membres avaient, dans l'ensemble, tous reconnu le bien-fondé de disposer de modalités de gestion viables pour cette région à l'importance scientifique considérable et a félicité la Chine d'avoir mené les débats en la matière. Ayant fait observer qu'aucun consensus sur la proposition de la Chine n'avait été atteint, le Comité a décidé de ne pas pour le moment transférer au GSPG l'examen de cette proposition d'établir une nouvelle ZGSA.

166. Le Comité a salué l'offre de la Chine consistant à mener un quatrième cycle de discussions intersession informelles sur cette proposition en 2015/16 et a exhorté les Membres intéressés à y prendre part.

9b) Sites et monuments historiques

167. La Bulgarie a présenté le document de travail WP 17 *Proposition relative à l'inscription de la cabane du "Chien boiteux" située sur la base bulgare*

Saint-Clément d'Ohrid sur l'île Livingston à la liste des sites et monuments historiques. Elle a également effectué une présentation riche en informations sous le même titre et cela avec de nombreuses photos de la cabane à l'appui. Il y fut souligné que la cabane est la première construction permanente que la Bulgarie ait installée en Antarctique, posant ainsi les jalons de la recherche scientifique continue de la Bulgarie dans la région de l'île Livingston. Dans l'éventualité où ce nouveau Site et monument historique serait adopté, la Bulgarie a proposé de le nommer « Cabane du chien boiteux située à la station bulgare Saint-Clément d'Ohrid sur l'île Livingston, îles Shetland du Sud ». Elle a indiqué que la cabane du « Chien boiteux » avait été construite en avril 1988 et a constitué le bâtiment principal de la base Saint-Clément d'Ohrid jusqu'en 1998. C'est d'ailleurs à l'heure actuelle le plus ancien bâtiment préservé de l'île Livingston. Le document passe en revue une série de raisons, qui,conformément à la Résolution 8 (1995) et l'Annexe à la Résolution 3 (2009), contribuent au fait que ce site mérite d'être désigné comme SMH. Parmi celles-ci, nous retrouvons l'importance historique que revêt cette première construction bulgare pour la science (celle-ci ayant été la toute première à soutenir les activités de recherche en Antarctique), les matériaux et les méthodes uniques utilisées pour sa construction, ainsi que sa valeur culturelle en tant que plus ancien bâtiment préservé de l'île Livingston.

168. En réponse aux questions de la Belgique, la Bulgarie a exprimé préférer conserver le bâtiment in situ plutôt que de le déplacer dans l'environnement plus contrôlé d'un musée hors de l'Antarctique. Elle a fait remarquer qu'il existait une réplique de la cabane au Musée national d'histoire de Bulgarie. En réponse aux questions concernant l'avenir de la conservation du bâtiment, la Bulgarie a également indiqué qu'il était à l'heure actuelle en très bonne condition et qu'elle ne voyait aucune difficulté à l'entretenir à l'avenir.

169. Le Comité a pris note que les raisons indiquées dans le document de travail WP 17 constituaient le fondement de la désignation proposée, conformément à la Résolution 3 (2009), et est convenu de soumettre la proposition à la RCTA pour adoption.

170. La Fédération de Russie a présenté le document de travail WP 31 *Proposition pour l'inscription du tracteur-autoneige lourd « Kharkovchanka », utilisé dans l'Antarctique de 1959 à 2010, sur la liste des sites et monuments historiques.* Elle a indiqué que le tracteur était le premier véhicule de transport hors série de construction soviétique produit exclusivement pour les opérations en Antarctique et était un échantillon historique unique de l'évolution de l'ingénierie fabriqué pour l'exploration de l'Antarctique.

La Fédération de Russie a souligné l'importance historique du tracteur « Kharkovchanka » et sa valeur commémorative et émotionnelle pour tous ceux qui iraient le voir en Antarctique. Elle a ajouté que tous les liquides du tracteur avaient été vidés et que les portes étaient complètement hermétiques de manière à le protéger de la neige en vue de son exposition à long terme en Antarctique.

171. En réponse aux questions de Membres, la Fédération de Russie a indiqué sa préférence à conserver le tracteur in situ, en ajoutant que l'importance historique du tracteur serait mieux appréciée par les équipes d'expédition et autres visiteurs en Antarctique. La Fédération de Russie a également mentionné avoir pris des initiatives afin de préserver le tracteur, notamment le fait de le sceller pour empêcher que la neige n'y pénètre, et a indiqué qu'elle ferait un rapport au Comité sur l'efficacité de ces mesures. Elle encourage les autres Membres à faire de même pour les SMH dont ils ont la responsabilité.

172. Le Comité a pris note que les raisons indiquées dans le document de travail WP 31 constituaient le fondement de la désignation proposée, conformément à la Résolution 3 (2009), et est convenu de soumettre la proposition à la RCTA pour adoption.

Avis du CPE à la RCTA concernant les ajouts à la liste des Sites et monuments historiques

173. Le Comité est convenu de soumettre deux propositions d'ajout à la liste des Sites et monuments   historiques à la RCTA pour approbation par le biais d'une Mesure.

#	Nom
SMH nᵒ	Cabane du "Chien boiteux" située sur la base bulgare Saint-Clément d'Ohrid sur l'île Livingston
SMH nᵒ	Tracteur-autoneige lourd « Kharkovchanka »

174. Suite à la discussion engagée à l'occasion du XVIᵉ CPE, la Norvège a suggéré qu'il serait peut-être opportun d'engager de nouvelles discussions sur la désignation au sens large des SMH. La Norvège a rappelé avoir souligné dans les discussions précédentes la difficulté liée au fait que de nombreux monuments ou autres éléments en Antarctique peuvent être considérés comme ayant une valeur historique. Cela pourrait entraîner la désignation d'un nombre important de SMH à l'avenir, ce qui pourrait être considéré

comme étant en contradiction avec les dispositions du Protocole relatif à la protection de l'environnement en ce qui concerne le nettoyage des activités passées en Antarctique. Dans ce contexte la Norvège a fait remarquer que la philosophie et la définition actuelles de gestion axées sur des méthodes visant à préserver ces valeurs autrement qu'en les maintenant physiquement sur leur emplacement d'origine, pourraient s'avérer utiles pour cette discussion plus générale.

175. Notant l'importance de bénéficier d'avis au sujet de conflits potentiels entre les dispositions des Annexes V et III, la Norvège a proposé d'effectuer un travail préparatoire préalable au XIXe CPE afin de fournir au Comité une base pour de nouvelles discussions, en se concentrant en premier entre autres sur la collecte d'informations relatives aux approches et méthodes dont il a été question, utilisées et approuvées en tant qu'alternatives à la préservation in situ des vestiges historiques et culturels.

176. Le Comité a salué la proposition de la Norvège, faisant également remarquer qu'il serait utile de demander conseil aux organisations d'experts, notamment au Comité international pour le patrimoine historique polaire (IPHC). La Norvège a suggéré de mettre en attente les futures propositions de nouvelles désignations de SMH jusqu'à ce que de nouveaux documents d'orientations aient été établis en la matière.

Avis du CPE à la RCTA concernant les documents d'orientation relatifs à la désignation de nouveaux Sites et monuments historiques

177. Le Comité est convenu de mettre en attente les futures propositions de nouvelles désignations de SMH jusqu'à ce que de nouveaux documents d'orientation aient été établis en la matière.

178. L'Argentine a salué les deux présentations et l'engagement pris par les Membres pour la conservation du patrimoine. Elle a également rappelé que les débats tenus pendant deux périodes intersession (2010-2011) ont fait référence au concept de patrimoine et aux différents mécanismes de protection de ces valeurs. Concernant certaines considérations quant à leur transfert hors de la zone du Traité sur l'Antarctique, l'Argentine a estimé que dès lors que les éléments sont désignés en tant que SMH, ils font partie de la liste, permettant ainsi à toute personne intéressée de les visiter, et que les transferts nuiraient à leur accès.

179. L'ASOC a souligné que selon elle, les liens existants entre l'Annexe III et l'Annexe V (article 8) méritaient un examen plus approfondi.

180. La Nouvelle-Zélande a présenté le document de travail WP 23 *Projet de restauration du patrimoine de la mer de Ross : un modèle de conservation du patrimoine des zones spécialement protégées de l'Antarctique*, et a fait référence au document d'information IP 13 intitulé « Supporting Images for Working Paper: Ross Sea Heritage Restoration Project: A model for conserving heritage values in Antarctic Specially Protected Areas ». Ces documents contenaient un compte-rendu du programme engagé depuis dix ans par le Fonds du patrimoine antarctique de la Nouvelle-Zélande pour la conservation du patrimoine de monuments et de collections d'artéfacts des ZSPA nos 155, 157 et 158 de l'île de Ross. La Nouvelle-Zélande a indiqué que le Projet avait récemment franchi une étape importante et que son ampleur et sa complexité étaient inégalées en ce qui concerne la conservation du patrimoine dans les régions polaires. Elle a informé le Comité de ses intentions de continuer le travail, indiquant que le financement des efforts de maintenance était déjà assuré pour les 25 prochaines années.

181. Le Comité a remercié la Nouvelle-Zélande pour ces documents et a félicité le Fonds du patrimoine antarctique de la Nouvelle-Zélande pour son travail complet visant à protéger les sites historiques situés dans la région de la mer de Ross. Les Membres ont souligné les efforts significatifs réalisés au cours de ce projet en termes d'éducation et de sensibilisation, et ont indiqué que les sites restaurés présenteraient une valeur pour les générations futures.

182. Les recommandations présentées dans le document de travail WP 23 ont bénéficié d'un fort soutien. Le Comité a reconnu l'approche suivie par le Fonds du patrimoine antarctique de la Nouvelle-Zélande comme un modèle utile pour les autres Parties menant des activités de préservation en Antarctique, tout en prenant note de l'importance de mettre en œuvre des pratiques de gestion de la conservation adaptées aux caractéristiques des sites historiques concernés. Le Comité a également indiqué que le Fonds du patrimoine antarctique respecte les dispositions des plans de gestion des ZSPA concernées, qui contraignent les programmes antarctiques nationaux à se consulter pour s'assurer que les activités de gestion dans les ZSPA, notamment les activités de conservation, soient mises œuvre.

183. Le document suivant a également été soumis à ce point de l'ordre du jour :

   • IP 50, intitulé *« Damage to the Observation Hill Cross »* (SMH no 20) (Nouvelle-Zélande).

9c) Lignes directrices relatives aux visites de sites

184. Aucun document nouveau ou révisé n'a été soumis au Comité pour examen.

185. L'IAATO a présenté le document d'information IP 85, intitulé *« Report on IAATO Operator Use of Antarctic Peninsula Landing Sites and ATCM Visitor Site Guidelines, 2013/14 and 2014/15 Season »*. Le document a rendu compte des données collectées à partir des formulaires de rapports post-visite de ses membres, indiquant qu'aucune visite menée par des opérateurs qui ne sont pas membres de l'IAATO n'était incluse dans l'analyse. L'IAATO a informé le Comité des faits suivants : les niveaux de tourisme étaient toujours en déclin par rapport au pic de la saison 2007/2008, mais se redressaient doucement ; la hausse du tourisme dans le domaine du tourisme aérien a entraîné une augmentation disproportionnée du nombre de voyages et, dans une moindre mesure, du nombre de débarquements effectués ; presque tous les sites de débarquement parmi les vingt principaux sites de la péninsule, en dehors des îles Yalour, ont été gérés dans le cadre de Lignes directrices relatives aux visites de sites de la RCTA ou de lignes directrices de programmes nationaux. L'IAATO a invité les Membres intéressés à participer à la création de lignes directrices pour ce site. Il a également informé le Comité qu'elle continuerait à fournir au CPE et à la RCTA chaque année les informations relatives aux activités de ses membres.

186. Le Comité a pris note de la contribution utile de l'IAATO et a apprécié sa proposition de mise à jour régulière. Le CPE a salué et s'est réjoui du compte-rendu sur les lignes directrices relatives aux visites de sites et a reconnu l'utilité de ces rapports afin de comprendre les activités de gestion et de suivi sur les sites les plus visités. Le Royaume-Uni a proposé de coopérer avec l'IAATO sur sa suggestion d'élaborer des lignes directrices pour les îles Yalour.

187. La Nouvelle-Zélande a présenté le document d'information IP 102, intitulé *« Antarctic Site Inventory: Results from long-term monitoring »*, préparé conjointement avec les États-Unis d'Amérique. L'Inventaire des sites antarctiques (ASI) a récolté des données biologiques et des informations descriptives des sites dans la région de la péninsule antarctique depuis 1994. La Nouvelle-Zélande a indiqué que l'ASI continuerait à suivre l'évolution rapide des populations de manchots papous, manchots à jugulaire et manchots Adélie à travers la péninsule antarctique occidentale. Elle a fait remarquer que les résultats du suivi de l'ASI avaient montré une croissance

rapide des populations de manchot papous et une extension de leur aire de répartition vers le sud, alors que les deux autres espèces subissaient un déclin significatif.

188. Le Comité a exprimé son appréciation des informations fournies et des données contenues dans le document.

189. Le Royaume-Uni a présenté le document d'information IP 119, intitulé « *National Antarctic Programme use of locations with Visitor Site Guidelines in 2014/15* », préparé conjointement avec l'Argentine, l'Australie et les États-Unis d'Amérique. Ce document a fourni un aperçu des informations données par les Parties sur les visites pendant la saison 2014/2015 des personnels de leurs programmes antarctiques nationaux dans des sites où les Lignes directrices relatives aux sites de la RCTA sont en vigueur.

190. Le Comité a indiqué son appréciation des informations fournies.

191. L'Argentine a présenté le document d'information IP 131 *Politique de gestion du tourisme pour la station scientifique Brown*. Rappelant la discussion relative à son document de travail WP 49 présenté lors de la XXXVIᵉ RCTA, l'Argentine a indiqué que de nombreuses Parties avaient appuyé sa proposition de règlements écrits concernant les visiteurs. Le document d'information IP 131 présente les lignes directrices pour la station scientifique Brown. L'Argentine a demandé à ce que ces lignes directrices soient incorporées au Manuel de l'IAATO sur les opérations de terrain.

192. Le Comité a remercié l'Argentine pour ce document, ainsi que pour les lignes directrices concernant les visites de sa station scientifique Brown. Le Comité a indiqué que l'IAATO avait l'intention d'incorporer les lignes directrices dans son manuel sur les opérations de terrain, et a également fait remarquer l'intention des stations voisines d'informer leurs visiteurs de l'existence de ces lignes directrices s'ils souhaitaient visiter la Station scientifique Brown.

9d) Gestion et protection de l'espace marin

193. La Belgique a présenté le document de travail WP 20 *Le concept de « valeurs exceptionnelles » dans l'environnement marin, en vertu de l'Annexe V du Protocole*, et a fait référence au document d'information IP 10, intitulé « *The concept of "outstanding value" in the Antarctic marine environment under Annex V of the Protocol* ». Ce document a présenté un résumé des discussions du GCI établi par le XVIIᵉ CPE pour examiner le concept de valeurs exceptionnelles dans l'environnement

marin. Les participants au GCI sont parvenus à un accord général sur les points suivants : à l'heure actuelle, il n'est pas nécessaire de continuer à travailler sur des définitions et des critères pour la protection de « valeurs exceptionnelles » dans l'environnement marin, car l'Annexe V et les Lignes directrices pour la mise en œuvre du cadre pour les zones protégées visées à l'Article 3 de l'Annexe V du Protocole de l'environnement (Résolution 1 (2000)) apportent des indications suffisantes ; ils souhaitent continuer au cas par cas et étape par étape, le besoin le plus important pour la protection d'un espace étant défini par la combinaison dans une zone donnée d'une valeur (dans ce cas, une valeur marine exceptionnelle) et d'une situation ou d'une activité qui menace cette valeur. Cette menace peut être réelle ou potentielle, susceptible d'affecter la valeur à l'avenir. Le CPE devrait tenir compte des valeurs exceptionnelles dans l'environnement marin lors de la proposition de nouvelles ZSPA ou lors de la révision de plans de gestion de ZSPA existantes ; en outre, les efforts du CPE pour l'application des dispositions de l'Annexe V devraient compléter et non dupliquer le travail en cours par la CCAMLR sur la désignation d'AMP. Le GCI a également recommandé au CPE de soutenir la continuation d'un GCI qui devrait rendre compte au XIXᵉ CPE de de deuxième cycle de discussions.

194. La Chine a exprimé ses préoccupations sur le fait que la désignation de ZSPA marines pourrait potentiellement limiter l'accès à certaines zones pour des navires de programmes nationaux et de soutien logistique.

195. En réponse à ces préoccupations, les États-Unis d'Amérique ont indiqué que les plans de gestion pour les ZSPA marines nos 152 et 153 autorisent spécifiquement les activités opérationnelles essentielles de navires qui ne porteront pas atteinte aux valeurs des zones, comme le transit à travers les zones ou le stationnement à l'intérieur de celles-ci en vue de faciliter les activités scientifiques ou autres, dont le tourisme, ou afin d'accéder à des sites à l'extérieur des zones.

196. L'ASOC a indiqué que certaines ZSPA, y compris celles à composante marine, avaient été établies pour faciliter la recherche, et que les ZSPA établies à des fins de conservation n'interféraient pas indûment avec la recherche.

197. Le Comité a remercié la Belgique d'avoir coordonné le GCI et a soutenu les résultats principaux de la discussion intersession. Les Membres ont particulièrement insisté sur la recommandation faite aux Parties et au CPE d'examiner les valeurs exceptionnelles dans l'environnement marin conformément à l'Annexe V du Protocole lors de la proposition de nouvelles

ZSPA ou de la révision des plans de gestion de ZSPA existantes, et d'utiliser les Lignes directrices de 2000.

198. Le Comité est convenu de continuer les discussions en la matière, et a établi un GCI coordonné par la Belgique pour travailler pendant la période intersession 2015/2016 et dont les mandats seront les suivants :

1) Discuter des prochaines étapes de la mise en œuvre de l'Article 3 de l'Annexe V du Protocole en ce qui concerne le concept de « valeurs exceptionnelles » appliqué à l'environnement marin, notamment toute menace réelle ou potentielle à l'environnement, dans le domaine des activités définies à l'Article 3 (4) du Protocole ;

2) Identifier de nouveaux mécanismes pour le CPE, dans le cadre existant et des outils du Traité et du Protocole, pour prendre en considération les « valeurs exceptionnelles » dans l'environnement marin, lors de l'établissement et/ou de la révision des ZSPA, et des ZGSA si nécessaire ;

3) Tenir compte du travail de la CCAMLR sur la planification systématique de la conservation, afin d'éviter la duplication des efforts, compléter ce travail et maintenir des rôles distincts, tout en utilisant les outils appropriés à disposition du CPE pour la mise en œuvre de l'Article 3 (2) de l'Annexe V du Protocole.

4) Fournir un rapport final au XIXe CPE.

199. Le Comité a salué la proposition de François André (Belgique) d'assurer la fonction de responsable du GCI.

9e) *Autres questions relevant de l'Annexe V*

200. La Norvège a présenté le document de travail WP 29 *Processus suggéré d'évaluation préalable ZSPA/ZGSA. La Norvège a indiqué que les discussions intersession avaient montré un int*érêt général parmi les Membres de créer des procédures d'évaluation préliminaire pour les propositions de ZSPA et ZGSA, ajoutant que ces procédures pourraient impliquer toutes les Parties dans le processus de désignation de nouvelles zones, permettre aux Membres de recevoir des retours précoces sur les propositions, aider à atteindre une plus grande cohérence dans les zones sélectionnées pour la désignation en tant que ZSPA et ZGSA, et faciliter le processus d'adoption d'un plan de gestion. Le document a présenté le projet de lignes directrices pour « un processus d'évaluation préalable concernant la désignation de ZSPA et ZGSA ». Il a également suggéré au Comité les points suivants : souligner l'intérêt pour

le CPE d'avoir la possibilité de procéder à une évaluation préalable de toute nouvelle désignation de ZSPA et ZGSA ; encourager les auteurs de propositions de nouvelles ZSPA ou ZGSA à informer le CPE le plus tôt possible pour permettre une évaluation préalable de la zone ; et accepter les lignes directrices en tant que procédure à privilégier, mais non obligatoire, pour permettre l'évaluation préalable de nouvelles désignations.

201. Le Comité a remercié la Norvège d'avoir mené les discussions et a indiqué les avantages d'un processus d'évaluation préalable pour les nouvelles propositions de ZSPA ou ZGSA, notamment : impliquer les Parties dans le processus de désignation de nouveaux sites, en reconnaissant que toutes les ZSPA et ZGSA sont désignées au niveau international ; aider les Membres à préparer les plans de gestion en leur permettant de recevoir des retours et des commentaires de la part des autres Membres tôt dans le processus ; et faciliter une évolution plus systématique du système des zones protégées conformément à l'Article 3 de l'Annexe V du Protocole, en prenant en considération les conséquences des changements climatiques.

202. La Chine a insisté sur le fait que pendant le processus de discussion, une procédure pour une ZSPA ou ZGSA déjà proposée ne doit pas être interrompue ni retardée par toute autre nouvelle procédure.

203. L'Argentine s'est déclarée favorable à l'adoption de ces lignes directrices. Elle a également soutenu les commentaires de la Chine selon lesquels cette procédure ne devrait pas s'appliquer aux propositions de ZSPA ou ZGSA déjà en cours.

204. L'ASOC a indiqué qu'un tel processus d'évaluation préalable peut être une contribution utile dans le cadre d'une approche plus stratégique en ce qui concerne l'élaboration d'un réseau représentatif de zones protégées tant qu'il ne décourage pas la soumission de projets de plans de gestion.

205. Le Comité a soutenu l'idée d'établir une procédure non obligatoire et, après certains commentaires de la part de Membres et quelques modifications mineures apportées au document de travail WP 29, a accepté et adopté le document intitulé « Lignes directrices : Processus d'évaluation préalable pour la désignation de ZSPA et de ZGSA » (Annexe 3).

Avis du CPE à la RCTA sur le processus d'évaluation préalable pour la désignation de ZSPA et de ZGSA

206. Le Comité a encouragé les Membres à utiliser le document « Lignes directrices : Processus d'évaluation préalable pour la désignation de ZSPA

et de ZGSA » pour les processus de désignation de futures ZSPA et ZGSA. Le Comité a indiqué que la procédure d'évaluation préalable des ZSPA et ZGSA ne devait pas s'appliquer aux zones qui ont déjà été proposées en tant que ZSPA ou ZGSA.

207. La Nouvelle-Zélande a présenté le document de travail WP 35 *Code de conduite pour les activités se déroulant en zone géothermique continentale en Antarctique*, et a fait référence au document d'information IP 24, intitulé *« Code of Conduct for Activities within Terrestrial Geothermal Environments in Antarctica »* qui ont tous deux été préparés conjointement avec l'Espagne, le Royaume-Uni et les États-Unis d'Amérique. Les co-auteurs de ces documents ont souligné l'intérêt scientifique considérable des environnements géothermiques terrestres en Antarctique, et ont indiqué qu'un code de conduite serait nécessaire pour contribuer à maintenir l'environnement unique et les valeurs scientifiques des sites géothermiques terrestres. Ils ont également ajouté que ce code servirait de guide non contraignant de meilleures pratiques dans les environnements géothermiques. Les co-auteurs ont proposé que le Comité : fournisse des commentaires sur le projet de code de conduite ; invite le SCAR et le COMNAP à examiner le projet de code de conduite afin de l'adopter comme code de conduite du SCAR ; et invite le SCAR à soumettre une version finale du code de conduite afin que celui-ci soit étudié lors du XIXᵉ CEP.

208. Le Comité a remercié la Nouvelle-Zélande et les États-Unis d'Amérique d'avoir coordonné cet atelier et a fermement soutenu les recommandations suggérées, en se félicitant de l'implication du SCAR et du COMNAP. Le Comité a accepté la proposition du SCAR d'examiner le projet de code de conduite et d'en soumettre une version finale au Comité lors du XIXᵉ CEP. Le Comité a demandé aux Membres d'encourager leurs propres spécialistes à participer au processus de révision en intersession.

209. L'Argentine a introduit le document de travail WP 50 *Résultats des enquêtes ad hoc sur la protection des fossiles en Antarctique. Champs d'action potentiels à discuter ultérieurement.* L'Argentine a rappelé au Comité que cette question avait été soulevée lors du XVIIᵉ CPE, durant lequel l'Argentine avait pris la direction des discussions intersession informelles. Suite à ces discussions et à un sondage auprès des Parties concernées, l'Argentine a identifié d'éventuelles actions qui pourraient contribuer à établir des mesures de protection supplémentaires des fossiles en Antarctique, notamment : la prise en considération par les Parties des différents mécanismes et procédures indiqués par chaque participant ; l'examen des différents modes d'échange

d'informations ; et la possibilité de demander au SCAR, à travers son Groupe d'action sur le patrimoine géologique et sa conservation, de fournir des conseils techniques sur l'identification des mesures de gestion et de protection adaptées aux sites géologiques, et notamment aux sites contenant des fossiles.

210. Le Comité a remercié l'Argentine pour les rapports produits sur les résultats des discussions intersession. Il a souligné l'importance des fossiles pour la compréhension scientifique de l'histoire et de l'évolution du continent antarctique et a reconnu la nécessité de veiller à la protection des fossiles et des sites fossiles à travers un échange d'informations accru et le développement éventuel d'un guide de bonnes pratiques de gestion.

211. Le Comité a accepté le conseil du SCAR de faire analyser certains des points liés à la compréhension scientifique des fossiles par le Groupe d'action du SCAR sur le patrimoine géologique et sa conservation dans le cadre de ses travaux, et a remercié le SCAR pour sa proposition de fournir son avis lors d'une prochaine réunion. Le Comité a également remercié l'IAATO d'avoir proposé son soutien aux travaux du Comité en la matière, s'il y a lieu. Les Membres ont soutenu l'examen d'une résolution similaire à la Résolution 3 (2001) sur la protection des météorites, mais ils ont indiqué qu'il conviendrait mieux d'élaborer cette résolution lors d'une prochaine réunion, une fois que des discussions plus approfondies auront été menées sur ces questions.

212. Le Comité a exprimé son inquiétude concernant la collecte de fossiles antarctiques et d'autres matériaux géologiques à des fins commerciales. Le Comité a exhorté toutes les Parties, les programmes nationaux et l'IAATO à prendre les mesures nécessaires pour veiller à ce que cette collecte de fossiles et d'autres matériaux géologiques ne soit entreprise que dans le cadre des recherches scientifiques et que ces matériaux soient conservés de façon appropriée pour pouvoir être consultés dans le cadre des recherches en cours.

213. L'ASOC a présenté le document d'information IP 109, intitulé « *Antarctic Tourism and Protected Areas* » et a souligné le lien entre la protection de zones et la réglementation en matière de tourisme. Elle a recommandé que les Membres envisagent d'examiner, d'un point de vue régional, le chevauchement entre les activités actuelles de tourisme et les zones protégées et gérées, ainsi que les besoins de protection et de gestion. Elle a également suggéré que les Membres fournissent des déclarations claires au sujet de leur politique en matière de tourisme dans leurs installations et prennent

en considération l'expansion spatiale du tourisme dans le processus de développement d'un réseau représentatif de zones protégées.

214. L'ASOC a également présenté le document d'information IP 112, intitulé « *Expanding Antarctica's Protected Areas System* », qui soulignait l'importance de renforcer le système des zones protégées, étant donnée l'exposition de l'environnement antarctique en pleine évolution aux menaces telles que les espèces envahissantes. Elle a recommandé que le Comité examine en détail la portée des ZSPA en Antarctique et qu'il lance un processus régional planifié et intégré qui respecte les exigences de l'Article 3 de l'Annexe V du Protocole.

215. La Belgique a rappelé l'existence de son document de travail WP 39 présenté lors du XVIᵉ Comité avec le Royaume-Uni et l'Afrique du SudElle a rappelé l'importance de l'Annexe V pour la protection des habitats microbiens, en particulier dans les zones vierges où des impacts anthropiques pourraient détruire de futures valeurs scientifiques.

216. Le Comité a remercié l'ASOC pour ces documents et a indiqué que ceux-ci contenaient une série d'informations et de points de vue qui pourraient être utiles pour les discussions à venir sur le développement systématique du système des zones protégées, et notamment en ce qui concerne les actions identifiées dans le cadre du Programme de travail en réponse aux changements climatiques.

Point 10 – Conservation de la faune et de la flore antarctique

10a) Quarantaine et espèces non indigènes

217. Le Royaume-Uni a présenté le document de travail WP 28 *Révision du Manuel du CPE sur les espèces non indigènes (édition 2011)*, préparé conjointement avec la France et la Nouvelle-Zélande. Le Royaume-Uni a rappelé au Comité que le Manuel du CPE sur les espèces non indigènes avait été adopté par la Résolution 6 (2011), qui encourage également le Comité à continuer de développer le Manuel. Le document rappelait l'intensification des travaux scientifiques et de l'élaboration de méthodes pratiques de gestion des problèmes relatifs aux espèces non indigènes, ainsi que les travaux complémentaires sur les espèces non indigènes réalisés par le Comité et par les GCI, et suggérait que soit effectuée une révision dudit Manuel.

218. Le Comité a remercié le Royaume-Uni, la France et la Nouvelle-Zélande pour ce document qui portait sur une question figurant au titre des priorités les plus élevées dans le cadre du Plan de travail quinquennal du CPE et du PTRCC. Le Comité a également accueilli favorablement le résumé détaillé portant sur les récentes évolutions et les résultats obtenus depuis l'adoption de la Résolution 6 (2011). Il a signalé que les informations pertinentes disponibles sur le Portail des environnements en Antarctique et les autres documents soumis à ce point de l'ordre du jour seraient utiles pour le travail du GCI. De nombreux membres ont manifesté leur volonté de participer au GCI. Le Comité a également salué les propositions d'aide formulées par le SCAR et l'IAATO.

219. Le Comité a également noté la recommandation de la Résolution 6 (2011) selon laquelle les Parties « encouragent le Comité pour la protection de l'environnement à continuer de développer le Manuel sur les espèces non indigènes avec le soutien du Comité scientifique pour la recherche antarctique et du Conseil des directeurs des programmes antarctiques nationaux respectivement sur les questions scientifiques et pratiques », a reconnu les avancées récentes, scientifiques et pratiques en matière de gestion des espèces non indigènes. Il a aussi indiqué que la révision du Manuel avait été identifiée comme une action prioritaire dans le cadre du Programme de travail en réponse aux changements climatiques.

220. Le Comité a salué la proposition et a donné son accord pour la création d'un GCI afin de :

   1) Revoir et/ou reconfirmer les « Objectifs généraux » et les « Principes directeurs essentiels » pour les actions des Parties en ce qui concerne les espèces non indigènes, contenus dans le Manuel du CPE sur les espèces non indigènes.

   2) Réviser et compléter le chapitre du Manuel concernant les « Lignes directrices et les ressources pour la prévention de l'introduction d'espèces non indigènes, notamment le transfert d'espèces entre les sites de l'Antarctique » ;

   3) Revoir et réviser l'Annexe « Lignes directrices et ressources nécessitant plus d'attention ou de développement » afin d'identifier les aspects particuliers des opérations antarctiques pour lesquelles il peut être nécessaire d'élaborer de nouvelles lignes directrices. Tenir compte, par ailleurs, des questions liées aux voies d'entrée naturelles des espèces ;

4) Effectuer un rapport sur le progrès accompli sur les points précédents lors du XIXe CPE.

221. Le Royaume-Uni a accepté d'animer ce GCI. Le Comité a accepté la proposition de Kevin Hughes (Royaume-Uni) d'assurer la fonction de responsable de ce GCI.

222. L'Argentine a présenté le document de travail WP 46 *Étude visant à déterminer la présence d'espèces non indigènes introduites en Antarctique par des voies naturelles*. Ce document analyse les résultats des études menées sur deux spécimens de Nettes demi-deuil (*Netta peposaca*) retrouvés morts sur les îles Shetland du Sud. Une autopsie menée sur les deux spécimens a suggéré qu'ils étaient peut-être morts de faim, de fatigue ou de déshydratation. Les tests en laboratoire n'ont pas révélé de maladie parasitaire apparente, ni de signe de maladie bactérienne, ni la présence d'un virus grippal. Le document a souligné la nécessité de mener des études approfondies sur les voies d'introduction de nouvelles espèces en Antarctique. Il a également indiqué la nécessité de faire une distinction entre les voies d'entrée naturelles et les voies anthropiques. L'Argentine a encouragé les Membres intéressés et le SCAR à mener des recherches sur les voies d'introduction naturelles potentielles en Antarctique et sur la collecte des données relatives à la présence et la répartition des microorganismes en Antarctique.

223. La France a déclaré avoir été confrontée à deux cas d'épizootie chez des albatros dans les îles subantarctiques. Dans les deux cas, les virus avaient été détectés et avaient affecté des populations dans des zones isolées. Il était très possible que ces virus aient été introduits de façon naturelle. La France a indiqué que des mesures de biosécurité avaient été prises pour éviter toute propagation auprès des populations voisines.

224. Le SCAR a souligné que l'introduction d'espèces non indigènes restait une question importante et que, selon des études récentes, les introductions humaines d'espèces non indigènes devenaient de plus en plus fréquentes. Le SCAR a également mentionné deux travaux récents, l'un sur la détection de différents virus de grippe aviaire chez les manchots Adélie, et un second qui établit la liste d'un certain nombre d'événements de dispersion des oiseaux à l'île de l'Éléphant, l'île du Roi Georges et l'île Nelson. Le SCAR a également attiré l'attention sur plusieurs études microbiologiques récentes qui indiquaient un endémisme important dans les éléments du microbiote continental. Ces travaux indiquaient également qu'il était possible d'établir une distinction entre les espèces introduites de façon naturelle, par le vent par exemple, et celles introduites par les hommes. Le SCAR a également indiqué

que la plupart de la diversité microbienne véhiculée par le vent est indigène au continent. Par ailleurs, le SCAR a indiqué que les groupes AntEco et AnT-ERA du SCAR menaient des travaux sur ces questions. Le SCAR a soutenu l'Argentine qui encourageait les Membres à renforcer la recherche sur la biodiversité continentale dans la région en indiquant que ces travaux amélioreront la compréhension des risques d'introduction de l'extérieur ainsi que les risques de transfert entre les régions biogéographiques de conservation du continent.

225. Le Chili a remercié l'Argentine pour son document et a soutenu les recommandations présentées, en indiquant que cette question pourrait être particulièrement pertinente sur la péninsule antarctique, où les chercheurs chiliens ont indiqué avoir noté la présence d'oiseaux vivants non issus de l'Antarctique et aussi de microorganismes pathogènes.

226. Le Comité a remercié l'Argentine pour ce document en indiquant qu'il abordait un sujet identifié comme présentant une grande priorité pour les travaux du CPE. Le Comité a soutenu la recommandation appelant à encourager les Parties à mener des études similaires à celles décrites dans le document de travail WP 48. Concernant la deuxième recommandation, le Comité a pris note de l'avis du SCAR sur les recherches menées actuellement par la communauté scientifique en Antarctique. Le Comité a indiqué que les questions soulevées dans ce document pourraient être prises en compte lors de la révision du Manuel sur les espèces non indigènes, qui pourrait aussi inclure les acquis d'autres Membres. Il a également signalé la pertinence des publications mentionnées par le SCAR, qui pourraient servir de références utiles aux travaux du GCI lors de la révision du Manuel sur les espèces non indigènes.

227. L'Espagne a présenté le document d'information IP 29, intitulé « *The successful eradication of Poa pratensis from Cierva Point, Danco Coast, Antarctic Peninsula* », préparé conjointement avec le Royaume-Uni et l'Argentine. Ce document décrit les efforts de coopération déployés par les co-auteurs pour protéger la biodiversité naturelle en éradiquant une graminée non indigène, la Poa patensis, introduite involontairement dans le secteur de Pointe Cierva en 1954.

228. Le Comité a remercié les auteurs du document et a précisé qu'il pourrait être utilisé lors des travaux intersession comme une ressource à intégrer dans le Manuel sur les espèces non indigènes à l'occasion de sa révision.

229. Le Royaume-Uni a présenté le document d'information IP 46, intitulé « *Colonisation status of known non-native species in the Antarctic*

terrestrial environment: a review », préparé conjointement avec le Chili et l'Espagne. Ce document résume une recherche universitaire récente qui décrivait la répartition des espèces non indigènes et leur éradication dans la zone du Traité et qui abordait des questions pertinentes de réglementation et de gestion.

230. Le Comité a accueilli favorablement ce document et a indiqué qu'il pourrait être utilisé pour le travail du GCI chargé de la révision du Manuel sur les espèces non indigènes.

231. La Pologne a présenté le document d'information IP 78, intitulé *« Eradication of a non-native grass Poa annua L. from ASPA No 128 Western Shore of Admiralty Bay, King George Island, South Shetland Islands »*. Ce document a fait rapport d'un projet de recherche mené durant la saison 2014/15 à la station Arctowski et au sein de la ZSPA n° 128 et qui avait pour objectif d'éradiquer la graminée non indigène Poa annua.

232. Le Comité a remercié les auteurs du document et a salué les efforts de la Pologne. Le Comité a encouragé la Pologne à fournir ultérieurement des informations actualisées sur l'éradication de cette graminée introduite dans la ZSPA n° 128 et sur les enseignements tirés de cette opération.

233. Le SCAR a présenté le document d'information IP 93, intitulé *« Monitoring biological invasion across the broader Antarctic: a baseline and indicator framework »*. Le SCAR a présenté une récente étude portant sur le développement d'un cadre (Indicateur d'invasion biologique en Antarctique - IIBA), dont l'objet est d'appliquer les meilleures pratiques mondiales à la compréhension, le suivi et la gestion des invasions biologiques en Antarctique. Cette étude montre que : les facteurs d'invasion sont présents sur tout le continent antarctique et sont en augmentation ; les plantes et les insectes constituent la majeure partie des espèces non indigènes présentes dans la région Antarctique ; et le statut de conservation des espèces menacées par les espèces non indigènes se détériore. Le SCAR a suggéré que le cadre d'indicateurs fournit non seulement une base de référence complète sur le statut actuel des invasions biologiques en Antarctique, mais aussi un mécanisme permettant de faciliter l'échange d'informations pour l'ensemble de la région Antarctique. Le SCAR a recommandé au CPE de prendre en considération l'intérêt potentiel de l'IIBA pour aborder cette question considérée comme l'une de ses priorités les plus importantes et a attiré l'attention sur la pertinence de ce cadre pour la révision du Manuel sur les espèces non indigènes.

234. Le Comité a remercié le SCAR pour cette présentation de l'IIBA et a indiqué que ce cadre pourrait être pris en compte lors de la révision du Manuel sur les espèces non indigènes.

235. Le COMNAP a présenté le document d'information IP 101, intitulé « *COMNAP Practical Training Modules : Module 2 – Non-native Species* ». Ce document présente le module de formation élaboré par le Groupe d'experts pour la formation du COMNAP et intitulé « Espèces non indigènes ». Ce module a été créé à partir de présentations de formations élaborées par les programmes antarctiques nationaux en Argentine, en Australie, en Chine, en Espagne, en Inde, et en Nouvelle-Zélande. Le COMNAP a remercié ces programmes ainsi que l'IAATO qui a fourni des informations pour ce module de formation. Le document signale que le module de formation sera mis à disposition gratuitement sous différents formats sur le site du COMNAP.

236. Le Comité a félicité le COMNAP pour l'élaboration de ces outils de formation et a rappelé que le Manuel sur les espèces non indigènes soulignait l'importance de la sensibilisation relative aux risques que représentent les espèces non indigènes.

10b) Espèces spécialement protégées

237. Aucun document n'a été soumis à ce point de l'ordre du jour.

10c) Autres questions relevant de l'Annexe II

238. Le Comité a examiné certains aspects du document de travail WP 27 *Distances relatives à l'approche des espèces sauvages en Antarctique* (SCAR) qui n'avaient pas été débattus sous le point 8b de l'ordre du jour.

239. Le SCAR a indiqué que les recommandations formulées dans le document de travail WP 27 avaient pour objectif de souligner l'importance de prendre en considération les réactions,cryptiques, négatives des espèces sauvages. Il a indiqué que cet élément n'apparaissait pas dans les lignes directrices existantes et qu'il méritait, par conséquent, d'être examiné.

240. Le Comité a remercié le SCAR pour la présentation de ce document et pour sa présentation complète des publications et des preuves scientifiques relatives à une sous-estimation de la perturbation des espèces sauvages. Le Comité est convenu que la gestion des activités

humaines afin de limiter la perturbation des espèces sauvages devrait se baser sur les meilleures données scientifiques disponibles. Le Comité a vivement encouragé les Membres à mener davantage de recherches dans ce domaine, comme l'a suggéré le SCAR, et est convenu que les questions relatives à la perturbation des espèces sauvages devraient être examinées à nouveau lors de la publication de nouvelles données scientifiques.

Avis du CPE à la RCTA concernant la perturbation des espèces sauvages

241. À partir des informations fournies par le SCAR, l'avis que le Comité adresse à la RCTA est le suivant :

- les distances d'approche indiquées dans les lignes directrices de la RCTA devraient être révisées régulièrement à la lumière des nouvelles données scientifiques recueillies ;

- des approches de précaution doivent être observées en toute circonstance durant les opérations se déroulant à proximité des espèces sauvages ; et

- des recherches supplémentaires devraient être menées pour faire en sorte que les décisions de gestion soient prises sur la base des meilleures connaissances disponibles.

242. Les États-Unis d'Amérique ont présenté le document de travail WP 40 *Zones importantes pour la conservation des oiseaux en Antarctique* et le document d'information IP 27 intitulé *« Important Bird Areas (IBAs) in Antarctica »*, préparés conjointement avec l'Australie, la Nouvelle-Zélande, la Norvège et le Royaume-Uni. Ces rapports rendent compte de l'analyse récente des zones importantes pour la conservation des oiseaux, qui repose sur l'utilisation d'une série cohérente de critères généraux pour l'évaluation des populations aviaires à travers le monde. De ces rapports, il ressort que la couverture de l'environnement terrestre du continent antarctique souffre de lacunes importantes. En 1998, BirdLife International et le SCAR ont commencé à constituer un répertoire des zones importantes pour la conservation des oiseaux en Antarctique. Ces dernières années, ils ont bénéficié du soutien des Membres. Ces rapports soulignent que tous les sites importants pour la conservation des oiseaux ont été identifiés à l'aide d'une série de seuils normalisés et que ces sites couvrent désormais cinq pour cent de la surface mondiale (on en dénombre 204 en Antarctique). Le terme « zone importante pour la conservation des oiseaux » n'est pas une désignation officielle et n'implique pas un statut de zone protégée, mais la désignation d'une zone importante pour la conservation des oiseaux souligne l'importance de cette

zone pour la préservation de la biodiversité. Les États-Unis d'Amérique ont recommandé au Comité de considérer l'analyse de ces zones importantes pour la conservation des oiseaux comme un outil important d'évaluation et de suivi.

243. Le Comité a remercié les différents auteurs de ces documents. Il a également remercié BirdLife International et les différentes personnes ayant contribué aux rapports, y compris de nombreux membres de la communauté scientifique. Le Comité a reconnu la valeur du rapport sur les zones importantes pour la conservation des oiseaux, un document d'une grande importance pour les délibérations sur la protection et la gestion de l'Antarctique. Les Membres ont, par ailleurs, souligné les autres applications potentielles du rapport sur les zones importantes pour la conservation des oiseaux, en particulier pour la préparation et l'évaluation des EIE, la révision des plans de gestion des zones protégées et la préparation des discussions de politique et de gestion lors des réunions annuelles de la RCTA et du CPE.

Avis du CPE à la RCTA concernant les zones importantes pour la conservation des oiseaux en Antarctique

244. Le Comité est convenu de transmettre un projet de résolution sur les zones importantes pour la conservation des oiseaux en Antarctique à la RCTA pour approbation.

245. L'Espagne a présenté le document d'information IP 69, intitulé *« Update of the status of the rare moss formations on Caliente Hill (ASPA 140 – site C) »*. Ce document attire l'attention sur les dommages causés par le piétinement involontaire et répété de la mousse endémique Schistidium deceptionense dans la zone vulnérable de l'île de la Déception. Il actualise les informations contenues dans le document d'information IP 58 présenté lors du XVIIe CPE, qui faisait état de nouveaux dommages sur l'île de la Déception. Il met en exergue certains de leurs éléments ainsi que les problèmes inhérents aux détériorations. Le document insiste sur la nécessité d'aborder le problème sous des angles différents afin d'évaluer les dommages de manière adéquate. Les dommages étaient parfois causés par des activités de loisirs, mais ils n'étaient pas automatiquement imputables aux navires de l'IAATO, et ils pouvaient avoir d'autres causes. L'Espagne a également insisté sur le fait que la multiplication des efforts de recherche était susceptible d'exercer une pression sur l'environnement. Elle a précisé qu'elle avait développé un code de conduite interne applicable aux activités menées sur le terrain et elle a recommandé aux autres Membres de s'en inspirer. Elle a conclu

en manifestant son intérêt pour le suivi et la gestion de la ZSPA, soulignant qu'elle exploitait une station de recherche située à proximité et qu'un code de conduite pour les activités se déroulant en zone géothermique pourrait s'avérer fort utile.

246. Le Comité a remercié l'Espagne pour son document et a pris note des progrès réalisés par l'Espagne pour ce qui concerne la protection de ces sites importants sur l'île de la Déception. Le Royaume-Uni s'est déclaré disposé à travailler en étroite collaboration avec l'Espagne et le groupe de gestion de l'île de la Déception en vue d'examiner les différentes options qui permettraient d'améliorer la protection et la gestion de la ZSPA n°140.

247. Le document suivant a également été soumis au titre de ce point de l'ordre du jour :

   • BP 22, intitulé *« A meta-analysis of human disturbance impacts on Antarctic Wildlife »* (SCAR).

Point 11 – Suivi environnemental et rapports

248. Les États-Unis d'Amérique ont présenté le document d'information IP 42, intitulé *« EIA Field Reviews of Science, Operations, and Camps »*. Ce document rend compte du suivi des projets menés au titre du programme antarctique des États-Unis d'Amérique, qui s'inscrit dans un processus d'évaluation d'impact sur l'environnement des opérations sur le terrain (EIE). Ce processus a été élaboré pour comparer les activités et les répercussions réelles et escomptées de chaque projet. Les États-Unis d'Amérique ont informé le Comité que, avant la saison sur le terrain, des projets ont été retenus en vue d'un examen des opérations sur le terrain (EIE), sur la base d'un ou de plusieurs critères de sélection : utilisation de grandes quantités de produits dangereux ou production de grandes quantités de déchets, utilisation de zones intactes ou faiblement perturbées (activités opérationnelles), établissement et utilisation de campements ou de camps de tentes de grandes dimensions situés dans ou à proximité de zones vulnérables, là où d'autres projets sont en cours ou sont susceptibles de voir le jour, et utilisation de technologies nouvelles.

249. Le Comité a félicité les États-Unis d'Amérique pour l'approche globale adoptée pour le suivi des EIE et il a souligné que le GCI pourrait tirer parti des informations contenues dans le document d'information IP 42 lorsqu'il abordera les questions liées aux EIE.

250. La République de Corée a présenté le document d'information IP 71, intitulé *« Environmental Monitoring at Jang-Bogo Station, Terra Nova Bay »*, qui détaille le programme global de suivi environnemental qui a pour objet d'évaluer l'incidence des opérations de fonctionnement de la station Jang-Bogo sur l'environnement en Antarctique. Le document précise, par ailleurs, que ce programme a également pour objectif d'élaborer des mesures d'atténuation efficaces et que le niveau de l'incidence des opérations de la station sur l'environnement était généralement conforme aux niveaux indiqués dans l'EGIE.

251. L'Inde a félicité la République de Corée pour son suivi environnemental global ainsi que pour la sélection de divers indicateurs environnementaux et elle a indiqué que cette expérience pourrait être utile aux Parties pour mener à bien des opérations de suivi environnemental sur la base des indicateurs suggérés par le COMNAP et le SCAR.

252. Le Comité s'est félicité que le suivi des opérations de la station Jang-Bogo ait montré que l'impact environnemental lié à l'exploitation de la station était généralement conforme aux niveaux indiqués dans l'EGIE.

253. Le SCAR a présenté le document d'information IP 98, intitulé *« Report on the 2014-2015 activities of the Southern Ocean Observing System (SOOS) »*. Dans le document, le SCAR a indiqué que, en 2014, le SOOS a clarifié sa mission et ses objectifs et qu'il a développé des structures destinées à soutenir la mise en œuvre de ses activités. Il a souligné les parrainages et appuis dont bénéficie le SOOS ainsi que les activités planifiées pour la saison 2015/16 et leurs principaux objectifs.

254. Le Comité a salué la mise à jour des informations et il a souligné la valeur et la pertinence du SOOS au regard des intérêts du CPE, qui avaient été reconnues précédemment lors des discussions portant sur le WP 39 et le PTRCC.

255. La Nouvelle-Zélande a présenté le document d'information IP 103, intitulé *« A Methodology to Assess Site Sensitivity at Visitor Sites: Progress Report »*, préparé conjointement avec l'Australie, la Norvège, le Royaume-Uni et les États-Unis d'Amérique. Ce document rend compte des travaux menés en collaboration avec Oceanites et l'université Stony Brooks en vue d'identifier les possibilités d'utiliser l'ensemble des données à long terme de l'Antarctic Site Inventory (répertoire des sites de l'Antarctique). Ce document contient un rapport d'étape et les résultats du travail de terrain mené pendant la

saison 2014/15 et il identifie les activités supplémentaires qui devront être déployées en amont du XIXᵉ CPE.

256. L'IAATO a estimé que la méthodologie employée avait assuré un bon équilibre entre les approches quantitative et qualitative, soulignant son implication dans l'enquête menée auprès des spécialistes. La France a noté le biais potentiel dans les résultats, en raison du nombre plus élevé d'informations relatives aux oiseaux et aux mammifères, et elle a exprimé le souhait que les autres composantes de l'écosystème soient davantage prises en compte à l'avenir. L'ASOC a déclaré que le suivi environnemental était essentiel et elle a encouragé les Membres à poursuivre leurs activités en ce sens.

257. Le Comité a rappelé que ce sujet avait déjà été abordé lors du XVIIᵉ CPE et il a mentionné les recommandations qui découlent de l'étude sur le tourisme réalisée en 2012 par le CPE. Le Comité a remercié l'IAATO et ses membres, dont le soutien considérable a facilité l'enquête menée auprès des experts. Le Comité s'est réjoui à la perspective d'obtenir des informations actualisées lors de la prochaine réunion et de débattre de la méthodologie d'évaluation de la vulnérabilité des sites.

Point 12 – Rapports d'inspection

258. Le Royaume-Uni a présenté le document de travail WP 19 rév.1 *Recommandations générales à l'issue des inspections conjointes menées par le Royaume-Uni et la République tchèque en vertu de l'Article VII du Traité sur l'Antarctique et de l'Article 14 du Protocole relatif à la protection de l'environnement* et il a fait référence au document d'information IP 57 intitulé « *Report of the Joint Inspections Undertaken by the United Kingdom and the Czech Republic under Article VII of the Antarctic Treaty and Article 14 of the Environmental Protocol* », préparé conjointement avec la République tchèque. Il a rendu compte des inspections conjointes du Traité sur l'Antarctique menées entre décembre 2014 et janvier 2015, qui ont concerné 12 stations de recherche, une infrastructure non gouvernementale, un refuge, six navires de croisière et cinq yachts. Le Royaume-Uni a remercié toutes les Parties et tous les opérateurs de navires pour leur coopération lors des inspections. Le Royaume-Uni a souligné que les inspections reflétaient nécessairement la situation à un moment donné. Il a félicité toutes les Parties qui ont indiqué qu'elles allaient tenir compte des recommandations individuelles relatives aux stations ou aux navires. Aucune

violation importante du Traité ou de son Protocole relatif à la protection de l'environnement n'a été constatée.

259. Le Royaume-Uni a attiré l'attention du Comité sur les recommandations contenues dans le document de travail WP 19 rév.1 qui, selon lui et selon la République tchèque, portent sur des questions environnementales (recommandations 4, 11, 13, 14, 17, 18, 19, 20, 21 et 26) et il a demandé à la réunion de les accueillir et de les appuyer.

260. La République tchèque a indiqué que le document rendait compte des premières inspections menées par un inspecteur tchèque. Elle a souligné l'importance de la coopération internationale dans le cadre des inspections et elle a mis en exergue la valeur des équipes d'inspection multinationales.

261. Le Comité a remercié le Royaume-Uni et la République tchèque pour leur rapport détaillé sur les inspections menées au cours de la période 2014-15 et les débats ont principalement porté sur les éléments environnementaux du rapport d'inspection et sur les recommandations qui en découlent. Le Comité a souligné la valeur des inspections, qui permettent notamment de vérifier le respect du Protocole et de mettre en lumière les bonnes pratiques. Le Comité a salué les observations formulées par l'équipe d'inspection concernant le degré généralement élevé de sensibilisation aux exigences du Protocole relatif à la protection de l'environnement ainsi que les exemples de bonnes pratiques, contenus dans le rapport d'inspection complet.

262. Certains Membres ont émis des commentaires, fourni des clarifications et apporté des mises à jour concernant les questions soulevées dans le rapport d'inspection en ce qui concerne leurs opérations.

263. La Chine a fait savoir que le refuge d'urgence chinois repris dans le Tableau 1 du rapport d'inspection serait enlevé dans deux ans et que des mesures d'atténuation adéquates seraient adoptées en vue de réduire l'incidence de ce démantèlement sur l'environnement.

264. La Bulgarie a ajouté que le financement des recherches scientifiques menées par l'institut antarctique bulgare (BAI) ne « dépendait pas exclusivement de l'accueil de scientifiques dans la station ». Les opérations scientifiques et la station antarctique Saint-Clément d'Ohrid du BAI ont été financées par le Fonds national de la recherche, qui a approuvé les projets scientifiques par voie de concours, et par d'autres sources nationales, telles que le ministère de l'Environnement. La Bulgarie a ajouté que la base d'Ohrid ne dépendait

pas de la station espagnole pour ce qui concerne l'aide médicale. Chacune des deux stations dispose de son propre médecin et d'une infrastructure médicale de base, ce qui exclut toute interdépendance pour ce qui concerne l'aide médicale. Concernant des urgences médicales complexes qui nécessiteraient une évacuation de l'île, les risques pour le patient seraient multipliés et le processus retardé si le patient était transporté en premier lieu vers la station espagnole. Le patient devrait être évacué en hélicoptère à destination de l'aéroport chilien de l'île du Roi-George. Les conditions de vol sont globalement semblables dans les deux stations et les distances de vol sont les mêmes, ce qui ne justifie pas une évacuation du patient depuis la station espagnole. La Bulgarie a précisé que la station était exploitée par une équipe de bénévoles et de non-bénévoles. En effet, les salariés du BAI, tels que le directeur, le chef de programme et le secrétaire qui participent régulièrement aux campagnes antarctiques annuelles de la Bulgarie et qui travaillent sur la base en diverses qualités (direction de la campagne, logistique ou autre soutien), ne sont pas des bénévoles. Les scientifiques bulgares qui travaillent à la station prennent également part au fonctionnement de la station. Ils sont généralement rémunérés au titre de leurs projets scientifiques respectifs ; ils ne sont donc pas bénévoles. Parmi les bénévoles, on peut citer le personnel non scientifique tel que les ouvriers de la construction, les mécaniciens, les électriciens, les médecins, les cuisiniers, etc. Cependant, le terme « bénévole » ne doit pas être interprété au sens d'« amateur ». Ces personnes sont qualifiées dans leur domaine de compétences et, pour la plupart, travaillent sur la base antarctique depuis plusieurs saisons (parfois, plus de dix).

265. L'Allemagne a répété que la station antarctique allemande de réception (GARS) O'Higgins n'a pas procédé au traitement de données à des fins militaires.

266. Le Canada a informé le Comité qu'il avait pris note des préoccupations relatives aux observations faites en ce qui concerne le SMH 61 et qu'il collaborerait avec ses organisateurs de voyage agréés, notamment ceux qui ont fait l'objet d'une inspection, pour améliorer le respect du Traité et du Protocole relatif à la protection de l'environnement.

267. L'Ukraine a informé le Comité qu'elle avait pris note des recommandations relatives à sa station et qu'elle avait déjà entamé des travaux pour l'améliorer.

268. Plusieurs Membres ont reconnu le caractère général et l'intérêt des recommandations qui découlent des inspections, mais ils ont enjoint au

Comité de tenir compte uniquement des recommandations relatives aux questions environnementales.

269. L'Argentine a salué les inspections réalisées au titre de l'Article 7 du Traité sur l'Antarctique ; elle a, en outre, indiqué qu'elles faciliteraient grandement le processus de prise de décision et elle a souhaité, à l'instar du Président, que le Comité se concentre uniquement sur les inspections liées à l'environnement. À cet égard, l'Argentine a attiré l'attention des participants sur le fait que le document contient toutes les recommandations et pas uniquement celles qui sont liées à l'environnement. L'Argentine a également déclaré que, puisque les recommandations sont formulées par des Parties individuelles, elle ne souhaite pas que le Comité fasse figurer les recommandations générales dans le rapport final de la réunion du CPE.

270. Le Brésil a remercié le Royaume-Uni et la République tchèque pour leur travail, dont les conclusions relatives à la station brésilienne étaient très positives. Le Brésil a reconnu l'utilité des inspections, dans la mesure où elles visent à renforcer les objectifs du Traité sur l'Antarctique et du Protocole de Madrid. Le Brésil a indiqué que les rapports d'inspection ont valeur de recommandation ; ils reflètent le point de vue de leurs auteurs et ils pourraient être pris en compte de manière adéquate par les Parties qui font l'objet d'une inspection.

271. La Belgique a souligné l'importance d'aborder les questions de la réparation et la réhabilitation de l'environnement en ce qui concerne l'Eco Base Nelson. Elle a suggéré que la station représente un risque majeur pour la sécurité et l'environnement et qu'elle devrait être enlevée le plus rapidement possible.

272. En ce qui concerne la recommandation 13, le SCAR a informé le Comité qu'il ne dispose pas de groupe de recherche chargé d'étudier l'incidence des changements climatiques ou environnementaux sur les stations ou les infrastructures.

273. L'IAATO a indiqué que ses membres ont accueilli favorablement les inspections menées au titre du Traité ; ses opérateurs ont estimé que ces inspections leur donnaient l'occasion de démontrer à quel point leurs opérations respectaient l'environnement et de mieux sensibiliser les visiteurs au Traité. L'IAATO a ajouté que ses membres observaient rigoureusement les bonnes pratiques en matière de biosécurité. Elle a demandé que les Parties concernées la contactent directement en cas de problème afin de trouver une solution sans délai.

274. La Norvège a indiqué que la plupart des recommandations contenues dans le rapport couvraient des questions importantes aux yeux du Comité. Elle a

suggéré que, si les recommandations ne pouvaient être adoptées à ce stade, le Comité pourrait en tenir compte, selon les besoins, lors de ses travaux. Elle a souligné, par exemple, que la recommandation 13 était particulièrement pertinente au regard de la mise en œuvre du PTRCC.

275. Le Comité a pris note du document présenté par le Royaume-Uni et la République tchèque et des recommandations générales contenues dans le document de travail WP 19 rév.1. Les Membres ont déclaré que les recommandations qui découlent des inspections sont jugées utiles pour les Parties qui font l'objet d'une inspection, le cas échéant. Il a été observé que les recommandations contenues dans le rapport d'inspection sont les recommandations des Parties qui ont réalisé les inspections et non pas les recommandations du Comité. Certains Membres ont souligné l'utilité des recommandations pour leur propre usage, le cas échéant.

276. Plusieurs membres et l'ASOC ont souligné l'utilité des rapports transmis au Comité concernant les progrès réalisés en vue de mettre en œuvre les recommandations contenues dans les rapports d'inspection. Ils ont cité, à titre d'exemple, le rapport de suivi de l'Inde relatif aux recommandations formulées à la suite d'une inspection à la station Maitri (BP 14). La Fédération de Russie a ajouté que ces rapports de suivi pourraient également permettre aux programmes antarctiques nationaux qui font l'objet d'une inspection de défendre pleinement leur position pour ce qui concerne les recommandations reçues.

277. Le document suivant a également été soumis au titre de ce point de l'ordre du jour :

- BP 14, intitulé *« Follow-up to the Recommendations of the Inspection Teams to Maitri Station »* (Inde).

Point 13 – Questions à caractère général

278. Le SCAR a présenté le document d'information IP 20, intitulé *« Outcomes of the 1st SCAR Antarctic and Southern Ocean Science Horizon Scan »*. Horizon Scan se concentre sur les questions scientifiques les plus importantes et les plus urgentes, en Antarctique et dans l'océan Austral, qui doivent être traitées au cours des deux prochaines décennies et au-delà. Il a identifié 80 questions scientifiques hautement prioritaires, réparties en six catégories. Parmi ces questions, on peut citer : 1) définir la portée générale de l'atmosphère antarctique et de l'océan Austral ; 2) comprendre comment, où et pourquoi la plateforme

de glace diminue ; 3) retracer l'histoire de l'Antarctique ; 4) savoir comment la vie en Antarctique a évolué et a survécu ; 5) observer l'espace et l'univers ; et 6) reconnaître et atténuer les effets des activités anthropiques.

279. Le Comité a félicité le SCAR pour avoir mis au point Horizon Scan et pour son rapport sur les principaux résultats. Il a précisé que l'une des priorités identifiées portait sur la prise en compte de l'atténuation des effets des activités anthropiques et il s'est réjoui de pouvoir utiliser les résultats des recherches définies comme prioritaires dans Horizon Scan pour ses travaux à venir.

280. Les documents suivants ont également été soumis au titre de ce point de l'ordre du jour :

- IP 74, intitulé « *Waste Water Management in Antarctica COMNAP Workshop* » (COMNAP).
- BP 17, intitulé « *Manejo de residuos sólidos en la XIX Expedición Ecuatoriana* » (Équateur).

Point 14 – Élection des membres du Bureau

281. Le Comité a élu le Dr Polly Penhale, des États-Unis d'Amérique, en tant que vice-présidente pour un second mandat de deux ans et il l'a félicitée pour sa nomination à ce poste.

Point 15 – Préparatifs de la prochaine réunion

282. Le Comité a adopté l'ordre du jour provisoire du XIXe CPE (Annexe 4).

Point 16 – Adoption du rapport

283. Le Comité a adopté son rapport.

Point 17 – Clôture de la réunion

284. Le Président a clôturé la réunion le vendredi 5 juin 2015.

Annexe 1

Plan de travail quinquennal du CPE

Question / Pression sur l'environnement : Introduction d'espèces non indigènes	
Priorité : 1	
Actions :	
1. Poursuivre le développement de lignes directrices et de ressources pratiques pour tous les opérateurs antarctiques.	
2. Mettre en œuvre les actions connexes identifiées dans le programme de travail en réponse aux changements climatiques.	
3. Examiner les évaluations de risques spatialement explicites, différenciées par activité afin d'atténuer les risques posés par les espèces terrestres non indigènes.	
4. Développer une stratégie de surveillance pour les zones à haut risque d'implantation d'espèces non indigènes.	
5. Porter une attention accrue aux risques posés par le transfert intra-antarctique de propagules.	
Période intersession 2015-2016	Révision du Manuel sur les espèces non indigènes par le GCI
XIXᵉ CPE 2016	Examiner le rapport du GCI
Période intersession 2016-2017	
XXᵉ CPE 2017	
Période intersession 2017-2018	
XXIᵉ CPE 2018	
Période intersession 2018-2019	
XXIIᵉ CPE 2019	
Période intersession 2019-2020	
XXIIIᵉ CPE 2020	

Question / Pression sur l'environnement : Tourisme et activités des ONG	
Priorité : 1	
Actions :	
1. Fournir un avis à la RCTA, comme demandé.	
2. Promouvoir les recommandations émises par la RETA sur le tourisme à bord de navires.	
Période intersession 2015-2016	
XIXᵉ CPE 2016	Examiner les résultats du développement de la méthodologie relative à la sensibilité des sites [Recommandation 3 de l'étude sur le tourisme].
Période intersession 2016-2017	
XXᵉ CPE 2017	
Période intersession 2017-2018	
XXIᵉ CPE 2018	
Période intersession 2018-2019	
XXIIᵉ CPE 2019	
Période intersession 2019-2020	
XXIIIᵉ CPE 2020	

Question / Pression sur l'environnement : Conséquences du changement climatique pour l'environnement :	
Priorité : 1	
Actions :	
1. Prendre en compte les implications du changement climatique pour la gestion de l'environnement en Antarctique. 2. Promouvoir les recommandations de la RETA sur le changement climatique. 3. Mettre en œuvre le programme de travail en réponse aux changements climatiques.	
Période intersession 2015-2016	Débattre des mécanismes intervenant dans la révision et la mise à jour du PTRCC.
XIXe CPE 2016	• Point permanent de l'ordre du jour • Le SCAR fournit une actualisation
Période intersession 2016-2017	
XXe CPE 2017	• Point permanent de l'ordre du jour • Le SCAR fournit une actualisation
Période intersession 2017-2018	
XXIe CPE 2018	
Période intersession 2018-2019	
XXIIe CPE 2019	
Période intersession 2019-2020	
XXIIIe CPE 2020	

Question / Pression sur l'environnement : Traitement des plans de gestion de zones protégées / gérées nouveaux et révisés	
Priorité : 1	
Actions :	
1. Améliorer la procédure d'examen des plans de gestion nouveaux et révisés. 2. Mettre à jour les lignes directrices existantes. 3. Promouvoir les recommandations de la RETA sur le changement climatique. 4. Développer des lignes directrices relatives à la préparation de ZSGA.	
Période intersession 2015-2016	• GSPG / mène des travaux selon le plan de travail. • Poursuivre l'élaboration des lignes directrices relatives à la préparation des ZGSA.
XIXe CPE 2016	Examen du rapport du GSPG
Période intersession 2016-2017	
XXe CPE 2017	
Période intersession 2017-2018	
XXIe CPE 2018	
Période intersession 2018-2019	
XXIIe CPE 2019	
Période intersession 2019-2020	
XXIIIe CPE 2020	

Question / Pression sur l'environnement : Gestion et protection de l'espace marin	
Priorité : 1	

Actions :
1. Coopération entre le CPE et le SC-CAMLR sur des questions d'intérêt commun.
2. Coopérer avec la CCAMLR dans le domaine de la biorégionalisation de l'océan Austral et d'autres domaines d'intérêt commun et sur les principes adoptés.
3. Identifier et appliquer des procédures de protection de l'espace marin.
4. Promouvoir les recommandations de la RETA sur le changement climatique.

Période intersession 2015-2016	GCI sur les valeurs marines exceptionnelles
XIXᵉ CPE 2016	Examiner le rapport du GCI
Période intersession 2016-2017	
XXᵉ CPE 2017	
Période intersession 2017-2018	
XXIᵉ CPE 2018	
Période intersession 2018-2019	
XXIIᵉ CPE 2019	
Période intersession 2019-2020	
XXIIIᵉ CPE 2020	

Question / Pression sur l'environnement : Fonctionnement du CPE et planification stratégique	
Priorité : 1	

Actions :
1. Maintenir le plan quinquennal à jour sur la base de l'évolution des circonstances et des besoins de la RCTA.
2. Identifier les possibilités d'améliorer l'efficacité du CPE.
3. Examiner les objectifs à long terme pour l'Antarctique (période de 50 à 100 ans).
4. Examiner les possibilités d'améliorer les relations de travail entre le CPE et la RCTA.

Période intersession 2015-2016	• Préparer la publication pour le 25ᵉ anniversaire du Protocole. • Comme requis, planifier le colloque à l'occasion du 25ᵉ anniversaire.
XIXᵉ CPE 2016	• 25ᵉ anniversaire du Protocole. Examiner et réviser le plan de travail le cas échéant. • Examiner le projet de publication élaboré par le GCI.
Période intersession 2016-2017	
XXᵉ CPE 2017	
Période intersession 2017-2018	
XXIᵉ CPE 2018	
Période intersession 2018-2019	
XXIIᵉ CPE 2019	
Période intersession 2019-2020	
XXIIIᵉ CPE 2020	

197

Question / Pression sur l'environnement : Réparation et réhabilitation des dommages causés à l'environnement	
Priorité : 2	
Actions :	
1. Répondre aux requêtes complémentaires émises par la RCTA concernant la réparation et la réhabilitation, si nécessaire 2. Suivre les avancées de la création d'un inventaire, dans l'ensemble de l'Antarctique, des sites ayant fait l'objet d'activités antérieures. 3. Examiner les lignes directrices relatives à la réparation et la réhabilitation. 4. Les Membres élaborent des lignes directrices pratiques et les ressources associées afin de les inclure dans le Manuel de nettoyage 5. Poursuivre l'élaboration des pratiques de bioremédiation et de réparation afin de les inclure dans le Manuel de nettoyage.	
Période intersession 2015-2016	
XIXᵉ CPE 2016	
Période intersession 2016-2017	
XXᵉ CPE 2017	Envisager la révision du Manuel de nettoyage.
Période intersession 2017-2018	
XXIᵉ CPE 2018	
Période intersession 2018-2019	
XXIIᵉ CPE 2019	
Période intersession 2019-2020	
XXIIIᵉ CPE 2020	

Question / Pression sur l'environnement : Empreinte humaine / gestion de la nature à l'état sauvage	
Priorité : 2	
Actions :	
1. Développer des méthodes afin de mieux protéger la nature à l'état sauvage, en vertu des Annexes I et V.	
Période intersession 2015-2016	Examiner la manière d'inclure les aspects de la nature à l'état sauvage dans les lignes directrices relatives aux EIE
XIXᵉ CPE 2016	
Période intersession 2016-2017	
XXᵉ CPE 2017	
Période intersession 2017-2018	
XXIᵉ CPE 2018	
Période intersession 2018-2019	
XXIIᵉ CPE 2019	
Période intersession 2019-2020	
XXIIIᵉ CPE 2020	

Question / Pression sur l'environnement : Suivi et rapports sur l'état de l'environnement	
Priorité : 2	
Actions :	
1. Identifier les indicateurs et outils environnementaux clés.	
2. Mettre en place une procédure pour les rapports faits à la RCTA.	
3. Le SCAR transmettra des informations au COMNAP et au CPE.	
Période intersession 2015-2016	
XIXe CPE 2016	• Rapport du COMNAP et du SCAR concernant l'utilisation de véhicules aériens sans pilote (UAV) • Envisager la création d'un GCI pour élaborer des lignes directrices relatives aux UAV.
Période intersession 2016-2017	
XXe CPE 2017	
Période intersession 2017-2018	
XXIe CPE 2018	
Période intersession 2018-2019	
XXIIe CPE 2019	
Période intersession 2019-2020	
XXIIIe CPE 2020	

Question / Pression sur l'environnement : Lignes directrices spécifiques pour les sites fréquentés par les touristes	
Priorité : 2	
Actions :	
1. Examiner régulièrement la liste des sites pour lesquels des lignes directrices ont été établies et déterminer si des lignes directrices devraient être élaborées pour d'autres sites.	
2. Fournir un avis à la RCTA, comme demandé.	
3. Revoir le format des lignes directrices relatives aux sites.	
Période intersession 2015-2016	• Le Royaume-Uni coordonnera un processus informel visant à rassembler les informations quant à l'utilisation des lignes directrices relatives aux visites de sites par les opérateurs nationaux • Développer des lignes directrices pour les visiteurs pour l'île Yalour.
XIXe CPE 2016	• Point permanent de l'ordre du jour ; les Parties rendront compte de leur examen des lignes directrices relatives aux visites de sites. • Rapport au CPE sur les résultats des suivis des îles Barrientos, les îles Aitcho.
Période intersession 2016-2017	
XXe CPE 2017	Point permanent de l'ordre du jour ; les Parties rendront compte de leur examen des lignes directrices relatives aux visites de sites.
Période intersession 2017-2018	
XXIe CPE 2018	
Période intersession 2018-2019	
XXIIe CPE 2019	
Période intersession 2019-2020	
XXIIIe CPE 2020	

Question / Pression sur l'environnement : Présentation du système des zones protégées	
Priorité : 2	
Actions :	
1. Appliquer l'Analyse des domaines environnementaux (ADE) et les Régions de conservation biogéographiques de l'Antarctique (RCBA) afin d'améliorer le système des zones protégées. 2. Promouvoir les recommandations de la RETA sur le changement climatique. 3. Maintenir et développer la base de données sur les zones protégées. 4. Évaluer dans quelle mesure les zones de conservation importantes pour les oiseaux (IBA) sont ou devraient être représentées dans la liste des ZSPA.	
Période intersession 2015-2016	
XIXe CPE 2016	
Période intersession 2016-2017	
XXe CPE 2017	
Période intersession 2017-2018	
XXIe CPE 2018	
Période intersession 2018-2019	
XXIIe CPE 2019	
Période intersession 2019-2020	
XXIIIe CPE 2020	

Question / Pression sur l'environnement : Sensibilisation et éducation	
Priorité : 2	
Actions :	
1. Examiner les exemples actuels et identifier les occasions permettant d'élargir la portée des actions d'éducation et de sensibilisation. 2. Encourager les Membres à échanger des informations concernant leurs expériences en la matière. 3. Mettre en place une stratégie et des lignes directrices pour l'échange d'information entre les Membres dans les domaines de l'éducation et de la sensibilisation dans une perspective à long terme.	
Période intersession 2015-2016	• Préparer la publication sur le 25e anniversaire • Contribuer, comme il convient, au GCI de la RCTA sur l'éducation et la sensibilisation.
XIXe CPE 2016	Examiner et adopter la publication
Période intersession 2016-2017	
XXe CPE 2017	
Période intersession 2017-2018	
XXIe CPE 2018	
Période intersession 2018-2019	
XXIIe CPE 2019	
Période intersession 2019-2020	
XXIIIe CPE 2020	

Question / Pression sur l'environnement : Mettre en œuvre et améliorer les dispositions de l'Annexe I relatives aux EIE	
Priorité : 2	
Actions :	
1. Améliorer le processus d'examen des EGIE et conseiller la RCTA de manière adéquate. 2. Développer des lignes directrices relatives à l'évaluation des impacts cumulatifs. 3. Réviser les lignes directrices des EIE et envisager une politique plus large, ainsi que d'autres questions. 4. Envisager l'application d'une évaluation environnementale stratégique en Antarctique. 5. Promouvoir les recommandations de la RETA sur le changement climatique.	
Période intersession 2015-2016	• Etablir un GCI pour examiner les projets d'EGIE, comme demandé. • Poursuivre le GCI sur l'examen des lignes directrices, comme demandé
XIXᵉ CPE 2016	• Examen des rapports du GCI sur les projets d'EGIE, comme demandé • Examen de la révision des lignes directrices relatives aux EIE par le GCI
Période intersession 2016-2017	Etablir un GCI pour examiner les projets d'EGIE, comme demandé.
XXᵉ CPE 2017	Examen des rapports du GCI sur les projets d'EGIE, comme demandé
Période intersession 2017-2018	
XXIᵉ CPE 2018	
Période intersession 2018-2019	
XXIIᵉ CPE 2019	
Période intersession 2019-2020	
XXIIIᵉ CPE 2020	

Question / Pression sur l'environnement : Connaissances en matière de biodiversité	
Priorité : 3	
Actions :	
1. Poursuivre la sensibilisation aux menaces posées à la biodiversité. 2. Promouvoir les recommandations de la RETA sur le changement climatique. 3. Le CPE examinera les avis scientifiques complémentaires sur les perturbations de la faune sauvage.	
Période intersession 2015-2016	
XIXᵉ CPE 2016	
Période intersession 2016-2017	
XXᵉ CPE 2017	Discussion de la mise à jour du SCAR sur la pollution sonore sous-marine.
Période intersession 2017-2018	
XXIᵉ CPE 2018	
Période intersession 2018-2019	
XXIIᵉ CPE 2019	
Période intersession 2019-2020	
XXIIIᵉ CPE 2020	

Question / Pression sur l'environnement : Désignation et gestion des Sites et monuments historiques	
Priorité : 3	
Actions : 1. Maintenir la liste et étudier les nouvelles propositions lorsqu'elles se présentent. 2. Examiner les questions stratégiques comme il convient, y compris les questions relatives à la désignation de SMH en regard des dispositions du Protocole relatives au nettoyage. 3. Réviser la présentation de la liste de SMH dans le but d'améliorer l'accès aux informations.	
Période intersession 2015-2016	Mise à jour de la liste des SMH par le Secrétariat
XIXᵉ CPE 2016	• Point permanent • Entamer les discussions sur les questions relatives à la désignation de SMH en regard des dispositions du Protocole relatives au nettoyage.
Période intersession 2016-2017	Mise à jour de la liste des SMH par le Secrétariat
XXᵉ CPE 2017	Point permanent
Période intersession 2017-2018	
XXIᵉ CPE 2018	
Période intersession 2018-2019	
XXIIᵉ CPE 2019	
Période intersession 2019-2020	
XXIIIᵉ CPE 2020	

Question / Pression sur l'environnement : Échange d'informations	
Priorité : 3	
Actions : 1. Confier au Secrétariat. 2. Suivre et faciliter l'utilisation du SEEI. 3. Examiner les exigences en matière de rapports sur l'environnement	
Période intersession 2015-2016	Contribuer aux travaux sur les aspects environnementaux de l'échange d'informations, si nécessaire.
XIXᵉ CPE 2016	• Rapport du Secrétariat • Examiner le rapport du GCI, si nécessaire
Période intersession 2016-2017	
XXᵉ CPE 2017	Rapport du Secrétariat
Période intersession 2017-2018	
XXIᵉ CPE 2018	
Période intersession 2018-2019	
XXIIᵉ CPE 2019	
Période intersession 2019-2020	
XXIIIᵉ CPE 2020	

Question / Pression sur l'environnement : Protection des valeurs géologiques exceptionnelles	
Priorité : 3	
Actions : 1. Envisager de nouveaux mécanismes en ce qui concerne la protection des valeurs géologiques exceptionnelles.	
Période intersession 2015-2016	Évaluer les mécanismes de protection environnementale possibles pour les valeurs géologiques.
XIXᵉ CPE 2016	
Période intersession 2016-2017	
XXᵉ CPE 2017	
Période intersession 2017-2018	
XXIᵉ CPE 2018	Examiner l'avis émis par le SCAR.
Période intersession 2018-2019	
XXIIᵉ CPE 2019	
Période intersession 2019-2020	
XXIIIᵉ CPE 2020	

Programme de travail en réponse au changement climatique

Vision du PTRCC : Tenant compte des conclusions et recommandations émises par la RETA sur le changement climatique en 2010, le PTRCC comprend un mécanisme permettant au CPE d'identifier et de réviser les buts et actions spécifiques visant à soutenir les efforts déployés au sein du Système du Traité sur l'Antarctique pour se préparer et développer la résilience aux conséquences environnementales d'un climat en mutation, ainsi qu'aux conséquences pour la gouvernance et la gestion de l'Antarctique.

Question liée aux changements climatiques	Lacunes/Besoins	Domaine de réponse	Mesure/tâche	Priorité	Qui	IP	CPE 2016	IP	CPE 2017	IP	CPE 2018	IP	CPE 2019	IP	CPE 2020
1) Possibilité accrue d'introduction et d'installation d'espèces non indigènes	• Cadre de surveillance de l'installation des espèces non indigènes marines, terrestres et dulçaquicoles. • Stratégie de réponse aux répercussions des changements climatiques, introductions suspectées d'espèces non indigènes • Évaluation de la suffisance des régimes existants de prévention des introductions et des transferts d'espèces non indigènes. Analyse des outils de gestion utilisés dans d'autres régions.	Gestion	a. Continuer à élaborer le Manuel sur les espèces non indigènes conformément à la Résolution 6 (2011), en s'assurant que les répercussions des changements climatiques sont comprises, notamment dans : • Le développement des approches de suivi (p. 21) • La stratégie de réponse (p. 22) • Les lignes directrices relatives aux EIE pour inclure les espèces non indigènes (p. 18)	1,3	CPE		S'assurer que les répercussions climatiques des changements climatiques sont prises en compte à leur juste valeur et incorporées dans le manuel sur les espèces non indigènes, tel qu'énoncé dans le plan de travail quinquennal du CPE		Lancer les travaux intersession[1] sur le développement de la surveillance et de la réponse stratégique sur les espèces non indigènes, y compris l'identification des habitats/biorégions à plus haut risque / Tenir compte des initiatives portant sur les mesures indélés par les espèces non indigènes	Travaux intersession	Recevoir le rapport des travaux intersession et prendre les mesures en conséquence				
		Gestion/ recherche	b. Examen des directives sur l'encrassement biologique de l'OMI afin d'en vérifier le caractère adéquat pour l'océan Austral et pour les navires voyageant d'une région à l'autre	2,6	Parties, experts et Observateurs intéressés						Examen du rapport aux directives sur l'encrassement biologique.		Rapport de l'IAATO sur la mise en œuvre des directives sur l'encrassement biologique par ses membres. / Rapport du COMNAP sur la mise en œuvre des directives sur l'encrassement biologique par ses membres.		
	• Meilleure compréhension des risques liés à la relocalisation d'espèces terrestres indigènes. Évaluation et cartographie des habitats antarctiques présentant un risque d'invasion. Évaluation des risques d'introduction d'espèces marines non indigènes présentant un risque d'invasion et de contrôle.		c. Effectuer une analyse de risques : identifier les espèces indigènes présentant un risque de relocalisation et identifier les voies de transfert intracontinental, notamment en élaborant des cartes/ descriptions régionales des habitats présentant un risque d'invasion	1,2	CPE, Parties, experts et Observateurs intéressés		Lancer les travaux intersession sur l'évaluation des risques que comporte une relocalisation d'espèces indigènes de l'Antarctique et identifier les mesures de gestion appropriées	Travaux intersession	Recevoir le rapport des travaux intersession et prendre des mesures en conséquence						
			d. Effectuer une analyse de risques : identifier les habitats marins présentant un risque d'invasion et identifier les voies d'introduction	1,8	CPE, Parties, experts et Observateurs intéressés								Lancer les travaux intersession sur l'évaluation des risques d'introduction d'espèces marines non indigènes.	Travaux intersession	
			e. Actions de progrès identifiées dans la rubrique « Réponse » du manuel sur les espèces non indigènes (p. 22-23)	1,6	PAN, SCAR										
	• Programme de surveillance en cours visant à définir le statut des espèces non indigènes compte tenu des changements climatiques	Suivi	f. Mettre en œuvre un suivi marin et terrestre conformément au cadre de surveillance établi, une fois celui-ci élaboré. (pt. a)	1,9	PAN, SCAR		Le CPE encourage les Programmes nationaux et le SCAR à soutenir et à faciliter les activités de recherches nouvelles et en cours, en particulier en ce qui concerne les emplacements critiques, p. ex., les sites à forte fréquentation présentant un potentiel de risques élevé. / Demande de résumé des projets de recherche envisagés ou planifiés						Les Membres établissent un rapport sur les mesures prises pour mettre en place des mesures de suivi et de réponse		Les Membres établissent un rapport sur les mesures prises pour mettre en place des mesures de suivi et de réponse

Question liée aux changements climatiques	Lacunes/Besoins	Domaine de réponse	Mesure/tâche	Priorité	Qui	IP	CPE 2016	IP	CPE 2017	IP	CPE 2018	IP	CPE 2019	IP	CPE 2020
2) Modification des environnements biotiques et abiotiques terrestres (y compris aquatiques) induite par les changements climatiques	• Comprendre comment les biotes terrestres et dulçaquicoles répondront aux changements climatiques actuels et futurs des réponses • Comprendre dans quelle mesure l'environnement abiotique terrestre se modifiera et quelles seront les répercussions de ces changements	Recherche	a. Soutenir et entreprendre des travaux de recherche afin de mieux comprendre les changements actuels et futurs des réponses	1,9	PAN, SCAR		Le CPE encourage les Programmes nationaux et le SCAR à soutenir et faciliter les recherches nouvelles et en cours. Le CPE demande au SCAR de fournir des mises à jour régulières sur l'état des connaissances en matière d'impact des changements climatiques sur les biotes terrestres.		En cours. Rapports actualisés à fournir, notamment à travers le Portail.		En cours. Rapports actualisés à fournir, notamment à travers le Portail.		En cours. Rapports actualisés à fournir, notamment à travers le Portail.		En cours. Rapports actualisés à fournir, notamment à travers le Portail.
			b. Soutenir et entreprendre un suivi à long terme des changements, notamment par des efforts conjoints (p. ex., ANTOS).	1,8	PAN, SCAR		Le CPE encourage les Programmes nationaux et le SCAR à soutenir et faciliter les activités de recherche nouvelles et en cours. Le CPE demande des mises à jour régulières des programmes de suivi à long terme pertinents.		Examiner les questions relatives à l'accès des données par le CPE		Analyser les lacunes évidentes en matière de réseau de suivi et encourager la mise en œuvre lorsque de telles lacunes existent, p. ex., à travers le cadre du programme LTER (Long term ecological research)				
			c. Continuer à élaborer des outils biogéographiques (ADE et RCBA) afin de fournir une base d'information solide sur la protection et la gestion de la région antarctique à l'échelle régionale et continentale, qui tienne compte des changements climatiques, notamment en identifiant le besoin de réserver des zones témoins pour les recherches futures et en définissant les zones présentant une résilience aux changements climatiques	2,1	Engagé par les Parties intéressées et le CPE						Planifier un atelier conjoint SCAR/CPE sur la biogéographie de l'Antarctique, notamment pour : identifier les applications pratiques de gestion des outils biogéographiques et des futurs besoins de recherche				
			d. Identifier et donner la priorité aux régions biogéographiques de l'Antarctique les plus menacées par les changements climatiques	1,6	Engagé par les Parties intéressées et le CPE										
		Gestion	e. Examiner et réviser, si nécessaire, les outils de gestion existants afin d'évaluer s'ils offrent les meilleures mesures d'adaptation pratiques aux régions les plus menacées par les changements climatiques	1,9	CPE	GCI sur les EIE²	S'assurer que le GCI sur les EIE (cf. plan de travail quinquennal) prend en compte et intègre de manière appropriée les répercussions des changements climatiques	GCI sur les EIE²	S'assurer que le GCI sur les EIE (cf. plan de travail quinquennal) prend en compte et intègre de manière appropriée les répercussions des changements climatiques						
			f. Analyse globale du réseau de zones protégées existant et du processus de désignation de telles zones afin de s'assurer qu'elles prennent en compte les répercussions des changements climatiques et qu'elles envisagent une réponse appropriée	1,8	CPE	GSPG³	Le travail du GSPG sur les lignes directrices pour les ZGSA (cf. plan de travail du GSPG) prend en compte de manière appropriée les répercussions des changements climatiques	GSPG³	Plan pour l'atelier intersession portant sur l'examen du système de zones protégées	Atelier⁴	Plan pour l'atelier intersession portant sur l'examen du système de zones protégées				
			g. Prendre des mesures visant à protéger les zones représentatives de chaque région biogéographique et les zones susceptibles de constituer un refuge pour les espèces et les écosystèmes menacés	2,3	CPE						Fournir un rapport d'étape à la RCTA sur l'état du réseau des zones protégées de l'Antarctique				

Question liée aux changements climatiques	Lacunes/besoins	Domaine de réponse	Mesure/tâche	Priorité	Qui	IP	CPE 2016	IP	CPE 2017	IP	CPE 2018	IP	CPE 2019	IP	CPE 2020
3) Changement des environnements marins biotiques et abiotiques côtiers (acidification des océans exclue)[?]	• Comprendre et être en mesure de prévoir les changements des environnements marins côtiers, ainsi que leurs répercussions. Avoir une meilleure connaissance des données de suivi requises pour évaluer les changements de l'environnement marin induits par le climat	Recherche	a. Encourager les recherches entreprises par les Programmes nationaux et le SCAR et chercher à actualiser l'état des connaissances du SCAR sur les répercussions des changements climatiques sur le biote marin	2,0	PAN, SCAR		Le CPE encourage les Programmes nationaux et le SCAR à soutenir et faciliter les activités de recherche nouvelles et en cours. Rapports actualisés à fournir, notamment à travers le Portail.		En cours. Rapports actualisés à fournir, notamment à travers le Portail.		En cours. Rapports actualisés à fournir, notamment à travers le Portail.		En cours. Rapports actualisés à fournir, notamment à travers le Portail.		En cours. Rapports actualisés à fournir, notamment à travers le Portail.
			b. Soutenir et entreprendre un suivi conjoint et à long terme des changements (p. ex., SOOS et ANTOS) et collecter des rapports réguliers sur l'état des connaissances de ces programmes	2,0	PAN, SCAR		Le CPE encourage les Programmes nationaux et le SCAR à soutenir et faciliter les activités de suivi nouvelles et en cours. Rapports actualisés à fournir, notamment à travers le Portail.		En cours. Rapports actualisés à fournir, notamment à travers le Portail.		En cours. Rapports actualisés à fournir, notamment à travers le Portail.		En cours. Rapports actualisés à fournir, notamment à travers le Portail.		En cours. Rapports actualisés à fournir, notamment à travers le Portail.
		Gestion	c. Examiner et réviser, le cas échéant, les outils de gestion existants afin d'évaluer s'ils offrent les meilleures mesures d'adaptation pratiques aux espèces et aux zones géographiques menacées par les changements climatiques de l'océan Austral	2,0	CPE											
			d. Continuer à coopérer avec la CCAMLR afin d'identifier le processus de désignation des zones de référence pour les recherches futures	2,5	CPE, SCAR, CS-CAMLR											
			e. Maintenir un dialogue régulier (ou un partage d'informations) avec le CS-CAMLR sur les changements climatiques et l'océan Austral, en particulier concernant les mesures en train d'être prises	1,5	CPE, CCAMLR				Organiser un atelier, comme mentionné dans le plan de travail quinquennal du CPE							

207

Question liée aux changements climatiques	Lacunes/besoins	Domaine de réponse	Mesure/tâche	Priorité	Qui	IP	CPE 2016	IP	CPE 2017	IP	CPE 2018	IP	CPE 2019	IP	CPE 2020	IP
4) Modification des écosystèmes due à l'acidification des océans	• Comprendre l'impact de l'acidification des océans sur les biotes et les écosystèmes marins	Recherche	a. Encourager, autant que nécessaire, l'approfondissement des recherches et de l'évaluation de l'acidification des océans, à la lumière du rapport du SCAR	1,9	PAN, SCAR		Le CPE encourage les Programmes nationaux et le SCAR à soutenir et faciliter les activités de recherche nouvelles et en cours / Examen préliminaire du rapport du SCAR		En cours. Rapports actualisés à fournir, notamment à travers le Portail.		En cours. Rapports actualisés à fournir, notamment à travers le Portail.		En cours. Rapports actualisés à fournir, notamment le Portail.		En cours. Rapports actualisés à fournir, notamment à travers le Portail.	
		Gestion	b. Examiner le prochain rapport du SCAR sur l'acidification des océans et agir en conséquence (certaines mesures seraient mieux servies par la RCTA)	1,6	CPE, CCAMLR[?]		Examen préliminaire du rapport du SCAR										
			c. Examiner et réviser, si nécessaire, les outils de gestion pertinents existants afin d'évaluer s'ils offrent les meilleures mesures d'adaptation pratiques aux espèces et aux zones géographiques menacées par l'acidification des océans	2,4	CPE, CCAMLR[?]											
5) Effets des changements climatiques sur les environnements bâtis (anthropiques), ayant des répercussions sur les valeurs naturelles et patrimoniales	• Comprendre quels seront les changements des environnements terrestres abiotiques et dans quelle mesure ils pourraient avoir des répercussions sur les valeurs environnementales ou patrimoniales • Comprendre les effets des changements climatiques sur les sites contaminés et les implications pour les explorations (p. ex., si les changements climatiques augmentent/ralentissent la mobilisation et l'exposition des explorations/écosystèmes aux contaminants • Comprendre quelles mesures de préservation/ de correction peuvent être appliquées pour contrer ces effets	Recherche	a. Les opérateurs nationaux évaluent les risques des changements climatiques (p. ex., pergélisol) sur leurs infrastructures et leurs conséquences environnementales	3,0	PAN, COMNAP						Encourager le COMNAP à évaluer les risques des changements climatiques sur les infrastructures du PAN				Recenser le rapport du COMNAP et prendre des mesures en conséquence	
			b. Évaluer les risques des changements climatiques sur les SMH/le patrimoine des ZSPA	2,9	Promoteurs et Parties intéressées										Lancer l'réévaluation des risques pour les SMH	
			c. Identifier et mentionner les besoins en matière de recherche et les communiquer à la communauté scientifique	3,3	CPE											
		Gestion	d. Mettre à jour les lignes directrices relatives aux EIE afin de prendre en compte les impacts des changements climatiques, p. ex, s'assurer que les installations durables proposées présentent une résilience adéquate aux changements climatiques et n'aient pas d'impact sur les habitats ou les espèces menacés	1,9	CPE	GCI sur les EIE	S'assurer que le GCI sur les EIE (cf. plan de travail (quinquennal)) étudie et intègre de manière appropriée les répercussions des changements climatiques	GCI sur les EIE	S'assurer que le GCI sur les EIE (cf. plan de travail (quinquennal)) étudie et intègre de manière appropriée les répercussions des changements climatiques							
			e. Poursuite du développement du Manuel de nettoyage pour l'Antarctique (cf. Résolution 2 (2013))	2,0	CPE		S'assurer que les révisions du Manuel de nettoyage pour l'Antarctique (mentionné dans le plan de travail quinquennal) prennent en compte les effets des changements climatiques									
			f. Encourager les Programmes nationaux à évaluer quels sites de leurs activités passées (pas encore nettoyés ou réhabilités) sont les plus susceptibles d'être perturbés par les changements climatiques, afin de planifier leurs travaux par ordre de priorité	2,3	PAN				Les Membres fournissent un rapport d'état au CPE afin de lui communiquer quels sites de leurs activités passées (pas encore nettoyés ou réhabilités) sont les plus susceptibles d'être perturbés par les changements climatiques, et de la faire à part des plans de nettoyage, changements climatiques, et de réhabilitation de ces sites				En cours		En cours	

208

Question liée aux changements climatiques	Lacunes/besoins	Domaine de réponse	Mesure/tâche	Priorité	Qui	CPE 2016	IP	CPE 2017	IP	CPE 2018	IP	CPE 2019	IP	CPE 2020	IP
6. Espaces marins et terrestres menacés par les changements climatiques	• Comprendre le statut des populations, les tendances démographiques, le degré de vulnérabilité et la répartition des espèces antarctiques clés • Mieux comprendre les effets des changements climatiques sur les espèces menacées, y compris les seuils critiques à partir desquels les effets sont irréversibles • Cadre de suivi permettant de s'assurer que les effets sur les espèces clés sont identifiés • Comprendre la relation entre les espèces et les répercussions des changements climatiques sur les sites/dans les zones d'importance	Recherche	a. Encourager les recherches des Programmes nationaux et du SCAR, p. ex., à travers des programmes tels que AntEco et AntERA	1,6	PAN, SCAR-	Le CPE encourage les Programmes nationaux et le SCAR à soutenir et faciliter les activités de recherche nouvelles et en cours et invite le SCAR, l'ACAP et d'autres à établir régulièrement des rapports d'étape et de tendance sur les espèces terrestres et marines de l'Antarctique											
		Gestion	b. Analyser si et comment les critères de la Liste rouge de l'UICN peuvent être appliqués à l'échelle régionale de l'Antarctique, dans le contexte des changements climatiques	2,4	SCAR.			Encourager un programme de travail avec le SCAR, le CS-CAMLR, l'ACAP et l'UICN dans le but de : 1. Évaluer les espèces antarctiques qui n'ont pas encore été considérées 2. Lancer un programme permettant de fournir régulièrement des rapports actualisés sur le statut des espèces antarctiques 3. Mettre au point une approche d'utilisation des critères de la Liste rouge de l'UICN à l'échelle régionale en Antarctique							Fournir des rapports actualisés à la RCTA sur l'état, les tendances et la vulnérabilité des espèces antarctiques.
			c. Débuter un programme de suivi/évaluation coordonné de l'état des espèces antarctiques, qui se concentre notamment sur les espèces qui n'ont pas encore été considérées par la Liste rouge de l'UICN	1,7	CPE, SCAR, ACAP			Cf. point 6a ci-dessus							
			d. Examiner et corriger, le cas échéant, les outils de gestion existants afin d'évaluer s'ils offrent les meilleures mesures d'adaptation pratiques aux espèces menacées par les changements climatiques	1,6	CPE CCAMLR			Cf. point 6a ci-dessus							
			e. Mettre au point, le cas échéant, des mesures de gestion pour maintenir et améliorer l'état de conservation des espèces menacées par les changements climatiques, p. ex. à travers des plans d'action SPS.	2,0	CPE, SCAR, CCAMLR	En cours		En cours		En cours		En cours			

Question liée aux changements climatiques	Lacunes/besoins	Domaine de réponse	Mesure/tâche	Priorité	Qui	CPE 2016	IP	CPE 2017	IP	CPE 2018	IP	CPE 2019	IP	CPE 2020	IP
7. Habitats marins, terrestres et dulçaquicoles menacés par les changements climatiques	• Comprendre le statut, les tendances, la vulnérabilité et la répartition des habitats. Mieux comprendre les effets des changements climatiques sur les habitats, p. ex., étendue et persistance de la glace de mer, couverture de neige, humidité du sol, microclimat, modification de la vitesse de fonte et conséquences sur les systèmes lacustres • Mieux comprendre l'organisation potentielle de la présence humaine en Antarctique suite aux changements induits par les changements climatiques (p. ex., modification de la distribution des glaces, effondrement des plateformes de glace, extension des zones libres de glace).	Recherche	a. Promouvoir des recherches des Programmes nationaux et du SCAR	2,4	PAN, SCAR	La CPE encourage les Programmes nationaux et le SCAR à soutenir et faciliter les activités de recherche nouvelles et en cours. En cours. Rapports actualisés à fournir, notamment à travers le Portail.		En cours. Rapports actualisés à fournir, notamment à travers le Portail.		En cours. Rapports actualisés à fournir, notamment à travers le Portail.		En cours. Rapports actualisés à fournir, notamment à travers le Portail.		En cours. Rapports actualisés à fournir, notamment à travers le Portail.	
		Gestion	b. Examiner et réviser, si nécessaire, les outils de gestion existants afin d'évaluer s'ils offrent les meilleures mesures d'adaptation pratiques aux habitats menacés par les changements climatiques.	2,3	CPE CCAMLR										

---

[1] Travaux intersession (par le biais d'un GCI, d'un atelier, de Membres intéressés, etc.)

[2] S'assurer que le GCI sur les EIE (cf. Plan de travail quinquennal du CPE) prend en compte et intègre de manière appropriée les répercussions des changements climatiques

[3] S'assurer que le travail du GSPG sur les lignes directrices pour les ZGSA (cf. plan de travail du GSPG) prend en compte et intègre de manière appropriée les répercussions des changements climatiques

[4] Atelier

[5] Noter l'importance de la prise en compte par la CCAMLR des problèmes induits par les changements climatiques dans l'océan Austral

[6] Notamment dans le contexte de l'atelier conjoint proposé (point 3e)

[7] Remarque : les critères de l'UICN couvrent plusieurs aspects, outre les changements climatiques, et n'identifient pas nécessairement les effets dus uniquement aux changements climatiques. Les avantages d'utiliser les critères de l'UICN dans notre réponse aux changements climatiques seront évalués en amont de leur utilisation.

Annexe 3

Lignes directrices : Processus d'évaluation préalable pour la désignation de ZSPA et de ZGSA

1) Après avoir identifié une éventuelle ZSPA ou ZGSA, le promoteur devrait soumettre des informations au sujet du projet de ZGSA et de ZSPA dès la réunion suivante du CPE, indépendamment de la décision de commencer ou non à travailler sur un plan de gestion. L'idéal serait que le promoteur soumette ces informations au plus tard un an avant qu'il ait l'intention de proposer un plan de gestion au CPE pour examen.

2) Les informations soumises au CPE doivent inclure :

   • la situation géographique proposée pour la ZGSA/ZSPA.

   • les raisons de départ qui ont conduit à envisager la proposition de désignation[*] , notamment le détail des fondements juridiques pour cette désignation, contenus à l'Annexe V ; et la manière dont la zone compléterait le système des zones protégées de l'Antarctique dans son ensemble ;

   • l'adéquation avec les lignes directrices et ressources du CPE pertinentes, notamment l'outil de planification des RCBA ; et les résultats des consultations auprès d'autres Parties concernées ; et

   • toute autre information pertinente relative à l'élaboration d'un plan de gestion dont dispose le pays promoteur au moment de la soumission à la réunion du CPE.

3) Le pays promoteur est invité à faciliter la poursuite des discussions et questions sur les plans préliminaires, par exemple par des échanges/discussions informels sur le forum du CPE ou directement avec les Etats Membres.

---

[*] Il convient à cet égard d'indiquer les « Lignes directrices pour l'application de l'Article 3 de l'Annexe V du Protocole au Traité sur l'Antarctique relatif à la protection de l'environnement - Zones spécialement protégées de l'Antarctique » (figurant à la Résolution 1 (2000)) qui indiquent la marche à suivre pour ce type de processus d'évaluation.

Annexe 4

Ordre du jour provisoire du XVIIIᵉ CPE

1. Ouverture de la réunion

2. Adoption de l'ordre du jour

3. Débat stratégique sur les travaux futurs du CPE

4. Fonctionnement du CPE

5. Coopération avec d'autres organisations

6. Réparation et réhabilitation des dommages causés à l'environnement

7. Conséquences du changement climatique pour l'environnement :

    a. Approche stratégique

    b. Mise en œuvre et examen du programme de travail en réponse aux changements climatiques

8. Évaluation d'impact sur l'environnement (EIE)

    a. Projets d'évaluations globales d'impact sur l'environnement

    b. Autres questions relatives aux EIE

9. Plans de gestion et de protection des zones

    a. Plans de gestion

    b. Sites et monuments historiques

    c. Lignes directrices relatives aux visites de sites

    d. Gestion et protection de l'espace marin

    e. Autres questions relevant de l'Annexe V

10. Conservation de la faune et de la flore de l'Antarctique

    a. Quarantaine et espèces non indigènes

    b. Espèces spécialement protégées

    c. Autres questions relevant de l'Annexe II

11. Suivi de l'environnement et rapports

12. Rapports d'inspection

13. Questions à caractère général

14. Élection des membres du Bureau

15. Préparatifs de la prochaine réunion

16. Adoption du rapport

17. Clôture de la réunion

3. Appendices

Résultats du groupe de contact intersessions sur les exigences en matière d'échange d'informations

Point ou catégorie	Décision de la RCTA
Informations environnementales	
Placer certains points d'information dans la catégorie « permanent »	Les Parties sont convenues de modifier la liste afin de placer les points suivants dans la catégorie « permanent », tout en les maintenant dans la catégorie « annuel » pour permettre l'enregistrement des mises à jour : • respect du Protocole (notification des mesures adoptées au cours de l'année écoulée) ; • plans d'urgence pour les marées noires et autres situations d'urgence (autre que les détails du « rapport de mise en œuvre ») ; • procédures relatives aux EIE ; • plans de gestion des déchets : • prévention de la pollution marine (immunité souveraine) ; • mesures adoptées afin de mettre en œuvre les dispositions de l'Annexe V.
Coordonnées	Les Parties ont invité le Secrétariat à faire le nécessaire pour que les points de contact soient enregistrés sous « fonction et organisation », plutôt que comme des individus.
Points d'information pour lesquels des éléments autres qu'un « lieu » doivent être spécifiés	Pour ce qui concerne les points d'information pour lesquels des éléments autres qu'un « lieu » doivent être spécifiés, les Parties ont demandé au Secrétariat d'inclure des lieux multiples ainsi qu'un champ de saisie libre afin qu'elles puissent décrire des « itinéraires ».
Respect du Protocole (notifications des mesures prises au cours de l'année écoulée)	Par souci de clarté, les Parties sont convenues de décrire le point de la liste relatif au « respect du Protocole » comme suit : « Respect du Protocole (notification des mesures adoptées au cours de l'année écoulée), notamment l'adoption de lois et de règlements, de mesures administratives et d'exécution. »

Suivi des activités	Par souci de clarté, les Parties sont convenues de décrire la section relative aux « activités de suivi » comme suit : « Activités de suivi liées à des activités faisant l'objet d'évaluations environnementales initiales et globales (visées à l'article 6.1, alinéa c, de l'Annexe I du Protocole) »
Conservation de la faune et de la flore antarctiques — introduction d'espèces non indigènes	En ce qui concerne l'échange d'informations sur l'introduction d'espèces non indigènes, les Parties sont convenues : • par souci de clarté, de changer « objectif » de l'introduction d'espèces non indigènes en « objectif faisant référence à l'article 4 de l'Annexe II du Protocole » ; • de demander au Secrétariat d'autoriser l'échange d'informations « requises » concernant les permis relativement à leur nombre et à leurs dates de validité ; • d'ajouter un point à la liste des informations à échanger : « Enlèvement ou élimination de la plante ou de l'animal, conformément à l'article 4, paragraphe 4, de l'Annexe II du Protocole »
Mesures adoptées afin de mettre en œuvre les dispositions de l'Annexe V.	Par souci de clarté, les Parties sont convenues de décrire le point relatif aux « mesures prises pour mettre en œuvre les dispositions de l'Annexe V » comme suit : « Informations sur les mesures prises pour mettre en œuvre l'Annexe V, notamment les inspections de sites et toute mesure prise en vue de faire face à des activités contrevenant aux dispositions des plans de gestion d'une ZSPA ou ZGSA. »
Autres informations	
Législation nationale pertinente	Par souci de clarté, les Parties sont convenues de décrire le point de la liste relatif à la « législation nationale pertinente » comme suit : « Législation nationale pertinente autre que les mesures associées au respect du Protocole (informations environnementales) » Les Parties sont convenues de déplacer ce point de la catégorie « annuel » à la catégorie « permanent ».
Législation nationale pertinente — coordonnées de contact	Les Parties sont convenues de demander au Secrétariat de faire le nécessaire pour que les points de contact soient enregistrés sous « fonction et organisation », plutôt que comme des individus.

Activités entreprises en cas d'urgences	Les Parties sont convenues de rayer les « activités menées en cas d'urgence » de cette liste, soulignant le rôle du COMNAP pour ce qui concerne les informations relatives aux situations d'urgence. Les Parties ont ensuite invité le Secrétariat à archiver les informations.
Rapports d'inspection	Les Parties ont souligné que la base de données sur les inspections gérée par le Secrétariat contient des informations sur les activités et les rapports d'inspection. La Réunion est convenue que ces informations ne devraient plus s'échanger à travers le système d'échange d'informations sur les inspections. Les Parties ont décidé de rayer cette section de la liste des exigences en matière d'échange d'informations.
Informations scientifiques	
Stations d'enregistrement automatique	Les Parties ont invité le Secrétariat à consulter le SCAR afin de recenser les options pertinentes qui permettraient de dresser une liste des « paramètres enregistrés » par les stations d'enregistrement automatique et d'introduire cette liste dans le SEEI.
Activités scientifiques au cours de l'année écoulée — « discipline »	Les Parties ont invité le Secrétariat à consulter le SCAR afin de recenser les options pertinentes qui permettraient de dresser une liste des « disciplines scientifiques » et d'introduire cette liste dans le SEEI.
Suggestion de rendre « nécessaires » certains points « facultatifs »	En ce qui concerne les activités scientifiques menées au cours de l'année écoulée, les Parties ont invité le Secrétariat à modifier le statut des points suivants (de « facultatif » à « nécessaire ») : • Nom/Numéro du projet • Discipline • Activité principale/Remarques
Informations opérationnelles — expéditions nationales	
Opérationnelles : expéditions nationales — navires	En ce qui concerne les informations relatives aux navires utilisés par les programmes antarctiques nationaux, les Parties ont invité le Secrétariat à modifier le statut des points « équipage (maximum) » et « passagers (maximum) » (de « facultatif » à « nécessaire »).

Opérationnelles : expéditions nationales — aéronefs	Les Parties sont convenues que les informations relatives aux « expéditions nationales — aéronefs » doivent être sollicitées conformément aux catégories des « vols intercontinentaux », des « vols intracontinentaux » et des « vols locaux d'hélicoptères ». La liste relative à l'échange d'informations a été modifiée comme suit : « Aéronef : pour les catégories des vols intercontinentaux, vols intracontinentaux, vols locaux d'hélicoptères : nombre de chaque type d'aéronef, nombre envisagé de vols, période des vols ou dates envisagées de décollage, itinéraire et objectifs ».
Nombre (de chaque type d'aéronef)	Voir ci-dessus
Installations de communication	Les Parties ont souligné que les informations relatives aux moyens de communication sont actuellement gérées par le COMNAP ; elles sont donc convenues de rayer le point « moyens et fréquences de communication » de la liste des informations à échanger.
Informations opérationnelles — expéditions non gouvernementales	
Opérations menées à bord de navires — nom de l'opérateur	La Réunion a précisé qu'il serait intéressant qu'un point d'information permette d'identifier le chef d'expédition. Elle est donc convenue d'ajouter, pour chaque expédition, « chef d'expédition » à la liste des informations à échanger (point d'information facultatif).
Opérations menées à bord de navires — incluent un débarquement (oui/non)	Les Parties sont convenues que, pour ce qui concerne les expéditions menées à bord de navires non gouvernementaux, le point d'information « l'activité inclut un débarquement (oui/non) » doit être nécessaire plutôt que facultatif.
Opérations menées à bord de navires : Équipage (maximum) ; passagers (maximum) ; adresse de contact ; adresse électronique	Pour ce qui concerne les expéditions menées à bord de navires non gouvernementaux, les Parties sont convenues d'exiger des informations (aujourd'hui, facultatives) concernant « l'équipage (maximum) », « les passagers (maximum) », « l'adresse de contact » et « l'adresse électronique ».

Opérations terrestres — type d'activités/aventure	Pour ce qui concerne les opérations terrestres et les opérations menées à bord de navires non gouvernementaux, les Parties sont convenues que la liste des activités doit inclure « activité des médias » et « activité artistique » et elles ont invité le Secrétariat à mettre ce changement en œuvre. Par ailleurs, les Parties ont invité le Secrétariat à ajouter de nouvelles activités à la liste, selon les besoins (lorsque des activités sont considérées comme fréquentes, sur la base de l'option « autre » dans le SEEI).
Opérations terrestres — nom de l'opérateur	Les Parties sont convenues que, pour les opérations terrestres, le « nom de l'opérateur » doit être précisé (information, aujourd'hui, facultative).
Refus d'autorisations	Pour ce qui concerne le point d'information « refus d'autorisations », les Parties sont convenues de modifier l'onglet « nom du navire » comme suit afin d'y inclure les expéditions : « nom du navire et/ou de l'expédition ».

Ordre du jour préliminaire pour la XXXIXᵉ RCTA, les Groupes de travail et répartition des points de l'ordre du jour

Plénière

1. Ouverture de la réunion
2. Élection des agents et mise sur pied des Groupes de travail
3. Adoption de l'ordre du jour et répartition des points de l'ordre du jour
4. Fonctionnement du Système du Traité sur l'Antarctique : Rapports des Parties des Observateurs, et des Experts
5. Rapport du Comité pour la protection de l'environnement

**Groupe de travail 1 : (*Politique, juridique, institutionnel)*

6. Fonctionnement du Système du Traité sur l'Antarctique : Questions générales
7. Fonctionnement du Système du Traité sur l'Antarctique : Questions liées au Secrétariat
8. Responsabilité
9. Prospection biologique en Antarctique
10. Échange d'informations
11. Questions relatives à la formation
12. Programme de travail stratégique pluriannuel

Groupe de travail 2 : (*Science, opérations, tourisme*)

13. Sécurité et opérations en Antarctique
14. Inspections en vertu du Traité sur l'Antarctique et du Protocole environnemental
15. Questions scientifiques, coopération et facilitation scientifiques
16. Implications du changement climatique pour la zone du Traité sur l'Antarctique
17. Tourisme et activités non gouvernementales dans la zone du Traité sur l'Antarctique y compris les questions relatives aux autorité compétentes

Groupe de travail spécial (*comme demandé*)

18. 25ᵉ anniversaire du Protocole relatif à la protection de l'environnement

Plénière

19. Préparation de la XLe réunion
20. Autres questions
21. Adoption du rapport
22. Clôture de la réunion

Communiqué du pays hôte

La XXXVIIIe Réunion consultative du Traité sur l'Antarctique (RCTA) et la XVIIIe Réunion du Comité pour la protection de l'environnement (CPE) se sont tenues à Sofia, en Bulgarie, du 1er au 10 juin 2015. Les réunions se sont déroulées sous le patronage du président de la République de Bulgarie et ont été organisées conjointement par le ministère des Affaires étrangères et l'Institut antarctique bulgare.

Plus de 400 personnes ont participé à la Réunion, et comptaient des Parties au Traité sur l'Antarctique, des experts, des représentants de la société civile et des observateurs internationaux dans le but commun de réitérer leur engagement à protéger le caractère unique de l'Antarctique en sa qualité de réserve naturelle consacrée à la paix, à la recherche scientifique et à la coopération internationale. La Réunion a salué les adhésions de la Mongolie et du Kazakhstan au Traité, faisant ainsi passer à 52 le nombre de Parties, ainsi que les adhésions du Portugal et du Venezuela au Protocole relatif à la protection de l'environnement, qui compte désormais 37 Parties.

Parmi les résultats marquants de la Réunion de cette année, il faut mentionner les suivants.

La RCTA continue de se consacrer à l'amélioration de la compréhension de l'impact du changement climatique mondial sur l'Antarctique, en promouvant la recherche scientifique et en cultivant, encore et toujours, la coopération internationale. Relever les défis environnementaux, opérationnels et de gestion qui se poseront à l'avenir en améliorant le cadre de gestion adopté au niveau international constituait la mission en filigrane de l'ordre du jour de la Réunion. Énormément d'informations ont été échangées concernant les activités scientifiques importantes menées en Antarctique.

La promotion d'une coopération accrue en Antarctique est restée au centre des discussions. Celle-ci vise à permettre des échanges plus efficaces et plus conséquents en matière de coopération antarctique, notamment en renforçant les interactions entre la RCTA et le CPE. La Réunion a mis à jour les principes directeurs sous-tendant la mise en œuvre et l'élaboration d'un Plan stratégique pluriannuel pour la RCTA qui mette en avant les priorités pour la prochaine Réunion.

Le tourisme est resté un sujet d'intérêt particulier. L'importance de traiter les aspects environnementaux et l'impact du tourisme en Antarctique a été soulignée par le biais des travaux en vue de l'élaboration d'une approche stratégique de l'écotourisme et des activités non gouvernementales. Des débats se sont tenus sur la question, qui se concentraient particulièrement sur les autorités compétentes, au sein du Groupe de travail spécial sur les autorités compétentes.

Les sujets suivants étaient au cœur des discussions du CPE : gestion judicieuse de l'Antarctique en rendant disponibles les données scientifiques les plus rigoureuses sur le Portail des environnements ; identification des étapes menant à une meilleure compréhension et une meilleure gestion des implications du changement climatique afin de protéger l'environnement antarctique et réviser les Lignes directrices pour les évaluations d'impact environnemental en Antarctique. Les Parties ont également discuté des mises à jour et des améliorations de 17 Zones protégées de l'Antarctique.

La Réunion a par ailleurs vu se tenir en son sein un atelier d'une journée sur les activités de sensibilisation et de formation.

En ligne avec l'engagement des Parties de protéger l'environnement antarctique, les arrangements opérés par le pays hôte pour l'organisation de la RCTA incluaient des actions visant à réduire l'impact environnemental, notamment une utilisation de papier et une production de déchets réduites au minimum.

Les Parties ont remercié le gouvernement bulgare et ont exprimé leur satisfaction quant aux superbes lieux choisis pour abriter la Réunion.

La prochaine RCTA se tiendra au Chili, probablement du 6 au 15 juin 2016.

DEUXIÈME PARTIE

Mesures, décisions et résolutions

1. Mesures

Zone spécialement protégée de l'Antarctique n° 101 (roquerie Taylor, terre Mac.Robertson) : plan de gestion révisé

Les représentants,

Rappelant les Articles 3, 5 et 6 de l'Annexe V du Protocole au Traité sur l'Antarctique, relatif à la protection de l'environnement, qui prévoient la désignation de zones spécialement protégées de l'Antarctique (« ZSPA ») et l'approbation de plans de gestion pour ces zones ;

Rappelant

- La Recommandation IV-1 (1966) qui a désigné la roquerie Taylor, terre Mac.Robertson, comme zone spécialement protégée (« ZSP ») n° 1 :

- La Recommandation XVII-2 (1992) qui a adopté un plan de gestion pour la zone ;

- La Décision 1 (2002) qui a renommé et renuméroté la ZSP 1 en ZSPA n° 101 ;

- Les Mesures 2 (2005) et 1 (2010) qui ont adopté des plans de gestion révisés pour la ZSPA n° 101 ;

Rappelant que la Recommandation XVII-2 (1992) n'est pas entrée en vigueur et a été retirée par la Mesure 1 (2010) ;

Notant que le Comité pour la protection de l'environnement a approuvé un plan de gestion révisé pour la ZSPA n° 101 ;

Souhaitant remplacer le plan de gestion actuel de la ZSPA n° 101 par le plan de gestion révisé ;

Recommandent à leurs gouvernements d'approuver la Mesure suivante conformément au paragraphe 1 de l'article 6 de l'Annexe V du Protocole au Traité sur l'Antarctique, relatif à la protection de l'environnement :

Que :

1. Le plan de gestion révisé de la zone spécialement protégée de l'Antarctique n° 101 (roquerie Taylor, terre Mac.Robertson), qui figure en annexe à la présente Mesure, soit approuvé ; et que

2. Le plan de gestion de la zone spécialement protégée de l'Antarctique n° 101 figurant en annexe à la Mesure 1 (2010) soit abrogé.

Zone spécialement protégée de l'Antarctique n° 102
(îles Rookery, baie Holme, terre Mac.Robertson) : plan de gestion révisé

Les Représentants,

Rappelant les articles 3, 5 et 6 de l'Annexe V du Protocole au Traité sur l'Antarctique, relatif à la protection de l'environnement, qui prévoient la désignation de zones spécialement protégées de l'Antarctique (« ZSPA ») et l'approbation de plans de gestion pour ces zones ;

Rappelant

- La Recommandation IV-2 (1966) qui a désigné les îles Rookery, baie Holme, comme zone spécialement protégée (« ZSP ») n° 2 :

- La Recommandation XVII-2 (1992) qui a adopté un plan de gestion pour la zone ;

- La Décision 1 (2002) qui a renommé et renuméroté la ZSP 2 en ZSPA n° 102 ;

- Les Mesures 2 (2005) et 2 (2010) qui ont adopté des plans de gestion révisés pour la ZSPA n° 102 ;

Rappelant que la Recommandation XVII-2 (1992) n'est pas entrée en vigueur et a été retirée par la Mesure 1 (2010) ;

Notant que le Comité pour la protection de l'environnement a approuvé un plan de gestion révisé pour la ZSPA n° 102 ;

Souhaitant remplacer le plan de gestion actuel de la ZSPA n° 102 par le plan de gestion révisé ;

Recommandent à leurs gouvernements d'approuver la Mesure suivante conformément au paragraphe 1 de l'article 6 de l'Annexe V du Protocole au Traité sur l'Antarctique, relatif à la protection de l'environnement :

Que :

1. Le plan de gestion révisé de la zone spécialement protégée de l'Antarctique n° 102 (îles, baie Holme, terre Mac.Robertson), qui figure en annexe à la présente Mesure, soit approuvé ; et que

2. Le plan de gestion de la zone spécialement protégée de l'Antarctique n° 102 qui figure en annexe à la Mesure 2 (2010) soit abrogé.

Zone spécialement protégée de l'Antarctique n° 103
(îles Ardery et Odbert, côte Budd, terre de Wilkes, Antarctique oriental) : plan de gestion révisé

Les Représentants,

Rappelant les articles 3, 5 et 6 de l'Annexe V du Protocole au Traité sur l'Antarctique, relatif à la protection de l'environnement, qui prévoient la désignation de zones spécialement protégées de l'Antarctique (« ZSPA ») et l'approbation de plans de gestion pour ces zones ;

Rappelant

- La Recommandation IV-3 (1966) qui a désigné les îles Ardery et Odbert, côte Budd, comme zone spécialement protégée (« ZSP ») n° 3 :

- La Recommandation XVII-2 (1992) qui a adopté un plan de gestion pour la zone ;

- La Décision 1 (2002) qui a renommé et renuméroté la ZSP 3 en ZSPA n° 103 ;

- Les Mesures 2 (2005) et 3 (2010) qui ont adopté des plans de gestion révisés pour la ZSPA n° 103 ;

Rappelant que la Recommandation XVII-2 (1992) n'est pas entrée en vigueur et a été retirée par la Mesure 1 (2010) ;

Notant que le Comité pour la protection de l'environnement a approuvé un plan de gestion révisé pour la ZSPA n° 103 ;

Souhaitant remplacer le plan de gestion actuel de la ZSPA n° 103 par le plan de gestion révisé ;

Recommandent à leurs gouvernements d'approuver la Mesure suivante conformément au paragraphe 1 de l'article 6 de l'Annexe V du Protocole au Traité sur l'Antarctique, relatif à la protection de l'environnement :

Que :

1. Le plan de gestion révisé de la zone spécialement protégée de l'Antarctique n° 103 (îles Ardery et Odbert, côte Budd, terre de Wilkes, Antarctique oriental), qui figure en annexe à la présente Mesure, soit approuvé ; et que

2. Le plan de gestion de la zone spécialement protégée de l'Antarctique n° 103 figurant en annexe à la Mesure 3 (2010) soit abrogé.

Zone spécialement protégée de l'Antarctique n° 104
(île Sabrina, îles Balleny) : plan de gestion révisé

Les Représentants,

Rappelant les articles 3, 5 et 6 de l'Annexe V du Protocole au Traité sur l'Antarctique relatif à la protection de l'environnement qui prévoient la désignation de zones spécialement protégées de l'Antarctique (« ZSPA ») et de l'adoption de plans de gestion pour ces zones ;

Rappelant

- La Recommandation IV-4 (1966) qui a désigné l'île Sabrina, îles Balleny comme zone spécialement protégée (« ZSP ») no 4 et reproduit en annexe la carte de la zone ;

- La Décision 1 (2002) qui a renommé et renuméroté la ZSP 4 en ZSPA no 104 ;

- La Mesure 3 (2009) qui a adopté un plan de gestion révisé pour la ZSPA no 104 ;

Rappelant que la Recommandation X-15 (1979), la Recommandation XII-5 (1983), la Recommandation XIII-7 (1985) et la Résolution 7 (1995) ont été désignées comme caduques par la Décision 1 (2011) ;

Rappelant que la Mesure 1 (2000) n'est pas encoreentrée en vigueur ;

Notant la Mesure 14 (2014) qui a adopté le plan de gestion révisé de la ZGSA n°1 ;

Notant que le Comité pour la protection de l'environnement a approuvé un plan de gestion révisé de pour la ZSPA n°128 ;

Souhaitant remplacer le plan de gestion actuel de la ZSPA n°128 par le plan de gestion révisé ;

Recommandent à leurs Gouvernements d'approuver la Mesure suivante conformément au paragraphe 1 de l'Article 6 de l'Annexe V du Protocole au Traité sur l'Antarctique relatif à la protection de l'environnement ;

Que :

1. Le plan de gestion révisé de la zone spécialement protégée de l'Antarctique n° 128 (côte occidentale de la baie de l'Amirauté, île du Roi George, îles Shetland du Sud), qui figure en annexe à la présente Mesure, soit approuvé ; et

2. Le plan de gestion de la ZSPA n°128 qui figure en annexe à la Mesure 1 (2000), qui n'est pas entré en vigueur, soit retiré.

Zone spécialement protégée de l'Antarctique n° 105
(île Beaufort, détroit de McMurdo, mer de Ross) : plan de gestion révisé

Les Représentants,

Rappelant les articles 3, 5 et 6 de l'Annexe V du Protocole au Traité sur l'Antarctique relatif à la protection de l'environnement qui prévoient la désignation de zones spécialement protégées de l'Antarctique (« ZSPA ») et de l'adoption de plans de gestion pour ces zones ;

Rappelant

- La Recommandation IV-5 (1966) qui a désigné l'île Beaufort, mer de Ross, comme zone spécialement protégée (« ZSP ») no 5 ;

- La Mesure 1 (1997) qui contenait en annexe un plan de gestion révisé pour la zone ;

- La Décision 1 (2002), qui a renommé et renuméroté la ZSP 5 en ZSPA n°105 ;

- Les Mesures 2 (2003) et 4 (2010) qui ont adopté des plans de gestion révisés pour la ZSPA no 105 ;

Rappelant que la Recommandation IV-5 (1966) a été désignée comme n'étant plus en vigueur par la Mesure 4, 2010 ;

Rappelant que la Mesure 1 (1997) n'est pas entrée en vigueur et a été retirée par la Mesure 4 (2010) ;

Notant que le Comité pour la protection de l'environnement a approuvé un plan de gestion révisé pour la ZSPA no 105 ;

Souhaitant remplacer le plan de gestion actuel de la ZSPA no 105 par le plan de gestion révisé ;

Recommandent à leurs Gouvernements d'approuver la Mesure suivante conformément au paragraphe 1 de l'Article 6 de l'Annexe V du Protocole au Traité sur l'Antarctique relatif à la protection de l'environnement ;

Que :

1. Le plan de gestion révisé de la zone spécialement protégée de l'Antarctique no105 (île Beaufort, détroit de McMurdo, mer de Ross), qui figure en annexe à la présente Mesure, soit approuvé ; et que

2. Le plan de gestion de la zone spécialement protégée de l'Antarctique no 105 joint à la Mesure 4 (2010) soit abrogé.

Zone spécialement protégée de l'Antarctique n° 106
(cap Hallett, terre Victoria du nord, mer de Ross) : plan de gestion révisé

Les Représentants,

Rappelant les Articles 3, 5 et 6 de l'Annexe V du Protocole au Traité sur l'Antarctique relatif à la protection de l'environnement qui prévoient la désignation des zones spécialement protégées de l'Antarctique (« ZSPA ») et de l'adoption de plans de gestion pour ces zones ;

Rappelant

- La Recommandation IV-7 (1966) qui a désigné le cap Hallett, terre Victoria comme zone spécialement protégée (« ZSP ») 7 ;

- La Recommandation XIII-13 (1985) qui a revu la description et les limites de la ZSP 7 ;

- La Décision 1 (2002), qui a renommé et renuméroté la ZSP 7 en ZSPA no 106 ;

- Les Mesures 1 (2002) et 5 (2010) qui ont adopté des plans de gestion révisés pour la zone ;

Rappelant que les Recommandations IV-7 (1966) et XIII-13 (1985) ont été désignées comme n'étant plus en vigueur par la Mesure 5 (2010) ;

Notant que le Comité pour la protection de l'environnement a approuvé un plan de gestion révisé pour la ZSPA no 106 ;

Souhaitant remplacer le plan de gestion actuel de la ZSPA no 106 par le plan de gestion révisé ;

Recommandent à leurs gouvernements d'approuver la Mesure suivante conformément au paragraphe 1 de l'article 6 de l'Annexe V du Protocole au Traité sur l'Antarctique, relatif à la protection de l'environnement :

Que :

1. Le plan de gestion révisé de la zone spécialement protégée de l'Antarctique no 106 (cap Hallett, Terre Victoria du nord, mer de Ross), qui figure en annexe à la présente Mesure, soit approuvé ; et que

2. Le plan de gestion de la ZSPA no 106 qui figure en annexe à la Mesure 5 (2010) soit abrogé.

Zone spécialement protégée de l'Antarctique n° 119
(vallée Davis et étang Forlidas, massif Dufek et monts Pensacola): plan de gestion révisé

Les Représentants,

Rappelant les articles 3,5 et 6 de l'Annexe V du Protocole au Traité sur l'Antarctique, relatif à la protection de l'environnement qui prévoient la désignation de zones spécialement protégées de l'Antarctique (« ZSPA ») et l'approbation de plans de gestion pour ces zones.

Rappelant

- La Recommandantion XVI-9 (1991) qui a désigné l'étang Forlidas comme zone spécialement protégée (« ZSP ») n° 23 et reproduit en annexe un plan de gestion pour la zone ;

- La Décision 1 (2002) qui a renommé et renuméroté la ZSP n° 23 comme ZSPA n° 119 ;

- Les Mesures 2 (2005) et 6 (2010) qui ont adopté des plans de gestion révisés pour la ZSPA n° 119 ;

Rappelant que la Recommandation XVI-9 (1991) n'est pas entrée en vigueur et a été retirée par la Mesure 6 (2010) ;

Notant que le Comité pour la protection de l'environnement a approuvé un plan de gestion révisé pour la ZSPA 119 ;

Souhaitant remplacer le plan de gestion actuel de la ZSPA n°119 par le plan de gestion révisé ;

Recommandent à leurs gouvernements d'approuver la Mesure suivante, conformément au paragraphe 1 de l'article 6 de l'Annexe V du Protocole au Traité sur l'Antarctique, relatif à la protection de l'environnement :

Que :

1. Le plan de gestion révisé de la zone spécialement protégée de l'Antarctique n° 119 (vallée Davis et étangs Forlidas, massif Dufek et monts Pensacola), qui figure en annexe à la présente Mesure, soit approuvé; et que

2. Le plan de gestion de la zone spécialement protégée de l'Antarctique n°119 qui figure en annexe à la Mesure 6 (2010) soit abrogé.

Zone spécialement protégée de l'Antarctique n° 148
(mont Flora, baie Hope, péninsule Antarctique) :
plan de gestion révisé

Les Représentants,

Rappelant les articles 3,5 et 6 de l'Annexe V au Protocole au Traité sur l'Antarctique, relatif à la protection de l'environnement qui prévoient la désignation des zones spécialement protégées de l'Antarctique (« ZSPA ») et l'approbation des plans de gestion pour ces zones.

Rappelant

- La Recommandation XV-6 (1989) qui a désigné le mont Flora, baie Hope, péninsule Antarctique, comme site présentant un intérêt scientifique particulier (« SISP ») n°31 et reproduit en annexe un plan de gestion pour le site ;

- La Décision 1 (2002) qui a renommé et renuméroté le SISP n°31 comme ZSPA no 148 ;

- La Mesure 1 (2002) qui a adopté un plan de gestion révisé pour la ZSPA no 148 ;

Rappelant que Recommandation XV-6 (1989) a été désignée comme caduque par la Décision 1 (2011) ;

Notant que le Comité pour la protection de l'environnement a approuvé un plan de gestion révisé pour la ZSPA 119 ;

Souhaitant remplacer le plan de gestion existant de la ZSPA n°148 par le plan de gestion révisé ;

Recommandent à leurs gouvernements d'approuver de la Mesure suivante, conformément au paragraphe 1 de l'article 6 de l'Annexe V du Protocole au

Traité sur l'Antarctique, relatif à la protection de l'environnement du Traité de l'Antarctique :

Que :

1. Le plan de gestion révisé de la zone spécialement protégée de l'Antarctique n°148 (mont Flora, baie Hope, péninsule Antarctique), qui figure en annexe à la présente Mesure, soit approuvé; et que

2. Le plan de gestion de la zone spécialement protégée de l'Antarctique n° 148 qui figure en annexe à la Mesure 1 (2012) soit abrogé.

Zone spécialement protégée de l'Antarctique n° 152
(détroit de Western Bransfield): plan de gestion révisé

Les Représentants,

Rappelant les articles 3,5 et 6 de l'Annexe V du Protocole au Traité sur l'Antarctique, relatif à la protection de l'environnement qui prévoient la désignation de zones spécialement protégées de l'Antarctique (« ZSPA ») et l'approbation de plans de gestion pour ces zones.

Rappelant

- La Recommandation XVI-3 (1991), qui a désigné le détroit de Western Bransfield, au large de l'île Low, îles Shetland du Sud, comme site présentant un intérêt scientifique particulier (« SSSI ») n° 35 et reproduit en annexe un plan de gestion pour le site ;

- La Mesure 3 (2001), qui a prorogé la date d'expiration du SISP n° 35 du 31 décembre 2001 au 31 décembre 2005 ;

- La Décision 1 (2002) qui a renommé et renuméroté le SISP n° 35 comme zone spécialement protégée de l'Antarctique n° 152 ;

- Les Mesures 2 (2003) et 10 (2009) qui ont adopté des plans de gestion révisés pour la ZSPA n° 152 ;

Notant que la Recommandation XVI-3 (1991) n'est pas entrée en vigueur et a été retirée par la Mesure 10 (2009) ;

Notant que le Comité pour la protection de l'environnement a approuvé un plan de gestion révisé pour la ZSPA n° 152 ;

Souhaitant remplacer le plan de gestion actuel de la ZSPA n° 152 par le plan de gestion révisé ;

Recommandent à leurs gouvernements d'approuver la Mesure suivante, conformément au paragraphe 1 de l'article 6 de l'Annexe V du Protocole au Traité sur l'Antarctique, relatif à la protection de l'environnement :

Que :

1. Le plan de gestion révisé de la zone spécialement protégée de l'Antarctique n°152 (détroit de Western Bransfield), qui figure en annexe à la présente Mesure, soit approuvé ; et que

2. Le plan de gestion de la zone spécialement protégée de l'Antarctique n°152 qui figure en annexe à la Mesure 10 (2009) soit abrogé.

Zone spécialement protégée de l'Antarctique n° 153 (baie Eastern Dallmann): plan de gestion révisé

Les Représentants,

Rappelant les articles 3,5 et 6 de l'Annexe V du Protocole au Traité sur l'Antarctique, relatif à la protection de l'environnement prévoyant la désignation de zones spécialement protégées de l'Antarctique (« ZSPA ») et l'approbation de plans de gestion pour ces zones.

Rappelant

- La Recommandation XVI-3 (1991), qui a désigné la baie Eastern Dallmann, au large de l'île Brabant, comme site présentant un intérêt scientifique particulier (« SISP ») n° 36 et reproduit en annexe un plan de gestion pour le site ;

- La Mesure 3 (2001), qui a prorogé la date d'expiration du SISP n° 36 du 31 décembre 2001 au 31 décembre 2005 ;

- La Décision 1 (2002) qui a renommé et renuméroté le SISP n° 36 comme ZSPA n°153 ;

- Les Mesures 2 (2003) et 11 (2009) qui ont adopté des plans de gestion révisés pour la ZSPA n°153 ;

Rappelant la la Recommandation XVI-3 (1991) n'est pas entrée en vigueur et a été retirée par la Mesure 10 (2009) ;

Notant que le Comité pour la protection de l'environnement a approuvé un plan de gestion révisé pour la ZSPA n° 153 ;

Souhaitant remplacer le plan de gestion actuel de la ZSPA n° 153 par le plan de gestion révisé ;

Recommandent à leurs gouvernements d'approuver la Mesure suivante, conformément au paragraphe 1 de l'article 6 de l'Annexe V du Protocole au Traité sur l'Antarctique, relatif à la protection de l'environnement :

Que :

1. Le plan de gestion révisé de la zone spécialement protégée de l'Antarctique n°153 (baie Eastern Dallmann), qui figure en annexe à la présente Mesure, soit approuvé ; et que

2. Le plan de gestion de la zone spécialement protégée de l'Antarctique n°153 qui figure en annexe à la Mesure 11 (2009) soit abrogé.

Zone spécialement protégée de l'Antarctique n° 155 (cap Evans, île Ross) : plan de gestion révisé

Les représentants,

Rappelant les articles 3, 5 et 6 de l'Annexe V du Protocole au Traité sur l'Antarctique, relatif à la protection de l'environnement qui prévoient la désignation de zones spécialement protégées de l'Antarctique (« ZSPA ») et de l'adoption de plans de gestion pour ces zones ;

Rappelant

- La Mesure 2 (1997) qui a désigné le site historique du cap Evans et ses environs comme zone spécialement protégée (« ZSP ») no 25 et reproduit en annexe le plan de gestion pour la zone ;

- La Décision 1 (2002) qui a renommé et renuméroté la ZSP no 25 en ZSPA no 155 ;

- Les Mesures 2 (2005), 12 (2008) et 8 (2010) qui ont adopté des plans de gestion révisés pour la ZSPA no 155 ;

Rappelant que la Mesure 2 (1997) n'est pas entrée en vigueur et a été retirée par la Mesure 8 (2010) ;

Notant que le Comité pour la protection de l'environnement a approuvé un plan de gestion révisé pour la ZSPA no 155 ;

Souhaitant remplacer le plan de gestion actuel de la ZSPA no 155 par le plan de gestion révisé ;

Recommandent à leurs gouvernements d'approuver la Mesure suivante conformément au paragraphe 1 de l'article 6 de l'Annexe V du Protocole au Traité sur l'Antarctique, relatif à la protection de l'environnement :

Que :

1. Le plan de gestion révisé de la zone spécialement protégée de l'Antarctique no 155 (cap Evans, île Ross), qui figure en annexe à la présente Mesure, soit approuvé ; et

2. Que le plan de gestion pour la zone spécialement protégée de l'Antarctique no 155 qui figure en annexe à la Mesure 8 (2010) soit abrogé.

Zone spécialement protégée de l'Antarctique n° 157
(baie Backdoor, cap Royds, île Ross) :
plan de gestion révisé

Les représentants,

Rappelant les Articles 3, 5 et 6 de l'Annexe V du Protocole au Traité sur l'Antarctique relatif à la protection de l'environnement qui prévoient la désignation de zones spécialement protégées de l'Antarctique (« ZSPA ») et l'approbation de plans de gestion de ces zones ;

Rappelant

- La Mesure 1 (1998) qui a désigné le site du cap Royds comme zone spécialement protégée (« ZSP ») no 27 et reproduit en annexe un plan de gestion pour la zone ;

- La Décision 1 (2002) qui a renommé et renuméroté la ZSP n°27 en ZSPA no 157 ;

- La Mesure 1 (2002) qui a adopté un plan de gestion révisé pour la ZSPA no 157 ;

- Les Mesures 2 (2005) et 9 (2010) qui ont adopté des plans de gestion révisés pour la ZSPA no 157 ;

Rappelant que la Mesure 1 (1998) n'est pas entrée en vigueur et a été retirée par la Mesure 9 (2010) ;

Notant que le Comité pour la protection de l'environnement a approuvé un plan de gestion révisé pour la ZSPA no 157 ;

Souhaitant remplacer le plan de gestion actuel de la ZSPA no 157 par le plan de gestion révisé ;

Recommandent à leurs gouvernements d'approuver la Mesure suivante conformément au paragraphe 1 de l'article 6 de l'Annexe V du Protocole au Traité sur l'Antarctique, relatif à la protection de l'environnement :

Que :

1. Le plan de gestion révisé de la zone spécialement protégée de l'Antarctique no 157 (baie Backdoor, cap Royds, île Ross), qui figure en annexe à la présente Mesure, soit approuvé ; et

2. Que le plan de gestion pour la zone spécialement protégée de l'Antarctique no 157 qui figure en annexe à la Mesure 9 (2010) soit abrogé.

Zone spécialement protégée de l'Antarctique n° 158 (pointe Hut, île Ross) : plan de gestion révisé

Les représentants,

Rappelant les articles 3, 5 et 6 de l'Annexe V du Protocole au Traité sur l'Antarctique relatif à la protection de l'environnement qui prévoient la désignation de zones spécialement protégées de l'Antarctique (« ZSPA ») et l'adoption de plans de gestion pour ces zones ;

Rappelant

- La Mesure 1 (1998) qui a désigné le site historique de la pointe Hut comme zone spécialement protégée (« ZSP ») no 28 et reproduit en annexe un plan de gestion pour la zone ;

- La Décision 1 (2002) qui a renommé et renuméroté la ZSP no 28 en ZSPA no 158 ;

- Les Mesures 2 (2005) et 10 (2010) qui ont adopté des plans de gestion révisés pour la ZSPA no 158 ;

Rappelant que la Mesure 1 (1998) n'est pas entrée en vigueur et a été retirée par la Mesure 9 (2010) ;

Notant que le Comité pour la protection de l'environnement a approuvé un plan de gestion révisé pour la ZSPA no 158 ;

Souhaitant remplacer le plan de gestion actuel de la ZSPA no 158 par le plan de gestion révisé ;

Recommandent à leurs gouvernements d'approuver la Mesure suivante conformément au paragraphe 1 de l'article 6 de l'Annexe V du Protocole au Traité sur l'Antarctique, relatif à la protection de l'environnement :

Que :

1. Le plan de gestion révisé de la zone spécialement protégée de l'Antarctique no 158 (pointe Hut, île Ross), qui figure en annexe à la présente Mesure, soit approuvé ; et

2. Que le plan de gestion pour la zone spécialement protégée de l'Antarctique no 158 qui figure en annexe à la Mesure 10 (2010) soit abrogé.

Zone spécialement protégée de l'Antarctique n° 159
(cap Adare, côte Borchgrevink) : plan de gestion révisé

Les représentants,

Rappelant les articles 3, 5 et 6 de l'Annexe V du Protocole au Traité sur l'Antarctique relatif à la protection de l'environnement qui prévoient la désignation de zones spécialement protégées de l'Antarctique (« ZSPA ») et l'adoption de plans de gestion pour ces zones ;

Rappelant

- La Mesure 1 (1998) qui a désigné le site historique du cap Adare et ses environs comme zone spécialement protégée (« ZSP ») no 29 et reproduit en annexe un plan de gestion pour la zone ;

- La Décision 1 (2002), qui a renommé et renuméroté la ZSP no 29 en ZSPA no 159 ;

- Les Mesures 2 (2005) et 11 (2010) qui ont adopté des plans de gestion révisés pour la ZSPA no 159 ;

Notant que la Mesure 1 (1998) n'est pas entrée en vigueur et a été retirée par la Mesure 9 (2010) ;

Notant que le Comité pour la protection de l'environnement a approuvé un plan de gestion révisé pour la ZSPA no 159 ;

Souhaitant remplacer le plan de gestion actuel de la ZSPA no 159 par le plan de gestion révisé ;

Recommmandent à leurs gouvernements d'approuver la Mesure suivante conformément au paragraphe 1 de l'article 6 de l'Annexe V du Protocole au Traité sur l'Antarctique, relatif à la protection de l'environnement :

Que :

1. Le plan de gestion révisé de la zone spécialement protégée de l'Antarctique no 159 (cap Adare, côte Borchgrevink), qui figure en annexe à la présente Mesure, soit approuvé ; et

2. Que le plan de gestion de la zone spécialement protégée de l'Antarctique no 159 qui figure en annexe à la Mesure 11 (2010) soit abrogé.

Zone spécialement protégée de l'Antarctique n° 163
(glacier Dakshin Gangotri, terre de la Reine Maud) : plan de gestion révisé

Les représentants,

Rappelant les articles 3, 5 et 6 de l'Annexe V du Protocole au Traité sur l'Antarctique, relatif à la protection de l'environnement qui prévoient la désignation de zones spécialement protégées de l'Antarctique (« ZSPA ») et l'adoption de plans de gestion pour ces zones ;

Rappelant

- La Mesure 2 (2005) qui a désigné le glacier Dakshin Gangotri, terre de la Reine Maud comme ZSPA no 163 et reproduit en annexe le plan de gestion pour la zone ;

- La Mesure 12 (2010) qui a adopté un plan de gestion révisé pour la ZSPA no 163 ;

Notant que le Comité pour la protection de l'environnement a approuvé un plan de gestion pour la ZGSA n°163 ;

Souhaitant remplacer le plan de gestion actuel de la ZGSA n° 163 par le plan de gestion révisé ;

Recommandent à leurs Gouvernements d'approuver la Mesure suivante conformément au paragraphe 1 de l'Article 6 de l'Annexe V du Protocole au Traité sur l'Antarctique relatif à la protection de l'environnement :

Que :

1. Le plan de gestion révisé de la zone spécialement protégée de l'Antarctique no 163 (glacier Dakshin Gangotri, Terre de la Reine Maud), qui figure en annexe à la présente Mesure, soit approuvé ; et

2. Que le plan de gestion de la zone spécialement protégée de l'Antarctique no 163 qui figure en annexe à la Mesure 12 (2010) soit abrogé.

Zone spécialement protégée de l'Antarctique n° 164
(monolithes de Scullin et de Murray, terre Mac.Robertson) : plan de gestion révisé

Les représentants,

Rappelant les articles 3, 5 et 6 de l'Annexe V du Protocole au Traité sur l'Antarctique, relatif à la protection de l'environnement qui prévoient la désignation de zones spécialement protégées de l'Antarctique (« ZSPA ») et l'adoption de plans de gestion pour ces zones ;

Rappelant

- la Mesure 2 (2005) qui a désigné les monolithes de Scullin et de Murray, terre Mac.Robertson, Antarctique oriental comme ZSPA no 164 et reproduit en annexe un plan de gestion pour la zone;

- la Mesure 13 (2010) qui a adopté un plan de gestion révisé pour la ZSPA no 164 ;

Notant que le Comité pour la protection de l'environnement a approuvé un plan de gestion révisé pour la ZSPA no 164 ;

Souhaitant remplacer le plan de gestion actuel de la ZSPA no 164 par le plan de gestion révisé ;

Recommandent à leurs Gouvernements d'approuver la Mesure suivante conformément au paragraphe 1 de l'Article 6 de l'Annexe V du Protocole au Traité sur l'Antarctique relatif à la protection de l'environnement :

Que :

1. le plan de gestion révisé de la zone spécialement protégée de l'Antarctique no 164 (monolithes de Scullin et de Murray, terre Mac.Robertson), qui figure en annexe à la présente Mesure, soit approuvé ; et

2. que le plan de gestion de la zone spécialement protégée de l'Antarctique no 164 qui figure en annexe à la Mesure 13 (2010) soit abrogé.

Zone spécialement protégée de l'Antarctique n° 168
(mont Harding, montagnes Grove, Antarctique de l'Est) : plan de gestion révisé

Les représentants,

Rappelant les articles 3, 5 et 6 de l'Annexe V du Protocole au Traité sur l'Antarctique relatif à la protection de l'environnement qui prévoient la désignation de zones spécialement protégées de l'Antarctique (« ZSPA ») et l'approbation de plans de gestion pour ces zones ;

Rappelant la Mesure 2 (2008), qui a désigné comme ZSPA no 168 le mont Harding, montagnes Grove, Antarctique de l'Est, et reproduit en annexe un plan de gestion pour la zone ;

Notant que le Comité pour la protection de l'environnement a approuvé un plan de gestion révisé pour la ZSPA no 168 ;

Souhaitant remplacer le plan de gestion actuel de la ZSPA no 168 par le plan de gestion révisé ;

Recommandent à leurs Gouvernements d'approuver la Mesure suivante conformément au paragraphe 1 de l'Article 6 de l'Annexe V du Protocole au Traité sur l'Antarctique relatif à la protection de l'environnement :

Que :

1. Le plan de gestion révisé de la zone spécialement protégée de l'Antarctique no 168 (mont Harding, montagnes Grove, Antarctique de l'Est) qui figure en annexe à la présente Mesure soit approuvé ; et que

2. Le plan de gestion de la zone spécialement protégée de l'Antarctique n° 168 qui figure en annexe à la Mesure 2 (2008) soit abrogé.

Zone gérée spéciale de l'Antarctique n° 2
(vallées sèches de McMurdo, terre Victoria du sud) : plan de gestion révisé

Les représentants,

Rappelant les articles 4, 5 et 6 de l'Annexe V du Protocole au Traité sur l'Antarctique, relatif à la protection de l'environnement, qui prévoient la désignation de zones gérées spéciales de l'Antarctique (« ZGSA ») et l'approbation de plans de gestion pour ces zones ;

Rappelant

- La Mesure 1 (2004) qui a désigné les vallées sèches de McMurdo, erre Victoria du sud, comme ZGSA n° 2 et reproduit en annexe un plan de gestion pour la zone ;

- La Mesure 10 (2011) qui a adopté un plan de gestion révisé pour la ZGSA n° 2 ;

Notant que le Comité pour la protection de l'environnement a approuvé un plan de gestion révisé pour la ZGSA n° 2 ;

Désireux de remplacer le plan de gestion existant de la ZGSA n° 2 par le plan de gestion révisé ;

Recommandent à leurs Gouvernements d'approuver la Mesure suivante conformément au paragraphe 1 de l'Article 6 de l'Annexe V du Protocole au Traité sur l'Antarctique relatif à la protection de l'environnement :

Que :

1. Le plan de gestion révisé de la zone gérée spéciale de l'Antarctique n° 2 (vallées sèches de McMurdo, terre Victoria du sud), qui figure en annexe à la présente Mesure, soit approuvé ; et que

2. le plan de gestion de la zone gérée spéciale de l'Antarctique n° 2 qui figure en annexe à la Mesure 10 (2011) soit abrogé.

Liste révisée des sites et monuments historiques : cabane du « Chien boiteux » située à la station bulgare Saint-Clément-d'Ohrid, île Livingston et Tracteur-autoneige lourd « Kharkovchanka », utilisé en Antarctique de 1959 à 2010

Les représentants,

Rappelant les dispositions de l'article 8 de l'Annexe V du Protocole au Traité sur l'Antarctique relatif à la protection de l'environnement visant à garantir la tenue à jour d'une liste des sites et monuments historiques, et que de tels sites et monuments ne soient ni détériorés, ni enlevés, ni détruits ;

Rappelant la Mesure 3 (2003) qui a révisé et mis à jour la liste des sites et monuments historiques, telle que modifiée ultérieurement ;

Souhaitant intégrer deux nouveaux sites et monuments historiques à la Liste des sites et monuments historiques ;

Recommandent à leurs gouvernements d'approuver la Mesure suivante conformément au paragraphe 2 de l'article 8 de l'Annexe V du Protocole au Traité sur l'Antarctique, relatif à la protection de l'environnement :

Que :

1. Soient ajoutés à la Liste des sites et monuments historiques :

   « N° 91 : Cabane du « Chien boiteux » située à la station bulgare Saint-Clément-d'Ohrid, île Livingston.

   La cabane du « Chien boiteux » a été construite en avril 1988 et a constitué le bâtiment principal de la base Saint-Clément-d'Ohrid jusqu'en 1998. C'est, à l'heure actuelle, le plus ancien bâtiment préservé de l'île Livingston. Elle fait office de station radio et de bureau de poste, et accueille également un musée exposant des objets liés au début des activités scientifiques et logistiques bulgares en Antarctique. »

Localisation : 62° 38' 29'' de latitude sud, 60° 21' 53'' de longitude ouest ;

Partie à l'origine de la proposition : Bulgarie

Partie qui se charge de la gestion : Bulgarie

« N° 92 : Tracteur-autoneige lourd « Kharkovchanka », utilisé dans l'Antarctique de 1959 à 2010.

Le tracteur-autoneige lourd « Kharkovchanka » a été spécialement conçu et fabriqué à l'usine de construction d'engin de transport Malyshev de Kharkov pour organiser des traversées intérieures en tracteur-traîneau dans l'Antarctique. Il s'agit du premier véhicule de transport hors série de construction soviétique, produit exclusivement pour les opérations en Antarctique. Ce tracteur n'a pas été utilisé en dehors de l'Antarctique. Ainsi, le STT « Kharkovchanka » est un échantillon historique unique de l'évolution de l'ingénierie technique fabriqué pour l'exploration de l'Antarctique. »

Localisation : 69°22'41,0" de latitude sud, 76°22'59,1" de longitude est.

Partie à l'origine de la proposition : Fédération de Russie

Partie qui se charge de la gestion : Fédération de Russie

2. La Liste des sites et monuments historiques révisée et mise à jour soit annexée à la présente Mesure.

Liste révisée des sites et monuments historiques

N°	Description	Emplacement	Désignation / modification
1	Mât de drapeau érigé en décembre 1965 au pôle sud géographique par la première expédition polaire terrestre argentine. Partie qui, la première, a fait une proposition : Argentine Partie qui se charge de la gestion : Argentine	90°S	Rec. VII-9
2	Cairn de roches plaques à la station Syowa à la mémoire de Shin Fukushima, un membre de la 4ᵉ expédition de recherche antarctique japonaise, décédé en octobre 1960 dans l'exercice de ses fonctions officielles. Le cairn a été érigé le 11 janvier 1961 par ses collègues. Une partie de ses cendres repose dans le cairn. Partie qui, la première, a fait une proposition : Japan Partie qui se charge de la gestion : Japan	69°00'S, 39°35'E	Rec. VII-9
3	Cairn de roches et plaque sur l'île Proclamation, terre Enderby, érigés en janvier 1930 par Sir Douglas Mawson. Le cairn comme la plaque commémorent le débarquement sur l'île Proclamation de Sir Douglas Mawson avec des membres de l'expédition britannique, australienne et néo-zélandaise de recherche antarctique de 1929-31. Partie qui, la première, a fait une proposition : Australie Partie qui se charge de la gestion : Australie	65°51'S, 53°41'E	Rec. VII-9
4	Bâtiment de la station Pôle d'inaccessibilité. Bâtiment de la station auquel est fixé un buste de V.I. Lénine, avec une plaque à la mémoire de la conquête en 1958 du pôle d'inaccessibilité par des explorateurs antarctiques soviétiques. Le bâtiment de la station a été recouvert par la neige depuis 2007. Le buste de Lénine est érigé sur un support en bois fixé sur le toit du bâtiment, s'élevant à environ 1,5 m au-dessus de la surface de la neige. Partie qui, la première, a fait une proposition : Russie Partie qui se charge de la gestion : Russie	82°06'42"S, 55°01'57"E	Rec. VII-9 Mesure 11(2012)

Nº	Description	Emplacement	Désignation / modification
5	Cairn de roches et plaque au cap Bruce, terre Mac Robertson, érigés en février 1931 par Sir Douglas Mawson. Le cairn et la plaque commémorent le débarquement au cap Bruce de Sir Douglas Mawson avec des membres de l'expédition britannique, australienne et néo-zélandaise de recherche antarctique (1929-31). Partie qui, la première, a fait une proposition : Australie Partie qui se charge de la gestion : Australie	67°25'S, 60°47'E	Rec. VII-9
6	Cairn de roches à Walkabout Rocks, collines Vestfold, terre Princesse Elizabeth, érigé en 1939 par Sir Hubert Wilkins. Il abrite une boîte renfermant un récit de sa visite. Partie qui, la première, a fait une proposition : Australie Partie qui se charge de la gestion : Australie	68°22'S, 78°33'E	Rec. VII-9
7	Pierre d'Ivan Khmara. Pierre avec une plaque portant une inscription, érigée sur l'île Buromsky à la mémoire du conducteur mécanicien Ivan Khmara, membre de la 1ᵉʳᵉ expédition complexe antarctique de l'URSS (1ᵉʳᵉ expédition antarctique soviétique) qui périt le 21.01.1956 sur une banquise côtière dans l'exercice de ses fonctions officielles. La pierre avait été érigée à l'origine à l'observatoire de Mirny de la pointe Mabus. La 19ᵉᵐᵉ expédition antarctique soviétique avait changé la pierre d'emplacement en 1974 en raison d'activités de construction. Partie qui, la première, a fait une proposition : Russie Partie qui se charge de la gestion : Russie	66°32'04"S, 92°59'57"E	Rec. VII-9 Mesure 11(2012)
8	Monument d'Anatoly Shcheglov. Stèle de métal avec une plaque à la mémoire d'Anatoly Shcheglov, conducteur mécanicien qui périt dans l'exercice de ses fonctions officielles, érigée sur un traîneau sur la route Mirny – Vostok, à 2 km de la station Mirny. Partie qui, la première, a fait une proposition : Russie Partie qui se charge de la gestion : Russie	66°34'43"S, 92°58'23"E	Rec. VII-9 Mesure 11(2012)

Nº	Description	Emplacement	Désignation / modification
9	Cimetière de l'Île Buromsky. Cimetière sur l'île Buromsky, près de l'observatoire de Mirny, où sont enterrés des citoyens d'URSS (Fédération de Russie), de Tchécoslovaquie, de RDA et de Suisse (membres des expéditions antarctiques soviétiques et russes) qui périrent dans l'exercice de leurs fonctions officielles. Partie qui, la première, a fait une proposition : Russie Partie qui se charge de la gestion : Russie	66°32'04"S, 93°00'E	Rec. VII-9 Mesure 11(2012)
10	**Observatoire de la station soviétique Oasis.** Bâtiment de l'observatoire magnétique à la station Dobrowolsky (qui fait partie de l'ancienne station soviétique Oasis transférée à la Pologne) sur les collines Bunger, avec une plaque commémorant l'ouverture en 1956 de la station Oasis. Partie qui, la première, a fait une proposition : Russie Partie qui se charge de la gestion : Russie	66°16'30"S, 100°45'03"E	Rec. VII-9 Mesure 11(2012)
11	Tracteur de la station Vostok. Tracteur lourd ATT 11 à la station de Vostok ayant participé à la première expédition vers le pôle Sud géomagnétique, avec une plaque commémorant l'ouverture de la station en 1957. Partie qui, la première, a fait une proposition : Russie Partie qui se charge de la gestion : Russie	78°27'48" S, 106°50'06" E	Rec. VII-9 Mesure 11(2012)
12	*Intégré dans le SMH Nº 77*		
13	*Intégré dans le SMH Nº 77*		
14	Site d'une glacière sur l'île Inexpressible, baie Terra Nova, construite en mars 1912 par l'équipe du nord de Victor Campbell, expédition antarctique britannique, 1910-13. L'équipe a passé l'hiver de 1912 dans cette glacière. On y trouve encore un panneau indicateur en bois, une plaque et des os de phoque. Partie qui, la première, a fait une proposition : Nouvelle-Zélande Parties qui se chargent de la gestion : Nouvelle-Zélande/Italie/Royaume-Uni	74°54'S, 163°43'E	Rec. VII-9 Mesure 5(1995)

No	Description	Emplacement	Désignation / modification
15	Cabane au cap Royds, île Ross, construite en février 1908 par l'expédition antarctique britannique de 1907-09, que dirigeait Sir Ernest Shackleton. Restaurée en janvier 1961 par l'Antarctic Division of New Zealand, département de la recherche scientifique et industrielle. Site incorporé dans la ZSPA n° 157 Parties qui, les premières, ont fait une proposition : Nouvelle-Zélande/Royaume-Uni Parties qui se chargent de la gestion : Nouvelle-Zélande/Royaume-Uni	77°33'S, 166°10'E	Rec. VII-9
16	Cabane au cap Evans, île de Ross, construite en janvier 1911 par l'expédition antarctique britannique de 1910-1913, placée sous la direction du capitaine Robert F. Scott. Restaurée en janvier 1961 par l'Antarctic Division of New Zealand, département de la recherche scientifique et industrielle. Site incorporé dans la ZSPA n° 155 Parties qui les premières ont fait une proposition : Nouvelle-Zélande /Royaume-Uni Parties qui se chargent de la gestion : Nouvelle-Zélande/Royaume-Uni	77°38'S, 166°24'E	Rec. VII-9
17	Croix sur la colline Wind Vane, cap Evans, île de Ross, érigée par l'équipe de la mer de Ross, placée sous la direction du capitaine Aeneas Mackintosh, de l'expédition transantarctique impériale 1914-1916 d'Ernest Shackleton, à la mémoire de trois membres de l'équipe qui périrent aux alentours de 1916. Site incorporé dans la ZSPA n° 155 Parties qui les premières ont fait une proposition : Nouvelle-Zélande/Royaume-Uni Parties qui se chargent de la gestion : Nouvelle-Zélande/Royaume-Uni	77°38'S, 166°24'E	Rec. VII-9

N°	Description	Emplacement	Désignation / modification
18	Cabane à pointe Hut, île de Ross, construite en février 1902 par l'expédition antarctique britannique de 1901-04, placée sous la direction du capitaine Robert F. Scott. Partiellement restaurée en janvier 1964 par la New Zealand Antarctic Society, avec l'assistance du Gouvernement des Etats-Unis d'Amérique. Site incorporé dans la ZSPA n° 158 Parties qui, les premières, ont fait une proposition : Nouvelle-Zélande/Royaume-Uni Parties qui se chargent de la gestion : Nouvelle-Zélande/ Royaume-Uni	77°50'S, 166°37'E	Rec. VII-9
19	Croix à pointe Hut, île de Ross, érigée en février 1904 par l'expédition antarctique britannique de 1901-04, à la mémoire de George Vince, un membre de l'expédition, mort à proximité. Parties qui, les premières, ont fait une proposition : Nouvelle-Zélande/Royaume-Uni Parties qui se chargent de la gestion : Nouvelle-Zélande/ Royaume-Uni	77°50'S, 166°37'E	Rec. VII-9
20	Croix sur la colline Observation, île de Ross, érigée en janvier 1913 par l'expédition antarctique britannique de 1910-13, à la mémoire de l'équipe du capitaine Robert F. Scott qui périt en mars 1912 à son retour du pôle Sud. Parties qui les premières ont fait une proposition : Nouvelle-Zélande/Royaume-Uni Parties qui se chargent de la gestion : Nouvelle-Zélande/ Royaume-Uni	77°51'S, 166°41'E	Rec. VII-9
21	Vestiges de la cabane de pierre au cap Crozier, île de Ross, construite en juillet 1911 par l'équipe d'Edward Wilson de l'expédition antarctique britannique (1910-13) durant le voyage d'hiver pour ramasser des œufs de manchots Empereur. Partie qui, la première, a fait une proposition : Nouvelle-Zélande Parties qui se chargent de la gestion : Nouvelle-Zélande/ Royaume-Uni	77°31'S, 169°22'E	Rec. VII-9

N°	Description	Emplacement	Désignation / modification
22	Trois cabanes et reliques historiques connexes au cap Adare. Deux ont été construites en février 1899 durant l'expédition antarctique britannique (*Southern Cross*), 1898-1900, placée sous la direction de Carsten E. Borchgrevink. La troisième a été construite en février 1911 par l'équipe nord de Robert F. Scott, sous la direction de Victor L.A.Campbell. La cabane de l'équipe nord de Scott s'est en grande partie effondrée, seul le porche restant debout en 2002. Site incorporé dans la ZSPA n° 159. Parties qui, les premières, ont fait une proposition : Nouvelle-Zélande/Royaume-Uni Parties qui se chargent de la gestion : Nouvelle-Zélande/ Royaume-Uni	71°18'S, 170°12'E	Rec. VII-9
23	Tombe au cap Adare du biologiste norvégien Nicolai Hanson, un des membres de l'expédition antarctique britannique (*Southern Cross*) de 1898-1900, dirigée par Carsten E. Borchgrevink. Un grand rocher marque la tête de la tombe, laquelle est elle-même schématisée en pierres de granit. Une croix et une plaque sont attachées au rocher. Parties qui, les premières, ont fait une proposition : Nouvelle-Zélande/ Royaume-Uni Parties qui se chargent de la gestion : Nouvelle-Zélande/ Norvège	71°17'S, 170°13'E	Rec. VII-9
24	Cairn de roches, appelé 'Cairn d'Amundsen', sur le mont Betty, Queen Maud Range, érigé par Roald Amundsen le 6 janvier 1912, alors qu'il retournait à *Framheim* du pôle Sud. Partie qui, la première, a fait une proposition : Norvège Partie qui se charge de la gestion : Norvège	85?11'S, 163?45'O	Rec. VII-9
25	*Site retiré de la liste*		
26	Installations abandonnées de la station argentine 'General San Martin' sur l'île Barry, îles Debenham, baie Marguerite, avec croix, mât de drapeau et monolithe construits en 1951. Partie qui, la première, a fait une proposition : Argentine Partie qui se charge de la gestion : Argentine	68°08'S, 67°08'O	Rec. VII-9

N°	Description	Emplacement	Désignation / modification
27	Cairn doté de la réplique d'une plaque de plomb érigée en 1909 sur la colline Megalestris, île Petermann, par la deuxième expédition française placée sous la direction de Jean-Baptiste E. A. Charcot. La plaque originelle se trouve dans les réserves du Musée national d'histoire naturelle (Paris). Parties qui, les premières, ont fait une proposition : Argentine/France/Royaume-Uni Parties qui se chargent de la gestion : France /Royaume-Uni	65°10'S, 64°09'O	Rec. VII-9
28	Cairn de roches à Port Charcot, île Booth, avec un pilier et une plaque de bois sur lesquels sont inscrits les noms des membres de la première expédition française dirigée par Jean-Baptiste E. A. Charcot qui y a en 1904 hiverné à bord du *Le Français*. Partie qui, la première, a fait une proposition : Argentine Parties qui se chargent de la gestion : Argentine/France	65°03'S, 64°01'O	Rec. VII-9
29	Phare appelé 'Primero de Mayo' érigé en 1942 sur l'île Lambda, îles Melchior, par l'Argentine. Premier phare argentin dans l'Antarctique. Partie qui, la première, a fait une proposition : Argentine Partie qui se charge de la gestion : Argentine	64°18'S, 62°59'O	Rec. VII-9
30	Abri à Paradise Harbour érigé en 1950 près de la base chilienne 'Gabriel Gonzalez Videla' en honneur à Gabriel Gonzalez Videla, le premier chef d'Etat qui visita l'Antarctique. Il est un exemple représentatif des activités qui ont précédé l'Année géophysique internationale et il constitue une commémoration nationale importante. Partie qui, la première, a fait une proposition : Chili Partie qui se charge de la gestion : Chili	64°49'S, 62°51'O	Rec. VII-9
31	*Site retiré de la liste.*		

Nᵒ	Description	Emplacement	Désignation / modification
32	Monolithe de béton érigé en 1947, près de la base Capitán Arturo Prat sur l'île Greenwich, Îles Shetland du Sud. Point de référence pour les études hydrographiques antarctiques chiliennes. Il est représentatif d'une importante activité qui a précédé l'Année géophysique internationale et il est actuellement préservé et entretenu par le personnel de la base. Partie qui, la première, a fait une proposition : Chili Partie qui se charge de la gestion : Chili	62°28'S, 59°40'O	Rec. VII-9
33	Abri et croix avec plaque près de la base Capitán Arturo Prat (Chile), île Greenwich, îles Shetland du Sud. Ils ont été nommés à la mémoire du lieutenant-commandant González Pacheco, qui décéda en 1960 alors qu'il dirigeait la station. Le monument commémore des événements liés à une personne dont le rôle et les circonstances de sa mort ont une valeur symbolique tout en offrant la possibilité d'informer les hommes d'activités humaines importantes conduites dans l'Antarctique. Partie qui, la première, a fait une proposition : Chili Partie qui se charge de la gestion : Chili	62°29'S, 59°40'O	Rec. VII-9
34	Buste à la base Capitán Arturo Prat (Chili), île Greenwich, îles Shetland du Sud, du héro des forces navales chiliennes Arturo Prat ; érigé en 1947. Ce monument est représentatif des activités qui ont précédé l'Année géophysique international et il revêt une valeur symbolique dans le contexte de la présence chilienne en Antarctique. Partie qui, la première, a fait une proposition : Chili Partie qui se charge de la gestion : Chili	62°50'S, 59°41'O	Rec. VII-9
35	Croix et statue en bois de la Vierge de Carmen érigées en 1947 près de la base Capitán Arturo Prat (Chili), île Greenwich, îles Shetland du Sud. Le monument est représentatif des activités qui ont précédé l'Année géophysique internationale et il revêt une valeur particulièrement symbolique et architecturale. Partie qui, la première, a fait une proposition : Chili Partie qui se charge de la gestion : Chili	62°29'S, 59°40'O	Rec. VII-9

N°	Description	Emplacement	Désignation / modification
36	Réplique d'une plaque de métal érigée par Edouard Dallmann à l'anse Potter, île du roi Georges, pour commémorer la visite le 1er mars 1874 de son expédition allemande à bord du *Grönland.* Parties qui les premières ont fait une proposition : Argentine/Royaume-Uni Parties qui se chargent de la gestion : Argentine/ Allemagne	62°14'S, 58°39'O	Rec. VII-9
37	Site historique O'Higgins situé sur le Cap Legoupil dans la Péninsule antarctique et qui comprend les structures de valeur historique suivantes : • Buste du « Capitán General Bernardo O´Higgins Riquelme », érigé en 1948 en face de la base du même nom. Le général O´Higgins a été le premier dirigeant du Chili à reconnaître l'importance de l'Antarctique. Cela a un sens symbolique dans l'histoire de l'exploration antarctique puisque c'est durant son gouvernement que le navire Dragon a débarqué sur la côte de la Péninsule antarctique en 1820. Ce monument est également représentatif des activités antérieures à l'AGI en Antarctique. (63°19'14.3" S / 57°53'53.9"O) • Ancienne base antarctique « Capitán General Bernardo O'Higgins Riquelme » dévoilée le 18 février 1948 par le Président de la République du Chili, Gabriel González Videla, le premier président au monde à visiter l'Antarctique. Elle est considérée comme un modèle de base pionnière de la période moderne de l'exploration antarctique. (63°19' S / 57°54'O) • Plaque à la mémoire des lieutenants Oscar Inostroza Contreras et Sergio Ponce Torrealba, qui ont péri sur le continent antarctique pour la paix et la science, le 12 août 1957. (63°19'15.4" S / 57°53'52.9"O) • Grotte de la Virgen del Carmen, située dans les environs de la base, construite il y a environ quarante ans. Elle a servi comme lieu de retraite spirituelle pour le personnel des différentes stations et expéditions antarctiques. (63°19'15.9" S / 57°54'03.2" O) Partie qui, la première, a fait une proposition : Chili Partie qui se charge de la gestion : Chili	63°19'S, 57°54'O	Rec. VII-9 Mesure 11(2012)

N°	Description	Emplacement	Désignation / modification
38	Cabane en bois construite en février 1902 sur l'île Snow Hill par la principale équipe de l'expédition polaire australe suédoise placée sous la direction d'Otto Nordenskjöld. Parties qui, les premières, ont fait une proposition : Argentine/ Royaume-Uni Parties qui se chargent de la gestion : Argentine/Suède	64°22'S, 56°59'O	Rec. VII-9
39	Cabane en pierres construite en janvier 1903 à la baie Hope, péninsule Trinity, par une équipe de l'expédition polaire australe suédoise. Parties qui, les premières, ont fait une proposition : Argentine/Royaume-Uni Parties qui se chargent de la gestion : Argentine/Suède	63°24'S, 56°59' O	Rec. VII-9
40	Buste du Général San Martin, grotte avec une statue de la Vierge de Lujan, et un mât à drapeau érigé en 1955 par l'Argentine à la base 'Esperanza', baie Hope, avec un cimetière doté d'une stèle à la mémoire de membres des expéditions argentines morts dans la zone. Partie qui, la première, a fait une proposition : Argentine Partie qui se charge de la gestion : Argentine	63°24'S, 56°59'O	Rec. VII-9
41	Cabane en pierres construite en février 1903 sur l'île Paulet par des survivants de l'épave de l'*Antarctic* commandé par le capitaine Carl A. Larsen, membres de l'expédition polaire australe suédoise dirigés par Otto Nordenskjöld, ainsi que la tombe d'un membre de l'expédition et le cairn de roches construit par les survivants de l'épave au sommet de l'île pour attirer l'attention des expéditions de secours. Parties qui, les premières, ont fait une proposition : Argentine/Royaume-Uni Parties qui se chargent de la gestion : Argentine/Suède/ Norvège	63°34'S, 55°45'O	Rec. VII-9 Mesure 5 (1997)

N°	Description	Emplacement	Désignation / modification
42	Zone de la baie Scotia, île Laurie, Orcades du Sud, où l'on trouve une cabane en pierres construite en 1903 par l'expédition antarctique écossaise placée sous la direction de William S. Bruce ; cabane météorologique argentine et observatoire magnétique, construits en 1905 et connus sous le nom de Moneta House; et cimetière avec douze tombes dont la première date de 1903. Partie qui, la première, a fait une proposition : Argentine Parties qui se chargent de la gestion : Argentine/Royaume-Uni	60°46'S, 44°40'O	Rec. VII-9
43	Croix érigée en 1955, à une distance de 1 300 mètres au nord-est de la station General Belgrano I (Argentine) et, en 1979, transférée à la station Belgrano II (Argentine), Nunatak Bertrab, côte Confin, terre Coats. Partie qui, la première, a fait une proposition : Argentine Partie qui se charge de la gestion : Argentine	77°52'S, 34°37'O	Rec. VII-9
44	Plaque érigée à la station temporaire de l'Inde 'Dakshin Gangotri', Princesse Astrid Kyst, terre Dronning Maud, énumérant les noms des membres de la première expédition antarctique indienne qui a débarqué à proximité le 9 janvier 1982. Partie qui, la première, a fait une proposition : Inde Partie qui se charge de la gestion : Inde	70°45'S, 11°38'E	Rec. XII-7
45	Plaque sur l'île Brabant, pointe Metchnikoff, montée à une hauteur de 70 m sur la crête de la moraine qui sépare cette pointe du glacier et qui porte l'inscription suivante : Ce monument a été construit par François de Gerlache et d'autres membres de l'expédition de services conjointe 1983-85 pour commémorer le premier débarquement sur l'île Brabant de l'expédition antarctique belge 1897-99. Adrien de Gerlache (Belgique), chef de l'expédition, Roald Amundsen (Norvège), Henryk Arctowski (Pologne), Frederick Cook (Etats-Unis d'Amérique) et Emile Danco (Belgique) ont campé à proximité du 30 janvier au 6 février 1898. Partie qui, la première, a fait une proposition : Belgique Partie qui se charge de la gestion : Belgique	64°02'S, 62°34'O	Rec. XIII-16

N°	Description	Emplacement	Désignation / modification
46	Tous les bâtiments et installations de la base de Port-Martin, Terre Adélie, construits en 1950 par la 3e expédition française en Terre Adélie et, en partie, détruits par un incendie durant la nuit du 23 au 24 janvier 1952. Partie qui, la première, a fait une proposition : France Partie qui se charge de la gestion : France	66°49'S, 141°24'E	Rec. XIII-16
47	Bâtiment en bois appelé 'Base Marret' sur l'île des Pétrels, Terre Adélie, où sept hommes sous le commandement de Mario Marret ont passé l'hiver en 1952 après l'incendie à la base de Port Martin. Partie qui, la première, a fait une proposition : France Partie qui se charge de la gestion : France	66°40'S, 140°01'E	Rec. XIII-16
48	Croix de fer sur le promontoire nord-est de l'île des Pétrels, Terre Adélie, consacrée à la mémoire d'André Prudhomme, chef météorologiste durant la 3e expédition de l'Année géophysique internationale, qui a disparu durant un blizzard le 7 janvier 1959. Partie qui, la première, a fait une proposition : France Partie qui se charge de la gestion : France	66°40'S, 140°01'E	Rec. XIII-16
49	Pilier en béton érigé en janvier 1959 par la première expédition antarctique polonaise à la station de Dobrolowski sur la colline Bunger pour mesurer l'accélération gravimétrique $g = 982\ 439,4$ mgal ± 0.4 mgal par rapport à Varsovie d'après le système de Postdam. Partie qui, la première, a fait une proposition : Pologne Partie qui se charge de la gestion : Pologne	66°16'S, 100°45'E	Rec. XIII-16
50	Plaque de laiton portant l'aigle polonais, emblème national de la Pologne, les dates 1975 et 1976, et le texte ci-après en polonais, anglais et russe : À la mémoire du débarquement en février 1976 des membres de la première expédition polonaise de recherche marine dans l'Antarctique sur les navires 'Profesor Siedlecki' et 'Tazar'. Cette plaque, au sud-ouest des stations chilienne et soviétique, est montée sur une falaise qui fait face à la baie Maxwell, péninsule Fildes, île du roi Georges. Partie qui, la première, a fait une proposition : Pologne Partie qui se charge de la gestion : Pologne	62°12'S, 59°01'O	Rec. XIII-16

N°	Description	Emplacement	Désignation / modification
51	Tombe de Wlodzimierz Puchalski, surmontée par une croix de fer, sur une colline située au sud de la station Arctowski sur l'île du roi Georges. W. Puchalski était un artiste et un producteur de documentaires sur la nature, qui mourut le 19 janvier 1979 alors qu'il travaillait à la station. Partie qui, la première, a fait une proposition : Pologne Partie qui se charge de la gestion : Pologne	62°13'S, 58°28'O	Rec. XIII-16
52	Monolithe érigé pour commémorer la création le 20 février 1985 par la République populaire de Chine de la 'station Grande Muraille' sur la péninsule Fildes, île du roi Georges, dans les Îles Shetland du Sud. Gravée sur le monolithe, on trouve l'inscription en chinois suivante : 'Station de la Grande Muraille, première expédition antarctique chinoise, 20 février 1985'. Partie qui, la première, a fait une proposition : Chine Partie qui se charge de la gestion : Chine	62°13'S, 58°58'O	Rec. XIII-16
53	Buste du capitaine Luis Alberto Pardo, monolithe et plaques sur la pointe Wild, île Eléphant, Îles Shetland du Sud, célébrant le sauvetage des survivants du navire britannique *Endurance* par le garde-côte de la marine chilienne *Yelcho*, avec les mots suivants : « C'est ici que, le 30 août 1916, le garde-côte de la marine chilienne *Yelcho* commandé par le pilote Luis Pardo Villalón a sauvé les 22 hommes de l'expédition Shackleton qui, après avoir survécu au naufrage de l''Endurance', vécurent pendant quatre mois et demi sur cette île ». Le monolithe et les plaques ont été placés sur l'île Eléphant et leurs répliques sur les bases chiliennes Capitan Arturo Prat (62°30'S, 59°49'O) et Président Eduardo Frei (62°12'S, 62°12'O). Des bustes de bronze du pilote Luis Pardo Villalon ont été placés en 1987-88 sur les trois monolithes susmentionnés de la XXIVe expédition antarctique chilienne. Partie qui, la première, a fait une proposition : Chili Partie qui se charge de la gestion : Chili	61°03'S, 54°50'O	Rec. XIV-8 Rec. XV-13

N°	Description	Emplacement	Désignation / modification
54	Monument historique Richard E. Byrd, station McMurdo, Antarctique. Buste en bronze sur du marbre noir, 5 pieds de haut x 2 pieds carrés, sur une plate-forme en bois, portant des inscriptions qui décrivent les exploits polaires de Richard Evelyn Byrd. Erigé en 1965 à la station McMurdo. Partie qui, la première, a fait une proposition : Etats-Unis d'Amérique Partie qui se charge de la gestion : Etats-Unis d'Amérique	77°51'S, 166°40'E	Rec. XV-12
55	Base East, Antarctique, île Stonington. Bâtiments et objets de cette base, île Stonington et leurs environs immédiats. Ces structures ont été érigées et utilisées durant deux expéditions d'hivernage américaines : l'expédition des services antarctiques (1939-1941) et l'expédition de recherche antarctique Ronne (1947-1948). La superficie de la zone historique est d'environ 1 000 mètres du nord en sud (de la plage jusqu'au glacier nord-est adjacent à la baie Back) et d'environ 500 mètres d'est en ouest. Partie qui, la première, a fait une proposition : Etats-Unis d'Amérique Partie qui se charge de la gestion : Etats-Unis d'Amérique	68°11'S, 67°00'O	Rec. XIV-8
56	Pointe Waterboat, côte Danco, péninsule Antarctique. Vestiges et environs immédiats de la cabane de pointe Waterboat. Elle a été occupée par l'expédition britannique composée de deux hommes (Thomas W. Bagshawe et Maxime C. Lester) en 1921-22. Seules la base du navire, les fondations des montants de porte et une esquisse de la cabane et de son extension existent encore. La cabane est située à proximité de la station chilienne 'President Gabriel Gonzáles Videla'. Partie qui, la première, a fait une proposition : Chili/ Royaume-Uni Parties qui se chargent de la gestion : Chili/Royaume-Uni	64°49'S, 62°51'O	Rec. XVI-11

N°	Description	Emplacement	Désignation / modification
57	Plaque commémorative à 'Yankee Bay' (Yankee Harbour), détroit de MacFarlane, île Greenwich, Îles Shetland du Sud. Près d'un abri chilien. Erigé à la mémoire du capitaine Andrew MacFarlane qui, en 1820, explora la zone de la péninsule Antarctique sur le voilier à deux mâts *Dragon*. Parties qui les premières ont fait une proposition : Chili/Royaume-Uni Parties qui se chargent de la gestion : Chili/Royaume-Uni	62°32'S, 59°45'O	Rec. XVI-11
58	*Site retiré de la liste.*		
59	Un cairn sur Half Moon Beach, cap Shirreff, île Livingston, Îles Shetland du Sud, et une plaque sur 'Cerro Gaviota' de l'autre côté des îlots San Telmo qui commémore les officiers, soldats et marins à bord du navire espagnol San Telmo, lequel allait couler en septembre 1819 ; vraisemblablement les premières personnes qui vécurent et perdirent la vie en Antarctique. Site incorporé dans la ZSPA no 149. Parties qui les premières ont fait une proposition : Chili/Espagne/Pérou Parties qui se chargent de la gestion : Chili/Espagne/Pérou	62°28'S, 60°46'O	Rec. XVI-11
60	Plaque en bois et cairn à la baie des Manchots, côte méridionale de l'île Seymour (Marambio), archipel de James Ross. Cette plaque a été placée le 10 novembre 1903 par l'équipage d'une mission de sauvetage de la corvette argentine *Uruguay* dans le site où elle rencontra les membres de l'expédition suédoise dirigée par Otto Nordenskjöld. Le texte de cette plaque lit comme suit : « 10.XI.1903 Uruguay (la marine argentine) en voyage pour aider l'expédition antarctique suédoise ». En janvier 1990, un cairn de roches a été érigé par l'Argentine à la mémoire de cet épisode à l'endroit où la plaque est située. Partie qui, la première, a fait une proposition : Argentine Parties qui se chargent de la gestion : Argentine/Suède	64°16'S, 56°39'O	Rec. XVII-3

N°	Description	Emplacement	Désignation / modification
61	'Base A' à Port Lockroy, île Goudier, au large de l'île Wiencke, péninsule Antarctique. Revêt une importance historique en tant que base 'Operation Tabarin' à partir de 1944 et pour des recherches scientifiques, y compris les premières mesures de l'ionosphère, et le premier enregistrement d'une interférence atmosphérique de l'Antarctique. Port Lockroy a été un site de surveillance clé durant l'Année géophysique internationale de 1957/58. Partie qui, la première, a fait une proposition : Royaume-Uni Partie qui se charge de la gestion : Royaume-Uni	64°49'S, 63°29'O	Mesure 4 (1995)
62	'Base F (Wordie House)' sur l'île Winter, îles Argentines. Revêt une importance historique en tant qu'exemple d'une première base scientifique britannique. Partie qui, la première, a fait une proposition : Royaume-Uni Parties qui se chargent de la gestion : Royaume-Uni/ Ukraine	65°15'S, 64°16'O	Mesure 4 (1995)
63	'Base Y' sur l'île Horseshoe, baie Marguerite, terre western Graham. A mentionner comme base scientifique britannique relativement inchangée et complètement équipée de la fin des années 50. 'Blaiklock', la cabane abri située à proximité, est considérée comme faisant partie intégrante de cette base. Partie qui, la première, a fait une proposition : Royaume-Uni Partie qui se charge de la gestion : Royaume-Uni	67°48'S, 67°18'O	Mesure 4 (1995)
64	'Base E' sur l'île Stonington, baie Marguerite, terre western Graham. Revêt une importance historique durant les premières années d'exploration et, plus tard, de l'histoire de la British Antarctic Survey (BAS) pendant les années 60 et 1970. Partie qui, la première, a fait une proposition : Royaume-Uni Partie qui se charge de la gestion : Royaume-Uni	68°11'S, 67°00'O	Mesure 4 (1995)

N°	Description	Emplacement	Désignation / modification
65	Panneau de messages, île Svend Foyn, îles Possession. Un panneau auquel est fixé une boîte a été placé sur l'île en date du 16 janvier 1895 durant l'expédition de chasse à la baleine d'Henryk Bull et du capitaine Leonard Kristensen de l'*Antarctic*. Il a été examiné et jugé intact par l'expédition antarctique britannique de 1898-1900, puis repéré de la plage par le USS *Edisto* en 1956 et le USCGS *Glacier* en 1965. Parties qui les premières ont fait une proposition : Nouvelle-Zélande/Norvège/Royaume-Uni Parties qui se chargent de la gestion : Nouvelle-Zélande/ Norvège	71°56'S, 171°05'O	Mesure 4 (1995)
66	Cairn Prestrud, nunataks Scott, montagnes Alexandra, péninsule Edward VII. Le petit cairn de roches a été érigé le 3 décembre 1911 au pied de la principale falaise du côté nord des nunataks par le lieutenant K. Prestrud durant l'expédition antarctique norvégienne de 1910-1912. Parties qui les premières ont fait une proposition : Nouvelle-Zélande/ Norvège/ Royaume-Uni Parties qui se chargent de la gestion : Nouvelle-Zélande/ Norvège	77°11'S, 154°32'O	Mesure 4 (1995)
67	Abri de rochers, 'Granite House', cap Geology, Granite Harbour. Cet abri a été construit en 1911 pour être utilisé comme cuisine roulante par la deuxième excursion géologique de Griffith Taylor durant l'expédition antarctique britannique de 1910-1913. Il a été entouré de trois côtés par des parois de roches de granit tandis qu'un traîneau était utilisé pour soutenir un toit en peaux de phoque. Les murs de pierre se sont en partie effondrés. L'abri contient des restes de boîtes à conserves corrodées, une peau de phoque et des cordes. Le traîneau est maintenant situé à 50 m du côté de la mer de l'abri et il se compose de quelques morceaux dispersés de bois, d'étriers et de crochets. Site incorporé dans la ZSPA n° 154. Parties qui les premières ont fait une proposition : Nouvelle-Zélande/Norvège/Royaume-Uni Parties qui se chargent de la gestion : Nouvelle-Zélande/ Royaume-Uni	77°00'S, 162°32'E	Mesure 4 (1995)

N°	Description	Emplacement	Désignation / modification
68	Site de dépôt à Hells Gate Moraine, île Inexpressible, baie de Terra Nova. Ce dépôt d'urgence consistait en un traîneau chargé de fournitures et de matériel qui y a été placé le 25 janvier 1913 par l'expédition antarctique britannique 1910-1913. Le traîneau et les fournitures ont été enlevées en 1994 afin de remédier à la dégradation de leur état. Parties qui, les premières, ont fait une proposition : Nouvelle-Zélande/Norvège/Royaume-Uni Parties qui se chargent de la gestion : Nouvelle-Zélande/Royaume-Uni	74°52'S, 163°50'E	Mesure 4 (1995)
69	Panneau à messages au cap Crozier, île de Ross, érigé le 22 janvier 1902 par l'expédition *Discovery* 1901-04 du capitaine Robert F. Scott. Installé pour fournir des renseignements aux navires de secours de l'expédition, il était doté d'un cylindre à message en métal qui a depuis été enlevé. Site incorporé dans la ZSPA n° 124 Parties qui, les premières, ont fait une proposition : Nouvelle-Zélande/Norvège/Royaume-Uni Parties qui se chargent de la gestion : Nouvelle-Zélande/Royaume-Uni	77°27'S, 169°16'E	Mesure 4 (1995)
70	Panneau à messages au cap Wadworth, île Coulman. Un cylindre en métal cloué à un panneau rouge 8 m au-dessus du niveau de la mer, qu'avait placé le capitaine Robert F. Scott en date du 15 janvier 1902. Il a peint en rouge et blanc les rochers situés devant le panneau afin de le rendre plus évident. Parties qui, les premières, ont fait une proposition : Nouvelle-Zélande/Norvège/Royaume-Uni Parties qui se chargent de la gestion : Nouvelle-Zélande/Royaume-Uni	73°19'S, 169°47'E	Mesure 4 (1995)

N°	Description	Emplacement	Désignation / modification
71	Baie des Baleiniers, île Déception, Îles Shetland du Sud. Le site comprend la totalité des vestiges d'avant 1970 à terre de la baie des Baleiniers, y compris ceux de la première expédition baleinière (1906-12) entreprise par le capitaine Adolfus Andresen de la Sociedad Ballenera de Magallanes, Chili ; les vestiges de la station baleinière norvégienne Hektor créée en 1912 et tous les objets associés à son exploitation jusqu'en 1931 ; le site d'un cimetière avec 35 sépultures et d'un monument à la mémoire de dix hommes perdus en mer ; et les vestiges de la période d'activités scientifiques et cartographiques britanniques (1944-1969). Le site reconnaît et commémore également la valeur historique d'autres événements qui s'y sont produits et dont il ne reste rien. Parties qui, les premières, ont fait une proposition : Chili/ Norvège Parties qui se chargent de la gestion : Chili/Norvège/ Royaume-Uni	62°59'S, 60°34'O	Mesure 4 (1995)
72	Cairn Mikkelsen, îles Tryne, collines Vestfold. Un cairn de roches et un mât de bois érigés par l'équipe de débarquement sous la direction du capitaine Klarius Mikkelsen du baleinier norvégien *Thorshavn* , équipe dont faisait partie Caroline Mikkelsen, épouse du capitaine Mikkelsen, la première femme à poser le pied sur l'Antarctique oriental. Le cairn a été découvert en 1957 puis en 1995 par des équipes de terrain de l'expédition nationale australienne de recherche antarctique. Parties qui les premières ont fait une proposition : Australie/Norvège Parties qui se chargent de la gestion : Australie/Norvège	68?22'S 78?24'E	Mesure 2 (1996)

N°	Description	Emplacement	Désignation / modification
73	Croix à la mémoire des victimes de l'accident aérien en 1979 au mont Erebus, baie Lewis, île de Ross. Croix en acier inoxydable qui avait été érigée en janvier 1987 sur un promontoire rocheux à trois kilomètres du site où l'accident à la mémoire des 257 personnes de différentes nationalités qui ont perdu la vie lorsque l'avion dans lequel elles voyageaient s'est écrasé contre les pentes inférieures du mont Erebus, île de Ross. La croix a été érigée en signe de respect et à la mémoire de ceux et celles qui ont péri dans la tragédie. Partie qui, la première, a fait une proposition : Nouvelle-Zélande Partie qui se charge de la gestion : Nouvelle-Zélande	77°25'S, 167°27'E	Mesure 4 (1997)
74	Anse sans nom sur la côte sud-ouest de l'île Elephant, y compris l'estran et la zone intertidale dans lesquels se trouve l'épave d'un grand voilier en bois. Partie qui, la première, a fait une proposition : Royaume-Uni Partie qui se charge de la gestion : Royaume-Uni	61°14'S, 55°22'O	Mesure 2 (1998)
75	Cabane A de la base Scott, le seul bâtiment existant de l'expédition transantarctique 1956/1957 dans l'Antarctique, située à pointe Pram, île de Ross, région de la mer de Ross, Antarctique. Partie qui, la première, a fait une proposition : Nouvelle-Zélande Partie qui se charge de la gestion : Nouvelle-Zélande	77°51'S, 166°46'E	Mesure 1 (2001)
76	Ruines de la station Base Pedro Aguirre Cerda, un centre météorologique et volcanologique chilien situé dans l'anse Pendulum, île Déception, Antarctique, qui a été détruit par des éruptions volcaniques en 1967 et 1969. Partie qui, la première, a fait une proposition : Chili Partie qui se charge de la gestion : Chili	62°59'S, 60°40'O	Mesure 2 (2001)

Nº	Description	Emplacement	Désignation / modification
77	Cap Denison, baie du Commonwealth, terre George V, y compris port Boat et les objets historiques contenus dans ses eaux. Le site est incorporé à la ZGSA nº 3, désignée par la mesure 1 (2004). Une partie de ce site est également contenue dans la ZSGA nº 162, désigbée par la mesure 2 (2004). Partie à l'origine de la proposition : Australie Partie chargée de la gestion : Australie	67° 00' 30" S 142° 39" 40" O	Mesure 3 (2004)
78	Plaque commémorative à pointe India, monts Humboldt, massif Wohlthat, partie centrale de terre Dronning Maud, érigée à la mémoire de trois scientifiques de la *Geological Survey of India* (GSI) et d'un technicien en communication de la marine indienne – tous membres de la neuvième expédition indienne en Antarctique qui, alors qu'ils se trouvaient dans un campement de montagne, ont trouvé la mort dans un accident le 8 janvier 1990. Partie à l'origine de la proposition : Inde Partie chargée de la gestion : Inde	71° 45' 08" S 11° 12' 30" E	Mesure 3 (2004)
79	Cabane Lilie Marleen, mont Dockery, Everett Range, partie Nord de terre Victoria. La cabane Lillie Marleen a été érigée à l'appui des travaux de l'expédition allemande dans la partie nord de terre Victoria (GANOVEX I) de 1979-1980. Il s'agit d'un conteneur de bivouac composé d'unités en fibre de verre préfabriquées et isolées au moyen de mousse polyuréthane. Elle tire son nom du glacier Lillie et de la chanson « Lili Marleen ». Elle est étroitement associée au naufrage spectaculaire du navire d'expédition "Gotland II" durant l'expédition GANOVEX II en décembre 1981. Partie ayant initialement présenté la proposition : Allemagne Partie chargée de la gestion: Allemagne	71°12' S 164°31' E	Mesure 5 (2005)

N°	Description	Emplacement	Désignation / modification
80	Tente d'Amundsen. La tente a été installée au point 90° par le groupe d'explorateurs norvégiens que dirigeait Roald Amundsen à leur arrivée le 14 décembre 1911 au pôle Sud. Elle est actuellement enfouie dans de la glace et de la neige à proximité du pôle Sud. Partie ayant initialement présenté la proposition : Norvège Partie chargée de la gestion: Norvège	dans les parages du point 90° de latitude sud	Mesure 5 (2005)
81	Rocher du Débarquement, terre Adélie. Petite île sur laquelle prirent pied l'amiral Dumont D'Urville et son équipage le 21 janvier 1840 pour y découvrir ensuite la Terre Adélie . Partie à l'origine de la proposition : France Partie chargée de la gestion : France	66° 36.30 ' 140° 03.85'	Mesure 3 (2006)
82	Monument au Traité sur l'Antarctique et plaque. Ce monument est situé à proximité des bases Frei, Bellingshausen et Escudero, à la péninsule Fildes, île du Roi Georges (île du 25 Mai). La plaque placée au pied du monument rend hommage aux signataires du Traité sur l'Antarctique. Ce monument comprend 4 plaques rédigées dans les langues officielles du Traité sur l'Antarctique. Lesdites plaques ont été installées en février 2011 et portent l'inscription suivante : « Ce monument historique dédié à la mémoire des signataires du Traité sur l'Antarctique, Washington, D.C. 1959, est aussi un rappel de l'héritage de la première et de la deuxième Années polaires internationales (1882-1883 et 1932-1933) et de l'Année géophysique internationale (1957-1958) antérieure au Traité sur l'Antarctique et rappelle l'héritage que constitue la coopération internationale qui a rendu possible l'Année polaire internationale 2007-2008. » Ce monument a été conçu et construit par l'Américain Joseph W. Pearson qui en a fait don au Chili. Le monument a été inauguré en 1999 à l'occasion du quarantième anniversaire de la signature du Traité sur l'Antarctique. »[22] Partie auteur de la proposition initiale : Chili Partie chargée de la gestion : Chili	62° 12' 01" S; 58° 57' 41" O	Mesure 3 (2007) Mesure 11 (2011)

N°	Description	Emplacement	Désignation / modification
83	Base "W", île Detaille, fjord Lallemand, côte Loubet. La base "W" est située sur un isthme étroit à l'extrémité nord de l'île Detaille, fjord Lallemand et côte Loubet. Le site se compose d'une cabane et d'une série de structures et de constructions annexes, notamment un petit entrepôt d'urgence, des enclos pour femelles et chiots, une tour anémométrique et deux mâts radio en acier tubulaire (l'un au sud-ouest de la cabane principale et l'autre à l'est). La base "W" a été construite en 1956 en tant que base scientifique britannique, principalement pour y faire des travaux de levés, de géologie et de météorologie ainsi que pour contribuer à l'AGI en 1957. Base relativement inchangée depuis la fin des années 50, la base "W" est un rappel important des conditions scientifiques et de vie qui régnaient dans l'Antarctique lorsque le Traité a été signé il y a 50 ans. Partie qui en a fait initialement la proposition : Royaume-Uni Partie chargée de la gestion : Royaume-Uni	66°52'S, 66°48'O	Mesure 14 (2009)
84	Cabane à la pointe Damoy, baie Dorian, île Wiencke, archipel Palmer. Le site se compose d'une cabane bien préservée ainsi que du matériel scientifique et autres objets se trouvant à l'intérieur. Il se trouve à la pointe Damoy sur la baie Dorian, île Wiencke, archipel Palmer. La cabane a été érigée en 1973 et utilisée pendant plusieurs années comme une installation aérienne estivale britannique et une station de transit pour le personnel scientifique. Elle a été occupée pour la dernière fois en 1993. Partie qui en a fait initialement la proposition : Royaume-Uni Partie chargée de la gestion : Royaume-Uni	64° 49'S, 63°31'O	Mesure 14 (2009)

N°	Description	Emplacement	Désignation / modification
85	Plaque commémorant la centrale nucléaire PM-3A à la station McMurdo. La plaque est d'environ 45 x 60 cm, faite de bronze et fixée à un grand rocher vertical à la station McMurdo, ancien site du réacteur de la centrale nucléaire PM-3A. Elle se trouve approximativement à mi-hauteur du côté ouest de la colline Observation. Le texte de la plaque décrit en détail les réalisations de la PM-3A, première centrale nucléaire en Antarctique. Partie qui en a fait initialement la proposition: États-Unis d'Amérique Partie chargée de la gestion: États-Unis d'Amérique	77° 51' S; 166° 41' E	Mesure 15 (2010)
86	Bâtiment n° 1 à la station Great Wall. Le bâtiment n° 1, construit en 1985 avec une surface au sol de 175 mètres carrés, est situé au centre de la station chinoise antarctique Great Wall qui se trouve sur la péninsule Fildes, île du Roi Georges, Shetlands du Sud, Antarctique occidentale. Ce bâtiment marque le début de l'implication chinoise dans la recherche antarctique dans les années 1980, et par conséquent, il est d'une grande importance pour commémorer l'expédition antarctique chinoise. Partie qui la première a fait la proposition : Chine Partie qui se charge de la gestion : Chine	62°13'4" S, 58°57'44" O	Mesure 12 (2011)
87	Emplacement de la première station de recherche antarctique allemande occupée à titre permanent « Georg Forster » dans l'oasis Schirmacher, Terre de la Reine-Maud. Le site d'origine est situé à côté de l'oasis Schirmacher et est marqué d'une plaque commémorative en bronze portant l'inscription suivante en langue allemande : Antarktisstation Georg Forster 70° 46' 39" S 11° 51' 03" E von 1976 bis 1996 La plaque est bien préservée et fixée sur un mur en pierre à l'extrémité sud du site. Cette station de recherche antarctique a été ouverte le 21 avril 1976 et a fermé en 1993. La totalité du site a été entièrement nettoyée une fois le démantèlement de la station achevé le 12 février 1996. Le site se trouve à environ 1,5 km à l'est de la station de recherche antarctique russe Novolazarevskaya. Partie ayant formulé la proposition initiale : Allemagne Partie chargée de la gestion : Allemagne	70°46'39"S, 11°51'03"E; Altitude : 141 mètres au-dessus du niveau de la mer	Mesure 18 (2013)

290

N°	Description	Emplacement	Désignation / modification
88	Bâtiment du complexe de forage du Professeur Kudryashov. Le bâtiment du complexe de forage a été construit au cours de la campagne d'été 1983-84. Sous la direction du Professeur Boris Kudryashov, des échantillons de glace ancien ont ainsi été obtenus sur le plateau du continent antarctique . Partie ayant formulé la proposition initiale : Fédération de Russie Partie chargée de la gestion : Fédération de Russie	78°28'S, 106°48'E 3488 m au-dessus du niveau de la mer.	Mesure 19 (2013)
89	Expédition Terra Nova de 1910-12, « Camp du sommet » supérieur utilisé pendant l'étude du mont Erebus en décembre 1912. Le site du campement comprend une partie d'un cercle de pierres, qui servaient probablement à maintenir les toiles de tentes par leur poids. Le site du campement était utilisé par une équipe scientifique faisant partie de l'Expédition Terra Nova dirigée par le capitaine Scott, qui a réalisé un travail de cartographie et a récolté des échantillons géologiques en décembre 1912 sur le mont Erebus. Parties ayant formulé la proposition initiale : Royaume-Uni, Nouvelle Zélande et États-Unis d'Amérique Parties chargées de la gestion : Royaume-Uni, Nouvelle Zélande et États-Unis d'Amérique	77°30,348'S ; 167°10,223'E (environ 3 410 m au-dessus du niveau de la mer)	Mesure 20 (2013)
90	Expédition Terra Nova de 1910-12, « Camp E » inférieur utilisé pendant l'étude du mont Erebus en décembre 1912. Le site du campement consiste en une zone de gravier légèrement surélevée et comprend des rochers alignés, qui pourraient avoir servi à maintenir les toiles de tentes par leur poids. Le site du campement était utilisé par une équipe scientifique faisant partie de l'Expédition Terra Nova dirigée par le capitaine Scott, qui a réalisé un travail de cartographie et a récolté des échantillons géologiques en décembre 1912 sur le mont Erebus. Parties ayant formulé la proposition initiale : Royaume-Uni, Nouvelle Zélande et États-Unis d'Amérique Parties chargées de la gestion : Royaume-Uni, Nouvelle Zélande et États-Unis d'Amérique	77°30,348'S ; 167°9,246'E (environ 3,410 m au-dessus du niveau de la mer)	Mesure 21 (2013)

N°	Description	Emplacement	Désignation / modification
91	Cabane du « Chien boiteux » située à la station bulgare Saint-Clément-d'Ohrid, île Livingston. La cabane du « Chien boiteux » a été construite en avril 1988 et a constitué le bâtiment principal de la base Saint-Clément-d'Ohrid jusqu'en 1998. C'est, à l'heure actuelle, le plus ancien bâtiment préservé de l'île Livingston. Elle fait office de station radio et de bureau de poste, et accueille également un musée exposant des objets liés au début des activités scientifiques et logistiques bulgares en Antarctique. Partie à l'origine de la proposition : Bulgarie Partie qui se charge de la gestion : Bulgarie	62° 38' 29" S ; 60° 21' 53" O	Mesure 19 (2015)
92	Tracteur-autoneige lourd « Kharkovchanka », utilisé dans l'Antarctique de 1959 à 2010. Le tracteur-autoneige lourd « Kharkovchanka » a été spécialement conçu et fabriqué à l'usine de construction d'engin de transport Malyshev de Kharkov pour organiser des traversées intérieures en tracteur-traîneau dans l'Antarctique. Il s'agit du premier véhicule de transport hors série de construction soviétique, produit exclusivement pour les opérations en Antarctique. Ce tracteur n'a pas été utilisé en dehors de l'Antarctique. Ainsi, le STT « Kharkovchanka » est un échantillon historique unique de l'évolution de l'ingénierie technique fabriqué pour l'exploration de l'Antarctique. Partie à l'origine de la proposition : Fédération de Russie Partie qui se charge de la gestion : Fédération de Russie	69°22'41,0" S ; 76°22'59,1" E	Mesure 19 (2015)

2. Décisions

Règlement intérieur révisé de la Réunion consultative du Traité sur l'Antarctique (2015) : Comités et groupes de travail

Les Représentants,

Rappelant la Décision 2 (2011) *contenant le Règlement intérieur révisé de la Réunion consultative du Traité sur l'Antarctique (2011), le Règlement intérieur révisé du Comité pour la protection de l'environnement (2011) et les Lignes directrices pour la soumission, la traduction et la distribution des documents établis pour la RCTA et le CPE ;*

Considérant que le fonctionnement de la Réunion consultative du Traité sur l'Antarctique (« RCTA ») pourrait être renforcé par l'introduction de mesures transitoires pour les groupes de travail à la fin de chaque RCTA ;

Notant la nécessité de mettre à jour le Règlement intérieur de la Réunion consultative du Traité sur l'Antarctique (2011) ;

Décident : que le Règlement intérieur révisé de la Réunion consultative du Traité sur l'Antarctique (2015) annexé à la présente Décision remplacera le Règlement intérieur révisé de la Réunion consultative du Traité sur l'Antarctique (2011) annexé à la Décision 2 (2011).

Règlement intérieur révisé de la Réunion consultative du Traité sur l'Antarctique (2015)

1. Les réunions organisées conformément à l'article IX du Traité sur l'Antarctique sont appelées « Réunions consultatives du Traité sur l'Antarctique ». Les Parties contractantes habilitées à participer à ces réunions sont appelées « Parties consultatives » ; les autres Parties contractantes qui ont été invitées à participer à ces réunions sont appelées « Parties non consultatives ». Le secrétaire exécutif du secrétariat du Traité sur l'Antarctique est appelé « Secrétaire exécutif ».

2. Les représentants de la Commission pour la conservation de la faune et de la flore marines de l'Antarctique et du Comité scientifique pour la recherche en Antarctique, invités à participer à ces réunions conformément à l'article 31, sont désignés sous le nom d' «Observateurs ».

Représentation

3. Chaque Partie consultative est représentée par une délégation composée d'un représentant, de représentants suppléants, de conseillers et d'autres personnes que chaque État peut juger nécessaires. Chaque Partie non consultative, invitée à participer à une Réunion consultative, est représentée par une délégation composée d'un représentant et d'autres personnes considérées comme nécessaires, tout en respectant la limite numérique qui pourra être occasionnellement fixée par le Gouvernement hôte en consultation avec les Parties consultatives. La Commission pour la conservation de la faune et de la flore marines de l'Antarctique, le Comité scientifique pour la recherche en Antarctique et le Conseil des directeurs des programmes antarctiques nationaux sont représentés par leurs présidents respectifs ou par d'autres personnes qui auront été désignées à cette fin. Les noms des membres des délégations et des observateurs seront communiqués au Gouvernement hôte avant l'ouverture de la réunion.

4. L'ordre de préséance des délégations suivra l'ordre alphabétique arrêté dans la langue du pays hôte, toutes les délégations des Parties non consultatives suivant les délégations des Parties consultatives, et toutes les délégations d'observateurs suivant celles des Parties non consultatives.

Membres du bureau

5. Un représentant du Gouvernement hôte assurera à titre temporaire la présidence de la réunion et il présidera la réunion jusqu'à l'élection du président.

6. Au cours de la séance d'ouverture, un président issu d'une des Parties consultatives, sera élu. Les autres représentants des Parties consultatives agiront en qualité de vice-présidents de la réunion dans l'ordre de préséance. Le président doit normalement présider toutes les séances plénières. En son absence à l'une des séances ou partie de séance, le

vice-président, désigné par roulement sur la base de l'ordre de préséance arrêté à l'article 4, présidera la séance.

Secrétariat

7. Le Secrétaire exécutif agira en qualité de secrétaire de la Réunion. Avec le concours du Gouvernement hôte, il sera chargé, conformément à l'article 2 de la Mesure 1 (2003) tel qu'il est provisoirement appliqué par la Décision 2 (2003) jusqu'à ce que la Mesure 1 entre en vigueur, de fournir des services de secrétariat pour la réunion.

Séances

8. La séance plénière d'ouverture sera ouverte au public alors que les autres séances se tiendront à huis clos, à moins que les Parties n'en décident autrement.

Comités et groupes de travail

9. La Réunion peut, afin de faciliter son travail, créer les comités qu'elle juge nécessaires à l'exécution de ses fonctions, et elle en a établira les mandats.

10. Les comités travaillent sur la base du Règlement intérieur de la réunion, sauf lorsque celui- ci ne peut être appliqué.

11. Des groupes de travail peuvent être établis par la Réunion ou par ses comités pour traiter de différents points inscrits à l'ordre du jour. La Réunion détermine les dispositions provisoires pour les groupes de travail à l'issue de chaque Réunion consultative, au moment d'approuver l'ordre du jour provisoire pour la réunion suivante (en vertu de l'article 36). Ces dispositions comprennent :

a)   La formation d'un ou de plusieurs groupes de travail en vue de la réunion suivante ;

b)   La nomination des présidents des différents groupes de travail ;

c)   L'attribution de points de l'ordre du jour à chaque groupe de travail.

Lorsque la Réunion décide que les travaux d'un groupe de travail doivent se prolonger au-delà d'une année, le président du groupe de travail concerné peut être nommé pour une période couvrant une ou deux Réunions consultatives dans un premier temps. Le Président du groupe de travail peut ensuite être reconduit dans ses fonctions pour un nouveau mandat de une à deux années. Cependant, il n'occupera pas la présidence d'un même groupe de travail pour une durée supérieure à quatre années consécutives.

Dans l'éventualité où la Réunion ne serait pas en mesure de nommer des présidents de groupes de travail pour la Réunion suivante, ces présidents seront nommés dès le début de cette réunion suivante.

Conduite des travaux

12. Le quorum est constitué par les deux tiers des représentants des Parties consultatives qui participent aux réunions.

13. Le Président exerce ses pouvoirs comme le veut l'usage. Il veille à ce que le Règlement intérieur soit observé et à ce que l'ordre soit maintenu. Dans l'exercice de ses fonctions, le Président demeure sous l'autorité de la réunion.

14. Conformément à l'article 28, aucun représentant ne peut s'adresser à la réunion sans avoir, au préalable, obtenu l'autorisation du Président ; celui-ci donnera la parole aux représentants dans l'ordre dans lequel ils ont fait part de leur intention d'intervenir. Le Président peut rappeler à l'ordre un intervenant s'il juge que ses remarques ne s'appliquent pas au sujet à l'étude.

15. Au cours de l'examen d'une question, le représentant d'une Partie consultative peut soulever un point de procédure, lequel fera immédiatement l'objet d'une décision par le Président et ce, conformément au Règlement intérieur. Le représentant d'une Partie consultative peut faire appel de la décision du Président. L'appel est mis immédiatement aux voix et la décision du Président demeurera en son état sauf si elle est annulée par la majorité des représentants des Parties consultatives, présents et votants. Le représentant d'une Partie consultative qui soulève un point de procédure ne peut pas intervenir sur le fond de la question en cours de discussion.

16. La Réunion peut limiter le temps de parole accordé à chaque intervenant ainsi que le nombre d'interventions que celui-ci peut faire sur une question. Lorsque le débat est ainsi limité et qu'un représentant a épuisé les temps de parole qui lui ont été impartis, le président le rappellera immédiatement à l'ordre.

17. Pendant un débat sur une question, le représentant d'une Partie consultative peut demander le report du débat portant sur le sujet à l'étude. En dehors du représentant qui a proposé la motion, deux représentants peuvent se prononcer en faveur de cette motion et deux contre, après quoi la motion doit être immédiatement mise aux voix. Le Président peut, au titre du présent article, limiter le temps de parole accordé aux intervenants.

18. Le représentant d'une Partie consultative peut, à tout moment, proposer la clôture du débat portant sur le sujet à l'étude, indépendamment du fait qu'un autre représentant a fait part de son intention de prendre la parole. L'autorisation de prendre la parole sur la clôture du débat ne sera accordée qu'aux représentants de deux Parties consultatives qui s'opposent à la clôture, après quoi la motion doit être mise immédiatement aux voix. Si la Réunion se prononce en faveur de la clôture, le Président déclarera le débat clos. Le Président peut, en vertu du présent article, limiter le temps de parole accordé aux intervenants. (Cet article ne s'applique pas aux débats en comité).

19. Pendant l'examen d'une question, le représentant d'une Partie consultative peut proposer la suspension ou le report de la réunion. Ces motions ne font pas l'objet d'un débat mais elles seront immédiatement mises aux voix. Le Président peut limiter le temps de parole accordé au représentant qui propose la suspension ou le renvoi de la réunion.

20. Conformément à l'article 15, les motions ci-après ont, dans l'ordre arrêté ci-dessous, la priorité sur toutes les autres propositions ou motions présentées à la réunion :

a)   suspension de la réunion ;

b)   report de la réunion ;

c)   report du débat sur le sujet à l'étude ; et

d)   clôture du débat sur le sujet à l'étude.

21. Les décisions de la réunion sur toutes les questions de procédure sont prises à la majorité des représentants des Parties consultatives qui participent à la réunion, chacun d'eux disposant d'une voix.

Langues

22. L'anglais, l'espagnol, le français et le russe sont les langues officielles de la réunion.

23. Les représentants peuvent, s'ils le souhaitent, s'exprimer dans une autre langue que les langues officielles mais, dans ce cas là, ils devront assurer eux-mêmes l'interprétation dans une de ces langues officielles.

Mesures, Décisions, Résolutions et rapport final

24. Sans préjudice de l'article 21, les Mesures, Décisions et Résolutions dont il est fait mention à la Décision 1 (1995) sont adoptées par les représentants de toutes les Parties consultatives présentes et elles seront par la suite soumises aux dispositions de la décision 1 (1995).

25. Le rapport final comprendra un bref compte rendu des actes de la réunion. Il sera approuvé par la majorité des représentants des Parties consultatives présentes et transmis par le Secrétaire exécutif aux Gouvernements de toutes les Parties consultatives et non consultatives ayant été invitées à participer à la réunion, afin qu'ils en prennent connaissance.

26. Nonobstant l'article 25, le Secrétaire exécutif notifiera, immédiatement après la clôture de la Réunion consultative, à toutes les Parties consultatives toutes les Mesures, Décisions et Résolutions prises et il leur enverra des copies authentifiées des textes définitifs dans une des langues officielles du Traité sur l'Antarctique. Dans le cas d'une Mesure adoptée en application des procédures visées à l'article 6 ou 8 de l'Annexe V du Protocole, la notification respective doit également inclure le délai d'approbation de cette Mesure.

Parties non consultatives

27. Les représentants des Parties non consultatives invités à participer à la Réunion consultative peuvent assister :

a)   à toutes les séances plénières de la réunion ; et

b) à toutes les réunions des comités ou groupes de travail formels auxquels participent toutes les Parties consultatives, à moins que le représentant d'une Partie consultative demande qu'il en soit autrement dans un cas particulier.

28. Le Président peut inviter le représentant d'une Partie non consultative à s'adresser à la Réunion, au comité ou au groupe de travail auquel il assiste, à moins que le représentant d'une Partie consultative demande qu'il en soit autrement. Le Président doit, à tout moment, donner la priorité aux représentants des Parties consultatives qui signalent leur intention de prendre la parole, et il peut, lorsqu'il invite les représentants des Parties non consultatives à parler, limiter le temps de parole accordé à chaque intervenant ainsi que le nombre de ses interventions sur un sujet.

29. Les Parties non consultatives ne sont pas autorisées à participer à la prise de décisions.

30.

a) Les Parties non consultatives peuvent soumettre au secrétariat des documents afin qu'ils soient distribués à la réunion comme documents d'information. Ces documents se rapporteront aux questions examinées à la réunion.

b) À moins qu'un représentant d'une Partie consultative n'en fasse la demande, lesdits documents ne seront disponibles que dans la langue ou les langues dans lesquelles ils ont été soumis.

Observateurs du système du Traité sur l'Antarctique

31. Les observateurs dont il est fait mention à l'article 2 participeront aux réunions dans le but spécifique de faire rapport :

a) dans le cas de la Commission pour la conservation de la faune et de la flore marines de l'Antarctique, sur les faits nouveaux survenus dans son domaine de compétence ;

b) dans le cas du Comité scientifique pour la recherche en Antarctique, sur :

i. les travaux en général du SCAR ;

ii. les questions qui relèvent de la compétence du SCAR en vertu de la Convention pour la protection des phoques de l'Antarctique ;

iii. les publications et les rapports qui peuvent avoir été publiés ou établis conformément aux Recommandations IV-19 et VI-9.

c) dans le cas du Conseil des directeurs des programmes antarctiques nationaux, sur les activités qui sont de son domaine de compétence.

32. Les observateurs peuvent assister :

a) à toutes les séances plénières de la réunion auxquelles leur rapport est examiné ;

b) à toutes les réunions des comités et groupes de travail formels auxquels participent toutes les Parties consultatives et où leur rapport est examiné, à moins que le représentant d'une Partie consultative n'en fasse autrement la demande dans un cas particulier.

33. Après la présentation de chaque rapport, le Président peut inviter l'observateur à s'adresser à la réunion à laquelle le rapport est de nouveau examiné, à moins que le représentant d'une Partie consultative n'en fasse autrement la demande. Le Président peut, dans le cas de ces interventions, limiter le temps de parole.

34. Les observateurs ne sont pas autorisés à participer à la prise de décisions.

35. Les observateurs peuvent présenter leur rapport et/ou documents portant sur les questions abordées au Secrétariat afin qu'il(s) soit (soient) distribué(s) à la réunion en tant que document(s) de travail.

Ordre du jour des réunions consultatives

36. À la fin de chaque Réunion consultative, le Gouvernement hôte arrête l'ordre du jour provisoire de la Réunion consultative suivante. S'il est approuvé par la réunion, cet ordre du jour provisoire sera annexé au rapport final de la réunion.

37. Toute Partie contractante peut proposer que des points supplémentaires soient inscrits à l'ordre du jour provisoire et en informer le Gouvernement hôte de la prochaine Réunion consultative au plus tard 180 jours avant le début de la Réunion, chaque proposition devant être accompagnée d'une note explicative. Le Gouvernement hôte appellera l'attention de toutes les Parties contractantes sur le présent article au plus tard 210 jours avant la réunion.

38. Le Gouvernement hôte doit préparer un ordre du jour provisoire pour la Réunion consultative. Cet ordre du jour doit contenir :

a) tous les points inscrits à l'ordre du jour provisoire conformément à l'article 36 ; et

b) tous les points dont l'inclusion a été sollicitée par une Partie contractante en conformité avec l'article 37.

Au plus tard 120 jours avant la réunion, le Gouvernement hôte transmettra à toutes les Parties contractantes l'ordre du jour provisoire, y compris les notes explicatives et autres documents y relatifs.

Experts d'organisations internationales

39. À la fin de chaque Réunion consultative, les Parties décideront des organisations internationales ayant un intérêt scientifique ou technique en Antarctique qui seront invitées à désigner un expert pour participer à la prochaine réunion afin de les aider dans leurs travaux de fond.

40. Toute Partie contractante peut, ultérieurement, proposer que l'invitation soit étendue à d'autres organisations internationales ayant un intérêt scientifique ou technique en Antarctique afin que celles-ci puissent apporter leur concours aux travaux de la réunion

; chacune de ces propositions sera soumise au Gouvernement hôte de la réunion, au plus tard 180 jours avant le début de la Réunion, et elle sera accompagnée d'une note décrivant la raison d'être de la proposition.

41. Le Gouvernement hôte transmettra, en vertu de l'article 38, ces propositions à toutes les parties contractantes. Toute Partie consultative qui souhaite faire objection à une proposition, devra le faire au plus tard 90 jours avant la réunion.

42. À moins qu'il n'ait été saisi d'une telle objection, le Gouvernement hôte enverra une invitation aux organisations internationales identifiées conformément aux articles 39 et 40 et il leur demandera de lui communiquer avant l'ouverture de la réunion le nom de l'expert qu'elles auront désigné. Tous ces experts peuvent assister à la réunion pendant l'examen de tous les points de l'ordre du jour, à l'exception des points relatifs au fonctionnement du système du Traité sur l'Antarctique qui ont été retenus par la réunion précédente ou lors de l'adoption de l'ordre du jour.

43. Le Président peut, avec le consentement de toutes les Parties consultatives, inviter un expert à prendre la parole au cours de la réunion à laquelle celui-ci participe. Il donnera toujours la priorité aux représentants des Parties consultatives ou non consultatives ou aux observateurs dont il est fait mention à l'article 31, qui signalent leur intention de prendre la parole, et il peut, lorsqu'il invite un expert à prendre la parole, limiter le temps qui lui est imparti et le nombre d'interventions qu'il peut faire sur chaque sujet.

44. Les experts ne sont pas autorisés à participer à la prise de décisions.

45.

    a)   Les experts peuvent, lorsqu'il s'agit d'un point de l'ordre du jour approprié, soumettre au secrétariat des documents afin qu'ils soient distribués à la réunion comme documents d'information.

    b)   À moins qu'un représentant d'une Partie consultative n'en fasse autrement la demande, ces documents seront uniquement disponibles dans la langue ou les langues dans lesquelles ils ont été soumis.

Consultations intersession

46. Durant la période intersessions et dans la mesure des compétences qui lui sont conférées en vertu de la Mesure 1 (2008) et des instruments connexes régissant le fonctionnement du secrétariat, le secrétaire exécutif devra consulter les Parties consultatives lorsqu'il est légalement tenu de le faire aux termes des instruments pertinents de la RCTA et lorsque les circonstances ne permettent pas d'attendre l'ouverture de la prochaine Réunion consultative, en suivant la procédure suivante :

    a)   Le Secrétaire exécutif transmet les informations pertinentes et toute proposition d'intervention à l'ensemble des Parties consultatives par l'intermédiaire des points de contact qu'elles auront désignées, en indiquant un délai adéquat pour la présentation des réponses ;

b) Le secrétaire exécutif veille à ce que toutes les Parties consultatives accusent réception des informations transmises, et s'assure en outre que la liste d'envoi des points de contact est à jour ;

c) Chaque Partie consultative examinera la question et informera le secrétaire exécutif de sa réponse, le cas échéant, par l'intermédiaire de son point de contact dans le délai imparti ;

d) Le secrétaire exécutif peut, après avoir informé les Parties consultatives du résultat des consultations, prendre la mesure proposée si aucune des Parties ne s'y oppose ; et,

e) Le secrétaire exécutif conservera un relevé des consultations intersessions, y compris leurs résultats et les mesures qu'il a prises, et il en fera mention dans son rapport à la Réunion consultative.

47. Durant la période intersessions, lorsqu'une organisation internationale ayant un intérêt scientifique ou technique en Antarctique demande des renseignements sur les activités de la RCTA, le secrétaire exécutif est tenu de coordonner la réponse suivant la procédure suivante :

a) Le secrétaire exécutif transmet la demande ainsi qu'un premier projet de réponse à toutes les Parties consultatives par l'intermédiaire des points de contact qu'elles auront désignées, il propose de répondre à la demande et fixe un délai adéquat pour que les Parties soit (1) annoncent qu'elles estiment qu'il ne convient pas de répondre à la demande *ou* (2) fassent part de leurs commentaires sur le premier projet de réponse.

Le délai imparti doit être suffisant pour permettre aux Parties de faire des commentaires et doit tenir compte des échéances fixées par les demandes de renseignements initiales.

Si une Partie consultative estime qu'il ne convient pas de répondre à la demande, le Secrétaire exécutif enverra uniquement une réponse d'ordre formel accusant réception de la demande sans se prononcer sur le fond.

En l'absence d'objection à la procédure et si les Parties fournissent des commentaires avant la date fixée dans la transmission à laquelle fait référence le paragraphe (a) ci-dessus, le secrétaire exécutif révise la réponse à la lumière des commentaires reçus, transmet à toutes les Parties consultatives la version révisée et fixe un délai raisonnable pour la soumission de commentaires,

b) S'il reçoit des commentaires avant la date précisée dans l'envoi auquel fait référence le paragraphe (b) ci-dessus, le Secrétaire exécutif suit à nouveau la procédure décrite au paragraphe (b) ci-dessus jusqu'à ce qu'il ne reçoive plus de commentaires,

c) En l'absence de commentaire avant la date précisée lors de l'envoi décrit aux paragraphes (a), (b) ou (c) ci-dessus, le secrétaire exécutif remet une version définitive et demande un accusé de réception ainsi qu'une confirmation d'approbation par voie électronique à chaque Partie consultative, en fixant un délai pour la réception de l'approbation. Le secrétaire exécutif doit informer les Parties consultatives des confirmations reçues.

d) Après réception des confirmations d'approbation des Parties consultatives, le secrétaire exécutif signe, au nom de toutes les Parties consultatives, la réponse et l'envoie à l'organisation internationale concernée. Il envoie également une copie de la réponse signée à l'ensemble des Parties consultatives.

e) Toute Partie consultative peut, à tout moment de ce processus, demander un délai supplémentaire.

f) Toute Partie consultative peut, à tout moment de ce processus, indiquer qu'elle estime qu'il ne convient pas de répondre à la demande. Le cas échéant, le secrétaire exécutif est tenu d'envoyer une réponse formelle accusant réception de la demande sans se prononcer sur le fond.

Documents des réunions

48. Les « documents de travail » désignent les documents soumis par les Parties consultatives, qui appellent des discussions et des décisions lors d'une réunion, et les documents soumis par les observateurs auxquels il est fait référence à l'article 2.

49. Les « documents du Secrétariat » désignent les documents préparés par le Secrétariat selon un mandat établi lors d'une réunion ou qui, selon le secrétaire exécutif, pourraient fournir des informations à la réunion ou contribuer au bon déroulement de son travail.

50. Les « documents d'information » désignent :

• Les documents soumis par les Parties consultatives ou les observateurs qui fournissent des informations à l'appui d'un document de travail ou des documents utiles aux discussions d'une réunion ;

• Les documents remis par les Parties non-consultatives utiles aux discussions d'une réunion ; et

• Les documents remis par les experts utiles aux discussions d'une réunion.

51. Les « documents de contexte » désignent les documents qui peuvent être soumis par tout participant à une réunion, qui ne seront pas présentés en séance, et dont le but est de soumettre des informations de manière officielle.

52. Les procédures de soumission, de traduction et de distribution des documents figurent en annexe au présent Règlement intérieur.

Amendements

53. Le présent règlement intérieur peut être modifié à la majorité des deux tiers des représentants des Parties consultatives qui participent à la réunion. Cette disposition ne s'applique pas aux articles 24, 27, 29, 34, 39-42, 44, et 46 dont la modification nécessite l'approbation des représentants de toutes les Parties consultatives présentes à la réunion.

Annexe

Procédures relatives à la soumission, la traduction et la distribution des documents de la RCTA et du CPE

1. Ces procédures s'appliquent à la distribution et à la traduction des documents officiels de la Réunion consultative du Traité sur l'Antarctique (RCTA) et du Comité pour la protection de l'environnement (CPE) telles que définies dans leur Règlements intérieurs respectifs. Ces documents sont les documents de travail, les documents du Secrétariat, les documents d'information et les documents de contexte.

2. Les documents devant faire l'objet d'une traduction sont les documents de travail, les documents du Secrétariat, les rapports soumis à la RCTA par les observateurs de la RCTA et les experts invités conformément aux instructions de la Recommandation XIII-2, les rapports soumis à la RCTA sur le fondement du paragraphe 2 de l'Article III du Traité sur l'Antarctique, et les documents d'information dont la traduction a été demandée par une Partie consultative. Les documents de contexte ne feront pas l'objet d'une traduction.

3. Les documents devant faire l'objet d'une traduction, à l'exception des rapports des groupes de contact intersession (GCI) convoqués par la RCTA ou le CPE, des rapports des Présidents des Réunions d'experts du Traité sur l'Antarctique, et du rapport et du programme du Secrétariat, ne doivent pas excéder 1500 mots. Le calcul de la longueur d'un document n'inclut pas les propositions de Mesures, de Décisions et de Résolutions, ainsi que les pièces jointes.

4. Les documents devant faire l'objet d'une traduction doivent être reçus par le Secrétariat au plus tard 45 jours avant la Réunion consultative. Dans le cas où de tels documents seraient soumis après la limite du délai de 45 jours avant la Réunion consultative, ils ne seront pris en compte que si aucune Partie consultative ne s'y oppose.

5. Le Secrétariat doit recevoir au plus tard 30 jours avant la Réunion les documents d'information pour lesquels aucune traduction n'a été demandée ainsi que les documents de contexte que les participants souhaitent voir inscrits dans la liste incluse au Rapport final.

6. Le Secrétariat indique sur chaque document soumis par une Partie contractante, un observateur ou un expert, la date à laquelle il a été soumis.

7. Lorsqu'une version révisée d'un document faite après sa soumission initiale est à nouveau soumise au Secrétariat pour traduction, le texte révisé doit indiquer clairement les modifications qui y ont été apportées.

8. Les documents doivent être transmis au Secrétariat par voie électronique et sont téléchargés sur la page d'accueil de la RCTA établie par le Secrétariat. Les documents de travail reçus avant le délai de 45 jours sont téléchargés dès que possible et, en tout cas,

30 jours au plus tard avant la Réunion. Les documents sont téléchargés initialement de la section du site protégée par mot de passe, puis sont redirigés vers la partie non protégée du site après la fin de la Réunion.

9. Au cours de la Réunion les Parties peuvent accepter de présenter au Secrétariat pour traduction un document pour lequel aucune traduction n'avait été demandée.

10. Aucun document soumis à la RCTA ne peut être utilisé comme base de discussion à la RCTA ou au CPE s'il n'a pas été traduit dans les quatre langues officielles.

11. Dans les six mois suivant la fin de la Réunion consultative, le Secrétariat diffusera le Rapport final de cette Réunion dans les quatre langues officielles par voie diplomatique et le téléchargera également sur la page d'accueil de la RCTA.

Mesures portant sur des aspects opérationnels désignées comme caduques

Les Représentants,

Rappelant la Décision 3 (2002), la Décision 1 (2007), la Décision 1 (2011), la Décision 1 (2012) et la Décision 1 (2014), qui ont établi des listes de mesures* qui ont été désignées comme dépassées ou caduques ;

Rappelant les Résolutions 1 (2015) et 2 (2015) ;

Ayant examiné un certain nombre de mesures portant sur des aspects opérationnels ;

Reconnaissant que les mesures dont la liste figure en annexe à la présente Décision sont caduques ;

Décident :

1. Que les mesures dont la liste figure en annexe à la présente Décision ne nécessitent plus d'action de la part des Parties ; et

2. De demander au Secrétariat du Traité sur l'Antarctique d'afficher sur son site internet le texte des mesures dont la liste figure en annexe à la présente Décision en indiquant clairement que ces mesures sont caduques et qu'elles n'appellent plus d'action de la part des Parties.

---

* Note : Les mesures préalablement adoptées conformément à l'article IX du Traité sur l'Antarctique ont été décrites comme étant des Recommandations jusqu'à la XIXe RCTA (1995) et ont été divisées en Mesures, Décisions et Résolutions conformément à la Décision 1 (1995).

Mesures désignées comme caduques

Recommandation VII-7 (1972)

Recommandation X-3 (1979)

Recommandation XII-2 (1983)

Recommandation VIII-7 (1975)

Résolution 1 (1997)

Rapport, programme et budget du Secrétariat

Les Représentants,

Rappelant la Mesure 1 (2003) portant création du Secrétariat du Traité sur l'Antarctique (« le Secrétariat ») ;

Rappelant la Décision 2 (2012) portant création du groupe de contact intersessions à durée indéterminée (« le GCI ») sur les questions financières qui sera convoqué par le pays hôte de la prochaine Réunion consultative du Traité sur l'Antarctique (« RCTA ») ;

Gardant à l'esprit le Règlement financier du Secrétariat, qui figure en annexe de la Décision 4 (2003) ;

Décident :

1. D'approuver le rapport financier certifié pour l'exercice 2013/14, annexé à la présente Décision (Annexe 1)

2. De prendre note du rapport du Secrétariat pour 2014/15 (SP 2), qui comprend le rapport financier prévisionnel pour 2014/15, annexé à la présente Décision (Annexe 2) ;

3. De prendre en compte le Profil budgétaire prévisionnel quinquennal pour la période 2015-2019, et d'approuver le Programme du Secrétariat, qui comprend le budget pour l'exercice 2015/16, qui figure en annexe à la présente Décision (Annexe 3) ; et

4. d'inviter le pays hôte de la prochaine RCTA à prier le secrétaire exécutif d'ouvrir le forum de la RCTA pour le GCI sur les questions financières et de lui apporter l'assistance dont il aurait besoin.

Rapport financier vérifié 2013/2014

RAPPORT DE L'AUDITEUR

Au Secrétaire

du Secrétariat du Traité sur l'Antarctique

Maipú 757, 4ème étage

Numéro d'identification fiscale (CUIT) de l'entité : 30-70892567-1

Sujet : Réunion consultative du Traité sur l'Antarctique, XXXVIIIe RCTA, 2015 - Sofia, Bulgarie

1. Rapport sur les états financiers

Nous avons audité tous les états financiers du Secrétariat du Traité sur l'Antarctique, lesquels comprennent l'état des recettes et dépenses, l'état de la situation financière, l'état des actifs nets, l'état des flux de trésorerie et les notes explicatives relatives aux états financiers pour la période allant du 1er avril 2013 au 31 mars 2014.

2. Responsabilité de la direction concernant les états financiers

Le Secrétariat du Traité sur l'Antarctique, créé conformément à la loi argentine 25 888 (14 mai 2004), est chargé de la préparation et de la présentation sincère de ces états financiers conformément aux normes comptables internationales et aux normes spécifiques aux Réunions consultatives du Traité sur l'Antarctique. Cette responsabilité consiste en : l'élaboration, la mise en œuvre et le maintien des dispositions relatives au contrôle interne de l'élaboration et de présentation sincère états financiers, de telle sorte que le rapport des états financiers ne soit pas sujet à caution pour cause de fraude ou d'erreur ; la sélection et la mise en œuvre des politiques de comptabilité appropriées et l'élaboration d'une comptabilité prévisionnelle raisonnable pour les circonstances.

3. Responsabilité de l'auditeur

Notre responsabilité en tant qu'auditeurs consiste à émettre une opinion sur ces états financiers, en fonction de l'audit qui a été effectué.

L'audit a été réalisé conformément aux normes internationales d'audit et à l'annexe à la Décision 3 (2008) de la XXXIe Réunion consultative du Traité sur l'Antarctique, laquelle décrit les tâches des auditeurs externes.

Ces normes impliquent le respect des règles d'éthique, ainsi que la planification et l'exécution de l'audit de manière à apporter la garantie raisonnable que les états financiers sont exempts de fausses déclarations notables.

Un audit implique l'exécution d'un ensemble de procédures dans le but de fournir des preuves relativement aux montants et engagements renseignés dans les états financiers. Les procédures sont retenues à la discrétion de l'auditeur et incluent une évaluation des risques de fausse déclaration dans les états financiers.

Dans le cadre de l'évaluation de tels risques, l'auditeur prend en compte le contrôle interne de l'élaboration et de la présentation objective des états financiers réalisé par l'organisation, afin de développer des procédures adaptées aux circonstances.

Un audit consiste en outre, à évaluer le respect des principes comptables et l'adéquation des prévisions effectuées à des fins de gestion. L'évaluation porte également sur la présentation globale des états financiers.

Nous estimons que les données qui nous ont été présentées sont suffisantes et constituent une source appropriée pour exprimer notre opinion en tant qu'auditeurs externes.

4. Opinion

À notre avis, les états financiers audités reflètent de manière fidèle, et dans tous leurs aspects matériels, la situation financière du Secrétariat du Traité sur l'Antarctique au 31 mars 2014 et sa performance financière sur l'exercice écoulé, et ce, conformément aux normes comptables internationales et aux normes spécifiques aux Réunions consultatives du Traité sur l'Antarctique.

5. Autres sujets

Les états financiers pour la période terminée le 31 mars 2013 ont été contrôlés par un autre professionnel qui a rendu un rapport favorable sans réserve daté du 22 mars 2014. Les chiffres correspondant à cette période sont inclus dans les états financiers ci-joints à des fins de comparaison seulement, et je n'ai pas effectué de procédure pour vérifier ces totaux.

6. Informations supplémentaires requises par la loi

Conformément à l'analyse décrite au point 3, j'informe par la présente que les états financiers mentionnés sont basés sur les documents comptables qui sont portés au compte du résultat dans des livres comptables qui ne sont pas conformes aux normes argentines applicables.

Nous informons également que, selon les registres comptables au 31 mars 2014, les dettes payées au système central de la sécurité sociale de la République argentine conformément avec les pratiques de règlement du Secrétariat s'élèvent à 105 559,13 ARS (13 191,59 $ USD), et il ne reste pas de dette à payer à cette date.

Il est important de noter que tous les collaborateurs sont soumis au Statut du personnel du Secrétariat du Traité sur l'Antarctique.

Dr Gisela Algaze

Comptable agrée

Livre n° 300 page n° 139 par CPCECABA

Buenos Aires, 9 Avril 2015

Argentina's National Auditing Office (SIGEN)

(Bureau national de vérification d'Argentine)

Av. Corrientes 389, Buenos Aires, Argentine

1. Situation des recettes et des dépenses concernant tous les Fonds correspondant à la période allant du 1er avril 2013 au 31 mars 2014 comparée avec l'année précédente.

RECETTES	31/03/2013	Budget 31/03/2014	31/03/2014
Contributions (note 9)	1339600	1.339.600	1.339.600
Autres recettes (note 2)	1.845	1.000	3.811
Recettes totales	1.341.445	1.340.600	1.343.411
DÉPENSES			
Salaires	628.811	650.580	650.000
Services de traduction et d'interprétation	290.502	272.101	249.671
Frais de déplacement	92.573	96.000	81.093
Technologie de l'information	42.773	44.500	41.919
Impression, édition et reproduction	13.944	21.850	12.823
Services généraux	50.409	60.118	32.943
Communications	16.660	17.699	17.623
Fournitures de bureau	13.912	19.264	11.589
Dépenses administratives	10.595	16.725	11.780
Frais de représentation	4.523	3.000	2.211
Frais de déménagement et de rénovation	0	0	0
Financements	13.964	5.000	16.290
Dépenses totales	1.178.666	1.206.837	1.127.942
Dotation des fonds			
Fonds de licenciement du personnel	28.424	29.368	29.369
Fonds de remplacement du personnel	0	0	0
Fonds de roulement	0	0	0
Fonds pour risques et charges	0	0	0
Total dotations des fonds	28.424	29.368	29.369
Frais & dotations totaux	1.207.090	1.236.205	1.157.311
(Déficit) / Excédant pour la période	134.355	104.395	186.100

Le présent état doit être lu conjointement avec les NOTES 1 à 9 jointes

2. Etats financiers au 31 mars 2014 et comparaison avec les états financiers de l'exercice précédent

Actifs	31/03/2013	31/03/2014
Actifs circulant		
Trésorerie et équivalents de trésorerie (note 3)	889.087	1.231.803
Contributions dues (note 9)	205.624	108.057
Autres créances (note 4)	51.104	37.687
Autres actifs circulant (note 5)	49.458	99.947
Total actifs circulant	1.195.273	1.477.494
Actifs immobilisés		
Actifs immobilisés	84.132	79.614
Total actifs immobilisés	84.132	79.614
Total actifs	1.279.405	1.557.108
Passifs		
Passifs circulant		
Exigibles (note 7)	27.755	25.229
Contributions anticipées (note 9)	592.476	626.595
Fonds bénévole spécial pour des affectations spécifiques (note 1.9)	2.500	0
Salaires et contributions exigibles (note 8)	26.849	64.507
Total passifs circulant	649.580	716.331
Passifs immobilisés		
Fonds de licenciement du personnel de direction (note 1.4)	147.510	176.880
Fonds de remplacement du personnel (note 1.5)	50.000	50.000
Fonds pour risques et charges (note 1.7)	30.000	30.000
Fonds de remplacement des actifs immobilisés (note 1.8)	17.836	13.318
Total passifs immobilisés	245.346	270.198
Total passifs	894.926	986.529
ACTIFS NETS	384.479	570.579

Le présent état doit être lu conjointement avec les NOTES 1 à 9 jointes

3. Situation de de l'actif net au 31 mars 2013 comparé au mars 2014

Correspondent à	Actifs nets 31/03/2013	Recettes	Dépenses & Dotations(*)	Intérêts cumulées	Actifs nets 31/03/2014
Fonds général	161.212	1.339.600	(1.157.240)	3.740	347.312
Fonds de roulement (note 1.6)	223.267		0		223.267
Actifs nets	384.479				570.579

(*) Net de tout escompte obtenu

Le présent état doit être lu conjointement avec les NOTES 1 à 9 jointes

4. État des flux de trésorerie pour la période du 1er avril 2013 au 31 mars 2014 et comparaison avec l'année précédente

Variations de la trésorerie et équivalents de trésorerie		31/03/2014	31/03/2013
Trésorerie et équivalents de trésorerie (trésorerie d'ouverture)		889.087	
Trésorerie et équivalents de trésorerie (trésorerie de clôture)		1.231.803	
Augmentation nette de la trésorerie et équivalents de trésorerie		342.716	90.141
Causes des variations de la trésorerie et équivalents de trésorerie			
Activités d'exploitation			
Contributions perçues	844.697		
Salaires et contributions sociales	(611.720)		
Services de traduction	(313.855)		
Frais de déplacement	(70.569)		
Impression, édition et reproduction	(12.823)		
Services généraux	(32.943)		
Autres paiements aux prestataires	(65.120)		
Flux nets de trésorerie provenant des activités d'exploitation		(262.333)	(439.720)
Activités d'investissement			
Acquisition d'actifs immobilisés	(15.082)		
Fonds bénévole spécial	11.689		
Flux nets de trésorerie provenant des opérations d'investissement		(3.393)	(18.947)

Activités de financement

Contributions perçues à l'avance	626.595		
Collecte conforme au Statut du personnel 5.6	170.888		
Paiement conforme au Statut du personnel 5.6	(157.571)		
Remboursement de la taxe nette (AFIP)	(991)		
Services de traduction pour le CPE - XXXVe RCTA	(14.189)		
Flux nets de trésorerie liés aux opérations de financement		624.732	562.772
Transactions en devises étrangères			
Perte nette	(16.290)		
Flux nets de trésorerie provenant des opérations en devises étrangères		(16.290)	(13.964)
Augmentation nette de la trésorerie et équivalents de trésorerie		342.716	90.141

Le présent état doit être lu conjointement avec les NOTES 1 à 9 jointes

Notes relatives aux états financiers au 31 mars 2013 et 2014

1 BASES POUR L'ÉLABORATION DES ÉTATS FINANCIERS

Ces états financiers sont exprimés en dollar des États-Unis, conformément aux lignes directrices établies dans le Règlement financier, annexe à la Décision 4 (2003). Ces états ont été préparés conformément aux normes internationales d'informations financières (IFRS) établies par le Conseil des normes comptables internationales (IASB).

1.1 Coût historiques

Les états financiers présents ont été préparés sur la base du coût historique, sauf mention contraire.

1.2 Bureaux

Le siège du Secrétariat est mis à disposition par le ministère des Affaires étrangères, du Commerce international et du Culte de la république d'Argentine. Aucun loyer ni dépense commune n'est dû autitre deson occupation.

1.3 Actifs immobilisés

Tous les biens sont estimés selon leur coût historique, moins l'amortissement cumulé. L'amortissement est calculé selon la méthode linéaire et des taux d☐amortissement annuels constants fixés enfonction de la durée de vie estimée du bien sont appliqués.

La valeur résiduelle cumulée des actifs immobilisés n'excède pas leur valeur d'usage.

1.4 Fonds de licenciement du personnel de direction

Conformément au Statut du personnel 10.4, ce fonds doit disposer des montants nécessaires pour l'indemnisation du personnel de direction à hauteur d'un mois de salaire de référence par année de service.

1.5 Fonds de remplacement du personnel

Ce fonds sert à couvrir les frais de déplacement du personnel de direction du Secrétariat àdestination et en provenance du siège du Secrétariat.

1.6 Fonds de roulement

Conformément au Règlement financier 6.2 (a), le fonds ne doit pas excéder un sixième (1/6) du budget pour l'exercice financier en cours.

1.7 Fonds pour risques et charges

Conformément à la Décision 4 (2009), ce fonds a été créé pour couvrir tous les frais de traduction et d'interprétation pouvant émerger d'une augmentation imprévue du nombre de documents soumis à la RCTA pour traduction.

1.8 Fonds de remplacement des actifs immobilisés

Les actifs dont la durée de vie dépasse le cadre de l'exercice financier en cours doivent être présentés comme actifs dans les états de la situation financière.

Jusqu'à mars 2010, la contrepartie était présentée comme un ajustement du fonds général. Depuis avril 2010, la contrepartie doit être présentée comme passif sous cette ligne.

1.9 Fonds bénévole spécial pour des affectations spécifiques

Conformément au paragraphe (82) du Rapport final de XXXVe RCTA sur le fonds spécial destiné à recevoir les contributions volontaires des Parties. Le fonds bénévole de 14 189 dollars des États-Unis a été recatégorisé pour inclure les services de traduction et d'interprétation.

Notes relatives aux états financiers au 31 mars 2013 et au 31 mars 2014

		31/03/2013	31/03/2014
2 Autres recettes			
	Intérêts cumulés	1.802	3.740
	Escomptes obtenus	43	71
	Total	1.845	3.811
3 Trésorerie et équivalents de trésorerie			
	Trésorerie en dollars US	68	1.185
	Trésorerie en pesosargentins	128	382
	Compte spécial à la BNAen dollars US	853.240	411.565
	Compte à la BNA en pesosargentins	35.651	15.557
	Investissements	0	803.114
	Total	889.087	1.231.803
4 Autres créances			
	Statut du personnel 5.6	51.104	37.687
5 Autres actifs circulant			
	Paiements anticipés	25.194	80.561
	Créance TVA	23.368	14.771
	Autres créances à recouvrer	896	4.615
	Total	49.458	99.947
6 Actifs immobilisés			
	Livres et abonnements	7.008	8.104
	Matériel de bureau	9.165	11.252
	Mobilier	45.466	45.466
	Matériel informatique et logiciels	83.126	95.025
	Coût initial total	144.765	159.847
	Amortissements cumulés	(60.633)	(80.233)
	Total	84.132	79.614

7 Dettes

	Commerce	2.595	3.764
	Frais cumulés	22.164	20.854
	Autres	2.996	611
	Total	27.755	25.229

8 Salaires et contributions dus

	Salaires	8.000	45.479
	Contributions	18.849	19.028
		26.849	
	Total	26.849	64.507

9. Contributions dues, engagées, versées ou versées à l' avance

Contributions Parties	Dues 31/03/2013	Annoncées	Annulées $	Dues 31/03/2014	Perçues à l'avance 31/03/2014
Afrique du Sud		46.181	46.181	0	0
Allemagne	23	52.250	52.250	23	60.346
Argentine		60.346	60.346	0	0
Australie		60.346	60.321	25	0
Belgique	18	40.110	40.060	68	34.039
Brésil	40.142	40.110	79.386	866	46.181
Bulgarie	11	34.038	34.049	0	0
Chili		46.181	46.181	0	0
Chine		46.181	46.156	25	40.110
Corée	2.891	40.110	43.001	0	0
Équateur	34.039	34.038	34.038	34.039	0
Espagne		46.181	46.156	25	46.143
États-Unis		60.346	60.321	25	0
Finlande		40.110	40.110	0	0
France	60.346	60.346	120.692	0	40.110
Inde	6.062	46.181	52.169	74	46.181
Italie		52.250	52.250	0	60.321
Japon		60.346	60.346	0	0
Norvège		60.346	60.311	35	0
Nouvelle-Zélande	26	60.346	60.372	0	40.110
Pays-Bas		46.181	46.181	0	46.181
Pérou	21.919	34.038	23.265	32.692	46.181

Contributions Parties	Dues 31/03/2013	Annoncées	Annulées $	Dues 31/03/2014	Perçues à l'avance 31/03/2014
Pologne		40.110	40.110	0	0
Royaume-Uni		60.346	60.346	0	0
Russie		46.181	46.181	0	0
Suède		46.181	46.181	0	60.346
Ukraine	40.122	40.110	40.122	40.110	60.346
Uruguay	25	40.110	40.085	50	0
Total	205.624	1.339.600	1.437.167	108.057	626.595

[signature]   [signature]

Dr. Manfred Reinke   Roberto A. Fennell

Secrétaire exécutif   *Directeur financier*

Rapport financier vérifié provisoire 2014/15

Estimation des recettes et des dépenses pour tous les fonds pour la période du 1er avril 2014 au 31 mars 2015

POSTES BUDGÉTAIRES	États financiers révisés 2013/14	Budget 2014/15	États financiers provisoires 2014/15
RECETTES			
CONTRIBUTIONS annoncées	$ -1 339 600	$ -1 379 710	$ -1 379 710
Autres recettes	$ -3 811	$ -1 000	$ -6 277
Recettes totales	$ -1 343 411	$ -1 380 710	$ -1 385 987
DÉPENSES			
RÉMUNÉRATIONS			
Cadres	$ 316 991	$ 322 658	$ 322 658
Services généraux	$ 303 228	$ 316 646	$ 318 423
Personnel de soutien à la RCTA	$ 10 488	$ 15 696	$ 16 530
Stagiaires	$ 11 242	$ 9 600	$ 7 638
Heures supplémentaires	$ 8 051	$ 14 000	$ 13 351
*	**$ 650 000**	**$ 678 600**	**$ 678 600**
TRADUCTION ET INTERPRÉTATION			
* Traduction et interprétation	**$ 249 671**	**$ 325 780**	**$ 294 743**
DÉPLACEMENTS			
* Déplacements	**$ 81 093**	**$ 110 266**	**$ 110 266**
TECHNOLOGIES DE L'INFORMATION			
Matériel informatique	$ 11 767	$ 10 000	$ 9 883
Logiciels	$ 263	$ 3 500	$ 4 407
Développement	$ 22 843	$ 21 000	$ 13 157
Assistance	$ 7 046	$ 9 500	$ 7 594
	$ 41 919	**$ 44 000**	**$ 35 041**
IMPRESSION, ÉDITION ET REPRODUCTION			
Rapport final	$ 10 758	$ 17 000	$ 12 925
Compilation	$ 2 064	$ 3 500	$ 2 046
Lignes directrices pour les visites de sites	$ 0	$ 3 140	$ 0
	$ 12 823	**$ 23 640**	**$ 15 915**

POSTES BUDGÉTAIRES	États financiers révisés 2013/14	Budget 2014/15	États financiers provisoires 2014/15
SERVICES GÉNÉRAUX			
Conseil juridique	$ 1 000	$ 4 000	$ 1 947
Audit externe	$ 8 622	$ 10 000	$ 8 622
Nettoyage, entretien et sécurité	$ 10 732	$ 42 500	$ 50 837
Formations	$ 4 478	$ 6 552	$ 4 351
Opérations bancaires	$ 5 391	$ 6 000	$ 3 851
Location de matériel	$ 2 720	$ 3 000	$ 2 504
	$ 32 943	**$ 72 052**	**$ 72 112**
COMMUNICATION			
Téléphone	$ 4 674	$ 5 200	$ 4 823
Internet	$ 2 670	$ 3 000	$ 2 630
Hébergement Internet	$ 8 087	$ 9 000	$ 6 709
Affranchissement	$ 2 193	$ 2 500	$ 538
	$ 17 623	**$ 19 700**	**$ 14 700**
BUREAU			
Fournitures de bureau	$ 3 182	$ 4 300	$ 3 673
Livres et abonnements	$ 1 458	$ 3 000	$ 1 992
Assurance	$ 3 005	$ 3 500	$ 3 421
Mobilier	$ 174	$ 900	$ 0
Matériel de bureau	$ 2 087	$ 4 000	$ 2 558
Entretien	$ 1 683	$ 2 500	$ 0
	$ 11 589	**$ 18 200**	**$ 11 644**
ADMINISTRATION			
Approvisionnements	$ 6 046	$ 4 500	$ 2 883
Transport local	$ 246	$ 800	$ 410
Divers	$ 3 944	$ 4 000	$ 3 250
Fournisseurs (Énergie)	$ 1 544	$ 11 000	$ 1 055
	$ 11 780	**$ 20 300**	**$ 7 598**
REPRÉSENTATION			
Frais de représentation	**$ 2 211**	**$ 3 500**	**$ 3 997**
FINANCEMENT			
Pertes de change	**$ 16 290**	**$ 11 000**	**$ 11 161**
SOUS-TOTAL DES DOTATIONS	**$ 1 127 942**	**$ 1 327 038**	**$ 1 255 777**

POSTES BUDGÉTAIRES	États financiers révisés 2013/14	Budget 2014/15	États financiers provisoires 2014/15
ALLOCATION AUX FONDS			
Fonds de réserve pour la traduction	$ 0	$ 0	$ 0
Fonds de remplacement du personnel	$ 0	$ 0	$ 0
Fonds de licenciement du personnel	$ 29 369	$ 29 820	$ 29 820
Fonds de roulement	$ 0	$ 6 685	$ 6 685
	$ 29 369	**$ 36 505**	**$ 36 505**

TOTAL DES DOTATIONS	**$ 1 157 311**	**$ 1 363 543**	**$ 1 292 282**

Contributions manquantes	**$ 40 367**	**$ 0**	**$ 196 148**

SOLDE	**$ 145 733**	**$ 17 167**	**$ - 102 443**

Synthèse des fonds

Fonds de réserve pour la traduction	$ 30 000	$ 30 000	$ 30 000
Fonds de remplacement du personnel	$ 50 000	$ 50 000	$ 50 000
Fonds de licenciement du personnel	$ 176 879	$ 207 189	$ 207 189
** Fonds de roulement	$ 223 267	$ 229 952	$ 229 952
Fonds général	$ 347 312	$ 345 659	$ 244 869

* Transfert du poste budgétaire « Traduction et Interprétation » vers « Rémunérations » et « Déplacements » dans le budget 14/15 (cf. SP 2)
Montant maximum requis

** Fonds de roulement (Reg. fin. 6.2)	$ 223 267	$ 229 952	$ 229 952

Programme du Secrétariat pour l'exercice 2015/2016

Introduction

Le présent programme de travail présente les activités proposées au Secrétariat pour l'exercice 2015/16 (du 1er avril 2015 au 31 mars 2016). Les principaux domaines d'activité du Secrétariat sont abordés dans les quatre premières parties, lesquelles sont suivies d'une section sur la gestion et du programme prévisionnel pour l'exercice financier 2016/17.

Le budget de l'exercice 2015/16, le budget prévisionnel de l'exercice 2016/17 et le barème des contributions et la grille des salaires qui les accompagnent sont joints en annexe.

Le programme et les montants budgétaires pour l'exercice financier 2015/16 qui l'accompagnent se fondent sur le budget prévisionnel de l'exercice financier 2015/16 (Décision 2 (2014), Annexe 3, Appendice 1).

Le programme se concentre sur les activités régulières, telles que la préparation de la XXXVIIIe et de la XXXIXe RCTA, la publication des Rapports finaux et les diverses tâches spécifiques assignées au Secrétariat en vertu de la Mesure 1 (2003).

Table des matières :

1. Soutien à la RCTA/au CPE
2. Technologie de l'information
3. Documentation
4. Informations pour le public
5. Gestion
6. Programme prévisionnel pour l'exercice financier 2015/16

    Annexe 1 : Rapport prévisionnel de l'exercice financier 2014/2015, budget de l'exercice financier 2015/2016, budget prévisionnel de l'exercice financier 2016/2017

    Annexe 2 : Barème des contributions pour l'exercice financier 2016/17

    Annexe 3 : Grille des salaires

1. Soutien à la RCTA/au CPE

XXXVIIIe RCTA

Le Secrétariat apportera son appui à la XXXVIIIe RCTA en rassemblant et compilant les documents destinés à la réunion et en assurant leur publication sur une page à accès restreint de son site Internet. Le Secrétariat fournira également, au moyen d'une clé USB distribuée à tous les délégués, une application qui permettra de consulter tous les documents en hors-ligne et de les synchroniser automatiquement avec les dernières mises à jour de la base de données en ligne. La section Délégués permettra également leur enregistrement en ligne et de télécharger une liste actualisée des délégués.

Le Secrétariat apportera son soutien au déroulement de la RCTA, par la production des documents du Secrétariat, d'un Manuel destiné aux délégués et des résumés des documents destinés à la RCTA, au CPE et aux groupes de travail de la RCTA.

Le Secrétariat gèrera les services de traduction et d'interprétation. Il est responsable de l'organisation des prestations de traduction en phases pré-session, in-session et post-session de la RCTA. Il gèrera l'interaction avec ONCALL, le prestataire des services d'interprétation.

Le Secrétariat se chargera d'une part d'organiser les services de prise de notes en coopération avec le secrétariat du pays hôte et se chargera de la compilation et de l'édition des rapports du CPE et de la RCTA, afin qu'ils puissent être adoptés au cours des dernières réunions en session plénière.

Coordination et contact

Outre le maintien d'un contact régulier avec les Parties et les institutions internationales du système du Traité sur l'Antarctique, par courriel, téléphone ou tout autre moyen à sa disposition, le Secrétariat tire profit de sa présence aux différentes réunions, pour renforcer sa coordination et sa communication.

Les déplacements à prévoir sont les suivants :

- *XXVIIe Assemblée générale annuelle du COMNAP (AGA) à Tromsø, en Norvège, du 26 au 28 août 2015.* Sa présence lors de l'assemblée lui permettra de renforcer ses liens et les interactions avec le COMNAP.
- *CCAMLR à Hobart, en Australie, du 19 au 30 octobre 2015.* La réunion de la CCAMLR, qui intervient approximativement à mi-chemin entre deux RCTA, permet au Secrétariat d'informer les représentants de la RCTA, pour la plupart présents à la CCAMLR, des évolutions sur les travaux qu'il a entrepris. La coopération avec le Secrétariat de la CCAMLR est d'autant plus importante pour le Secrétariat du Traité sur l'Antarctique que la plupart de ses réglementations sont inspirées de celles du Secrétariat de la CCAMLR.

Appui aux activités intersession

Ces dernières années, le CPE et la RCTA ont produit un volume substantiel de travail en période intersession, principalement par le biais des Groupes de contact intersession (GCI). Le Secrétariat apportera un soutien technique à la création en ligne des GCI convenus lors de la XXXVIIIe RCTA et du XVIIIe CPE, et à la production de documents spécifiques sur demande émise par la RCTA et le CPE.

Le Secrétariat mettra à jour le site Internet en ajoutant les mesures adoptées par la RCTA, accompagnées des informations produites par le CPE et la RCTA.

Impression

Le Secrétariat traduira, publiera et distribuera le Rapport final de la XXXVIIIᵉ RCTA et ses annexes dans les quatre langues officielles du Traité. Le texte du Rapport final sera publié sur le site Internet du Secrétariat et sera imprimé sous forme d'ouvrage tandis que ses annexes seront publiées sur un CD qui lui sera adjoint. Le texte intégral du Rapport final sera disponible sous la forme d'un ouvrage (en deux volumes) auprès des détaillants en ligne et en version électronique.

2. Technologie de l'information

Échange d'informations

Le Secrétariat continuera d'aider les Parties à publier leurs documents d'échange d'informations et à traiter les informations mises en ligne en recourant à la fonctionnalité Mise en ligne de fichiers.

Le Secrétariat continuera de fournir ses conseils, le cas échéant, au GCI en cours sur la révision des critères d'échange d'informations.

Système électronique d'échange d'informations

Lors de la prochaine saison, le Secrétariat continuera, en fonction des décisions de la XXXVIIIᵉ RCTA, à effectuer les ajustements nécessaires pour favoriser l'utilisation du système électronique par les Parties, et à développer les outils permettant de compiler et de présenter des rapports de synthèse.

Développement du site Internet du Secrétariat

L'amélioration du site Internet se poursuivra pour le rendre plus concis, plus ergonomique et donner une plus grande visibilité à ses pages et ses informations les plus pertinentes. L'interface de certaines bases de données du site Internet, en particulier la base de données des contacts, sera actualisée pour faciliter son utilisation sur plusieurs appareils.

Développement des systèmes de bases de données et d'information

Le Secrétariat va finaliser la refonte de la section de son site consacrée aux Lignes directrices pour les visites de sites, notamment en mettant en place une nouvelle base de données. En outre, des procédures internes améliorées pour la gestion du contenu, au moyen notamment de la conception d'un logiciel adéquat, seront mises en œuvre.

3. Archives et documents

Documents de la RCTA

Le Secrétariat poursuivra ses efforts d'archivage de Rapports finaux et de documents émanant de la RTCA et d'autres réunions du Traité sur l'Antarctique, dans les quatre langues officielles du Traité. Chaque Partie est invitée, à son niveau, à coopérer à cet effort de recherche qui est essentiel si le Secrétariat souhaite parvenir à un archivage exhaustif des documents. L'identification et l'intégration des documents manquants se feront en collaboration avec le *Ministerio de Relaciones Exteriores de Chile,* l'*Australian Antarctic Division* et d'autres institutions nationales des Parties. Le projet se poursuivra au cours de l'exercice financier 2015/16. Une liste détaillée et exhaustive des documents manquants dans notre base de données est accessible à toutes les délégations souhaitant collaborer.

Glossaire

Le Secrétariat continuera d'appuyer le développement d'un glossaire des termes et des expressions de la RCTA afin de générer une nomenclature dans les quatre langues officielles du Traité. Il poursuivra en outre la mise en œuvre du serveur de vocabulaire contrôlé électroniquement pour gérer, publier et partager les ontologies, thésaurus et listes de la RCTA.

Base de données du Traité sur l'Antarctique

La base de données contenant les Recommandations, Mesures, Décisions et Résolutions de la RCTA est à ce jour complète en anglais, et presque complète en espagnol et en français, même si le Secrétariat déplore encore l'absence de plusieurs exemplaires de rapports finaux dans ces langues. Davantage de rapports finaux manquent en langue russe.

4. Informations pour le public

Le Secrétariat et son site Internet continueront d'exercer la fonction de centre de diffusion dinformations sur les activités des Parties et les évolutions significatives intervenant en Antarctique.

5. Gestion

Personnel

Au 1er avril 2015, le personnel du Secrétariat se composait comme suit :

Personnel de direction

Nom	Fonction	Depuis	Rang	Échelon	Mandat
Manfred Reinke	Secrétaire exécutif	1-09-2009	E1	6	31-08-2017
José María Acero	Sous-secrétaire exécutif (SSE)	1-01-2005	E3	11	31-12-2018

Personnel général

Nom	Fonction	Depuis	Rang	Échelon	Mandat
José Luis Agraz	Fonctionnaire chargé de l'information	1-11-2004	G1	6	
Diego Wydler	Fonctionnaire chargé des TIC	1-02-2006	G1	6	
Roberto Alan Fennell	Comptable (à temps partiel)	1-12-2008	G2	6	
Pablo Wainschenker	Rédacteur	1-02-2006	G3	6	
Violeta Antinarelli	Bibliothécaire (à temps partiel)	1-04-2007	G3	6	
Anna Balok	Spécialiste en communication (à temps partiel)	1-10-2010	G5	5	
Viviana Collado	Chef de bureau	15-11-2012	G5	4	

La XXXVIᵉ RCTA a décidé de renommer le secrétaire exécutif pour un mandat de quatre ans à compter du 1ᵉʳ septembre 2013 (voir Décision 2 (2013)). Afin d'assurer la nomination d'un successeur dès la fin de ce mandat, la RCTA devrait commencer à examiner la question au plus tard lors de la XXXIXᵉ RCTA.

Une personne sous statut d'indépendant s'occupe de l'entretien des locaux du Secrétariat à raison de 20 heures par semaine. Après consultations auprès du ministère des Affaires étrangères argentin, de l'auditeur externe SIGEN et de l'avocat du Secrétariat, et après un examen minutieux des aspects juridiques, la solution la plus avantageuse à privilégier serait la création d'un poste à temps partiel de personne d'entretien. La grille des salaires du Secrétariat ne prévoyant pas de salaire pour ce type de fonction, le secrétaire exécutif propose d'ajouter une nouvelle ligne de salaire, G7, qui correspondrait au salaire pour ce type de fonction. La grille des salaires est présentée à l'Annexe 3.

Le secrétaire exécutif demande que la promotion de Pablo Wainschenker à la classe G2, échelon 1, de la grille des salaires soit approuvée, conformément à l'article 5.5 du Statut du personnel. La complexité du processus de rédaction du Rapport final s'est considérablement accrue durant ces dernières années. Le rédacteur, Pablo Wainschenker, a mis en place des processus modernes, dont un système de relecture et de publication électronique, afin de gérer efficacement le processus d'édition. Il s'est également activement investi dans la mise en œuvre du système de prise de notes durant la RCTA.

Le Secrétariat invitera des stagiaires internationaux issus des Parties à effectuer un stage au sein du Secrétariat. Le Secrétariat a également invité le Chili, qui accueillera la XXXIXe RCTA à envoyer l'un des membres de son équipe d'organisation faire un stage à Buenos Aires.

Questions financières

Le budget de l'exercice financier 2015/16 et le budget prévisionnel de l'exercice financier 2016/17 sont présentés à l'Annexe 1.

Traduction et interprétation

Conformément à l'article 9.4 de son Règlement financier, le Secrétariat va émettre une invitation en vue du dépôt de propositions pour la fourniture de services de traduction et d'interprétation lors de la XXXIXe RCTA (2016), la XLe RCTA (2017) et la XLIe RCTA (2018), ainsi qu'au dépôt d'une offre conditionnelle pour la XLIIe RCTA (2019). En fonction des propositions soumises, le Secrétariat décidera quelle société placer en première position.

Les coûts de traduction et d'interprétation ont été budgétisés pour la XXXVIIIe RCTA à 339 835 dollars des États-Unis d'Amérique.

Salaires

Le coût de la vie a continué d'augmenter considérablement en Argentine en 2014, mais a été compensé par la dévaluation du peso argentin face au dollar des États-Unis. Pour comparer cet accroissement aux années antérieures, le Secrétariat a calculé l'augmentation de l'IVS (Indice de variation des salaires fourni par le Bureau national argentin de la statistique et du recensement) corrigé de la dévaluation du peso argentin face au dollar des États-Unis au cours de la même période. La méthode de calcul a été décrite par le secrétaire exécutif lors de la XXXIIe RCTA de 2009 (Rapport final, p. 254).

En 2014, l'IVS a augmenté de 34,1 %. La dévaluation du peso argentin face au dollar des États-Unis d'Amérique a donné lieu à une augmentation du coût de la vie estimée à 2,1 % en dollar des États-Unis dAmérique.

Le secrétaire exécutif propose de compenser 1,1 % de cette augmentation pour le personnel général et le personnel de direction.

L'article 5.10 du Statut du personnel prévoit une compensation en faveur du personnel des services généraux lorsque ces derniers travaillent plus de 40 heures par semaine. Les heures supplémentaires sont nécessaires dans le cas des réunions de la RCTA.

Fonds

Fonds de roulement

Conformément à l'alinéa (a) de l'article 6.2 du Règlement financier, le fonds de roulement doit être maintenu à 1/6ᵉ du budget du Secrétariat (229 952 dollars des États-Unis d'Amérique) au cours des prochaines années. Les contributions des Parties servent de base au calcul du taux du fonds de roulement.

Informations additionnelles sur le projet de budget de l'exercice financier 2015/2016

La répartition des fonds sur les différentes lignes de crédit se conforme à la proposition formulée l'année dernière. Quelques ajustements mineurs ont été apportés en fonction des dépenses prévues pour l'exercice financier 2015/2016.

- *Traduction et interprétation :* des fonds complémentaires permettant de tenir à jour le glossaire sont compris.
- *Frais de bureau :* des tâches supplémentaires d'entretien sont prévues pour la réparation du système de climatisation du bureau.

L'Annexe 1 présente le budget de l'exercice financier 2015/2016 et le budget prévisionnel de l'exercice financier 2016/17. La grille des salaires est présentée à l'Annexe 3.

Contributions pour l'exercice financier 2016/17

Les contributions pour l'exercice financier 2016/17 ne seront pas augmentées.

L'Annexe 2 présente les contributions des Parties pour l'exercice financier 2016/17.

6. Programme prévisionnel pour l'exercice financier 2016/17 et l'exercice financier 2017/18

La plupart des activités actuelles du Secrétariat se poursuivront au cours de l'exercice financier 2016/2017 et de l'exercice 2017/2018 et, à moins que le programme ne subisse de profonds changements, aucune modification de poste du personnel n'est prévue pour les prochaines années.

Appendice 1

Rapport prévisionnel pour 2014/2015, Prévisions 2015/2016, Budget 2015/16 et Prévisions pour 2016/17

Lignes de crédit	Rapport prév. 2014/15*	Prévisions 2015/16	Budget 2015/16	Prévisions 2016/17
RECETTES				
CONTRIBUTIONS annoncées	$ -1 379 710	$ -1 379 710	$ -1 378 097	$ -1 379 710
Placements à intérêt	$ -6 277	$ -6 277	$ -1 000	$ -6 277
Recettes totales	$ -1 379 710	$ -1 379 100	$ -1 379 097	$ -1 381 097
DÉPENSES				
SALAIRES				
Direction	$ 322 658	$ 328 071	$ 331 680	$ 336 377
Services généraux	$ 318 423	$ 321 165	$ 330 098	$ 341 392
Personnel de soutien à la RCTA	$ 16 530	$ 15 796	$ 18 192	$ 18 092
Stagiaires	$ 7 638	$ 9 600	$ 10 600	$ 9 600
Heures supplémentaires	$ 13 351	$ 14 000	$ 16 000	$ 16 000
	$ 678 600	**$ 688 632**	**$ 706 570**	**$ 721 461**
TRADUCTION ET INTERPRÉTATION				
Traduction et interprétation	**$ 294 743**	**$ 332 785**	**$ 340 000**	**$ 338 505**
DÉPLACEMENTS				
Voyages	**$ 110 266**	**$ 98 000**	**$ 99 000**	**$ 90 000**
TECHNOLOGIES DE L'INFORMATION				
Matériel informatique	$ 9 883	$ 11 025	$ 10 815	$ 11 356
Logiciels	$ 4 407	$ 3 500	$ 3 500	$ 3 605
Développement	$ 13 157	$ 21 000	$ 24 000	$ 21 630
Assistance	$ 7 594	$ 9 500	$ 9 500	$ 9 785
	$ 35 041	**$ 45 025**	**$ 47 815**	**$ 46 376**

Lignes de crédit	Rapport prév. 2014/15*	Prévisions 2015/16	Budget 2015/16	Prévisions 2016/17
IMPRESSION, ÉDITION ET REPRODUCTION				
Rapport final	$ 12 925	$ 17 850	$ 17 850	$ 18 386
Compilation	$ 2 046	$ 3 558	$ 3 500	$ 3 412
Lignes directrices pour les visites de sites	$ 0	$ 3 297	$ 3 500	$ 3 396
	$ 15 915	**$ 24 705**	**$ 24 850**	**$ 25 193**
SERVICES GÉNÉRAUX				
Conseil juridique	$ 1 947	$ 4 200	$ 4 200	$ 4 326
Audit externe	$ 8 622	$ 10 500	$ 10 500	$ 10 815
Nettoyage, entretien et sécurité	$ 50 837	$ 17 325	$ 19 011	$ 17 845
Formations	$ 4 351	$ 6 880	$ 6 880	$ 7 086
Opérations bancaires	$ 3 851	$ 6 300	$ 6 300	$ 6 489
Location de matériel	$ 2 504	$ 3 150	$ 2 556	$ 3 245
	$ 72 112	**$ 48 355**	**$ 49 447**	**$ 49 806**
COMMUNICATION				
Téléphone	$ 4 823	$ 5 460	$ 5 460	$ 5 624
Internet	$ 2 630	$ 3 150	$ 3 150	$ 3 245
Hébergement Internet	$ 6 709	$ 9 450	$ 9 450	$ 9 734
Affranchissement	$ 538	$ 2 625	$ 2 625	$ 2 704
	$ 14 700	**$ 20 685**	**$ 20 685**	**$ 21 306**
FRAIS DE BUREAU				
Papeterie et fournitures de bureau	$ 3 673	$ 4 515	$ 4 515	$ 4 650
Ouvrages et abonnements	$ 1 992	$ 3 150	$ 3 150	$ 3 245
Assurance	$ 3 421	$ 3 675	$ 3 675	$ 3 785
Mobilier	$ 0	$ 945	$ 7 945	$ 973
Matériel de bureau	$ 2 558	$ 4 200	$ 4 200	$ 4 326
Entretien	$ 0	$ 2 625	$ 2 625	$ 2 704
	$ 11 644	**$ 19 110**	**$ 26 110**	**$ 19 683**
ADMINISTRATION				
Approvisionnements	$ 2 883	$ 4 725	$ 4 725	$ 4 867
Transport local	$ 410	$ 840	$ 840	$ 865
Divers	$ 3 250	$ 4 200	$ 4 200	$ 4 326
Fournisseurs (Énergie)	$ 1 055	$ 11 550	$ 6 550	$ 11 897
	$ 7 598	**$ 21 315**	**$ 16 315**	**$ 21 954**

Lignes de crédit	Rapport prév. 2014/15*	Prévisions 2015/16	Budget 2015/16	Prévisions 2016/17
REPRÉSENTATION				
Frais de représentation	$ 3 997	$ 3 500	$ 4 000	$ 3 500
FINANCEMENT				
Pertes sur change	$ 11 161	$ 11 550	$ 11 393	$ 11 897
SOUS-TOTAL DES POSTESOUVERTS	$ 1 255 777	$ 1 313 662	$ 1 346 185	$ 1.349.680
ALLOCATION AU FONDS				
Fonds de réserve pour la traduction	$ 0	$ 0	$ 0	$ 0
Fonds de remplacement du personnel	$ 0	$ 0	$ 0	$ 0
Fonds d'indemnisation pour licenciement du personnel	$ 29 820	$ 30 300	$ 32 912	$ 31 417
Fonds de roulement	$ 6 685	$ 0	$ 0	$ 0
	$ 36 505	$ 30 300	$ 32 912	$ 31 417
TOTAL DES POSTESOUVERTS	$ 1 292 282	$ 1 343 962	$ 1 379 097	$ 1 381 097
Contributions manquantes	$ 196 148	$ 0	$ 0	$ 0
SOLDE	$ -102 443	$ 35 139	$ 0	$ 0
Synthèse des fonds				
Fonds de réserve pour la traduction	$ 30 000	$ 30 000	$ 30 000	$ 30 000
Fonds de remplacement du personnel	$ 50 000	$ 50 000	$ 50 000	$ 50 000
Fonds d'indemnisation pour licenciement du personnel	$ 207 189	$ 237 489	$ 240 101	$ 27 .518
** Fonds de roulement	$ 229 952	$ 229 952	$ 229 952	$ 229 952
Fonds général	$ 244 869	$ 380 798	$ 244 869	$ 244 869

Rapport provisoire
* au 31 Mar 2015
Montant maximum requis
Fonds de roulement (Reg. fin.

** 6.2)	$ 229 952	$ 229 683	$ 229 683	$ 229 683

Appendice 2

Barème des contributions 2016/2017

2016/17	Cat.	Mult.	Variable	Fixe	Total
Afrique du Sud	C	2,2	$ 22 359	$ 23 760	$ 46 119
Allemagne	B	2,8	$ 28 456	$ 23 760	$ 52 216
Argentine	A	3,6	$ 36 587	$ 23 760	$ 60 347
Australie	A	3,6	$ 36 587	$ 23 760	$ 60 347
Belgique	D	1,6	$ 16 261	$ 23 760	$ 40 021
Brésil	D	1,6	$ 16 261	$ 23 760	$ 40 021
Bulgarie	E	1	$ 10 163	$ 23 760	$ 33 923
Chili	C	2,2	$ 22 359	$ 23 760	$ 46 119
Chine	C	2,2	$ 22 359	$ 23 760	$ 46 119
Équateur	E	1	$ 10 163	$ 23 760	$ 33 923
Espagne	C	2,2	$ 22 359	$ 23 760	$ 46 119
États-Unis	A	3,6	$ 36 587	$ 23 760	$ 60 347
Fédération de Russie	C	2,2	$ 22 359	$ 23 760	$ 46 119
Finlande	D	1,6	$ 16 261	$ 23 760	$ 40 021
France	A	3,6	$ 36 587	$ 23 760	$ 60 347
Inde	C	2,2	$ 22 359	$ 23 760	$ 46 119
Italie	B	2,8	$ 28 456	$ 23 760	$ 52 216
Japon	A	3,6	$ 36 587	$ 23 760	$ 60 347
Norvège	A	3,6	$ 36 587	$ 23 760	$ 60 347
Nouvelle-Zélande	A	3,6	$ 36 587	$ 23 760	$ 60 347
Pays-Bas	C	2,2	$ 22 359	$ 23 760	$ 46 119
Pérou	E	1	$ 10 163	$ 23 760	$ 33 923
Pologne	D	1,6	$ 16 261	$ 23 760	$ 40 021
République de Corée	D	1,6	$ 16 261	$ 23 760	$ 40 021
République tchèque	D	1,6	$ 16 261	$ 23 760	$ 40 021
Royaume-Uni	A	3,6	$ 36 587	$ 23 760	$ 60 347
Suède	C	2,2	$ 22 359	$ 23 760	$ 46 119
Ukraine	D	1,6	$ 16 261	$ 23 760	$ 40 021
Uruguay	D	1,6	$ 16 261	$ 23 760	$ 40 021

Budget					$1 378 097

Appendice 3

Grille des salaires 2016/2017

Tableau A
GRILLE SALARIALE - PERSONNEL DE DIRECTION
(USD)

2014/15 Classe		ÉCHELONS I	II	III	IV	V	VI	VII	VIII	IX	X	XI	XII	XIII	XIV	XV
E1	A	135 302 $	137 819 $	140 337 $	142 855 $	145 373 $	147 890 $	150 407 $	152 926 $							
E1	B	169 127 $	172 274 $	175 421 $	178 569 $	181 716 $	184 863 $	188 009 $	191 158 $							
E2	A	113 932 $	116 075 $	118 218 $	120 359 $	122 501 $	124 642 $	126 783 $	128 926 $	131 069 $	133 211 $	135 352 $	135 595 $	137 709 $		
E2	B	142 415 $	145 093 $	147 772 $	150 449 $	153 126 $	155 802 $	158 479 $	161 158 $	163 837 $	166 513 $	169 190 $	169 494 $	172 136 $		
E3	A	95 007 $	97 073 $	99 140 $	101 207 $	103 275 $	105 341 $	107 408 $	109 476 $	111 542 $	113 608 $	115 675 $	116 915 $	118 154 $	120 193 $	122 231 $
E3	B	118 758 $	121 341 $	123 925 $	126 509 $	129 094 $	131 676 $	134 269 $	136 845 $	139 427 $	142 010 $	144 594 $	146 143 $	147 693 $	150 242 $	152 788 $
E4	A	78 779 $	80 693 $	82 699 $	84 518 $	86 435 $	88 347 $	90 257 $	92 174 $	94 089 $	96 000 $	97 915 $	98 448 $	100 336 $	102 223 $	104 110 $
E4	B	98 474 $	100 866 $	103 262 $	105 648 $	108 044 $	110 434 $	112 822 $	115 217 $	117 611 $	119 999 $	122 393 $	123 060 $	125 419 $	127 778 $	130 137 $
E5	A	65 315 $	67 029 $	68 739 $	70 452 $	72 162 $	73 873 $	75 586 $	77 293 $	79 007 $	80 719 $	82 427 $	82 981 $			
E5	B	81 644 $	83 786 $	85 924 $	88 065 $	90 203 $	92 342 $	94 482 $	96 617 $	98 759 $	100 899 $	103 034 $	103 726 $			
E6	A	51 706 $	53 351 $	54 994 $	56 641 $	58 284 $	59 928 $	61 575 $	63 219 $	64 862 $	65 862 $	66 508 $				
E6	B	64 632 $	66 889 $	68 742 $	70 801 $	72 855 $	74 910 $	76 969 $	79 024 $	81 078 $	82 328 $	83 135 $				

Note: La ligne B, correspond à la rémunération de base (ligne A) plus un montant additionnel de 25 % pour les frais indirects (caisse de retraite et primes d'assurance, primes d'installation et de rapatriement, indemnités pour frais d'études, etc.) et représente le montant total du traitement auquel a droit le personnel de direction conformément à l'article 5.

Tableau B
GRILLE SALARIALE - PERSONNEL SERVICES GÉNÉRAUX
(USD)

Classe	ÉCHELONS I	II	III	IV	V	VI	VII	VIII	IX	X	XI	XII	XIII	XIV	XV
G1	61 102 $	63 952 $	66 804 $	69 653 $	72 624 $	75 722 $									
G2	50 918 $	53 293 $	55 670 $	58 044 $	60 520 $	63 102 $									
G3	42 430 $	44 410 $	46 390 $	48 370 $	50 434 $	52 587 $									
G4	35 360 $	37 010 $	38 659 $	40 309 $	42 029 $	43 822 $									
G5	29 210 $	30 574 $	31 936 $	33 301 $	34 723 $	36 207 $									
G6	23 944 $	25 059 $	26 177 $	27 294 $	28 460 $	29 675 $									
G7	10 000 $	10 466 $	10 933 $	11 399 $	11 886 $	12 394 $									

Plan de travail stratégique pluriannuel de la Réunion consultative du Traité sur l'Antarctique

Les Représentants,

Réaffirmant les valeurs, les objectifs et les principes contenus dans le Traité sur l'Antarctique et son Protocole relatif à la protection de l'environnement ;

Rappelant la Décision 3 (2014) sur le Plan de travail stratégique pluriannuel (« le Plan ») ;

En tenant compte du fait que le Plan vient en complément de l'ordre du jour de la Réunion consultative du Traité sur l'Antarctique (« RCTA ») et que les Parties et autres participants à la RCTA sont encouragés à contribuer comme d'ordinaire aux autres questions figurant à l'ordre du jour de la RCTA

Décident :

1. Que les principes suivants guideront la mise en œuvre et l'élaboration future du Plan :

   a. Le Plan reflètera les objectifs et les principes du Traité sur l'Antarctique et de son Protocole relatif à la protection de l'environnement ;

   b. Conformément au mode de fonctionnement de la RCTA, l'adoption du Plan, l'inscription de points au Plan et les décisions relatives au Plan se feront par consensus ;

   c. L'objectif du Plan est de compléter l'ordre du jour pour aider la RCTA à identifier un nombre limité de questions prioritaires et à agir de manière plus efficace et effective ;

   d. Les Parties et autres participants à la RCTA sont encouragés à contribuer comme d'ordinaire aux autres questions inscrites à l'ordre du jour de la RCTA ;

   e. Le Plan couvrira une période pluriannuelle évolutive, et devrait être révisé lors de chaque RCTA et actualisé selon que de besoin afin de rendre compte des travaux restant à terminer, des nouveaux enjeux et de l'évolution des priorités ;

f. Le Plan sera dynamique et souple, et inclura les questions émergentes au fur et à mesure qu'elles apparaîtront ;

g. Le Plan identifiera les questions exigeant l'attention collective de la RCTA et qui doivent faire l'objet de discussions et/ou de décisions dans le cadre de la RCTA ; et

h. le Plan ne devrait pas interférer avec le cours ordinaire de l'ordre du jour de la RCTA ;

2. D'adopter le Plan qui figure en annexe à la présente Décision et

3. De désigner le Plan qui figure en annexe à la Décision 3 (2014) comme caduque.

Plan de travail stratégique pluriannuel de la RCTA

Priorité	ATCM 38 (2015)	Intersessions	ATCM 39 (2016)	ATCM 40 (2017)	ATCM 41 (2018)
Mener un examen complet des exigences existantes en matière d'échange d'informations et du fonctionnement du Système électronique d'échange d'informations, et identifier toute obligation supplémentaire	• Le Groupe de travail sur les questions juridiques et institutionnelles (GTQJI) a examiné le rapport du Groupe de contact intersessions (GCI) chargé de l'examen des exigences existantes en matière d'échange d'informations et de l'identification de toute exigence supplémentaire, ainsi que l'avis du CPE • Le GTQJI a adopté la Décision 6 (2015)	• GCI chargé de l'examen des exigences existantes en matière d'échange d'informations et de l'identification de toute exigence supplémentaire	• Le GT1 discutera de la question relative au fonctionnement du SEEI. • Le GT1 discutera des informations à échanger • Le GT1 examinera le rapport du GCI chargé de l'échange d'informations • Le GT1 envisagera la mise à jour de la Décision 6 (2015)		
Envisager une communication coordonnée avec les États non parties disposant de ressortissants ou de ressources en activité en Antarctique et les États qui sont Parties au Traité sur l'Antarctique, mais pas encore au Protocole	• Le GTQJI a demandé au Groupe de travail sur le tourisme et les activités non gouvernementales de fournir des informations relatives aux États non parties dont les ressortissants sont actifs en Antarctique		• La RCTA envisagera de soutenir de nouvelles adhésions au Protocole		
Contribuer aux activités de sensibilisation et de formation aux niveaux national et international du point de vue du Traité sur l'Antarctique	• La RCTA a mis sur pied un GCI sur la sensibilisation et la formation	• GCI sur la sensibilisation et la formation	• Le GT1 examinera le rapport du GCI sur la sensibilisation et la formation		
Échanger et discuter sur les priorités scientifiques stratégiques afin d'identifier et de saisir les opportunités de collaboration et de renforcement des capacités scientifiques, et plus particulièrement dans le domaine des changements climatiques	• Le SCAR a présenté son Scan Horizon		• Le GT2 rassemblera et comparera les actions prioritaires dans le domaine scientifique en vue d'identifier les opportunités de coopération	• Le GT2 identifiera les priorités pour la coopération et le renforcement des capacités	
Améliorer l'efficacité de la collaboration entre les Parties (p.ex. inspections conjointes, projets scientifiques communs et appui logistique partagé) et de la participation active aux réunions (notamment en envisageant des méthodes de travail efficaces pendant les réunions)	• Le GTQJI a examiné le rapport du Groupe de contact intersession sur la coopération en Antarctique				

Priorité	ATCM 38 (2015)	Intersessions	ATCM 39 (2016)	ATCM 40 (2017)	ATCM 41 (2018)
Renforcer la coopération entre le CPE et la RTCA	• La RTCA a reçu des avis du CPE		• La RCTA examinera les questions soulevées dans le rapport du CPE soumis à la 38e RCTA ; • La RCTA recevra des avis du CPE nécessitant de prendre des mesures de suivi ;		
Faire entrer l'Annexe VI en vigueur et poursuivre la collecte d'informations sur la réparation et la réhabilitation des dommages causés à l'environnement et d'autres questions pertinentes afin de nourrir les négociations futures relatives à la responsabilité	• Le GTQJI a considéré la nécessité de reprendre les négociations sur la responsabilité, conformément à la Décision 4 (2010)	• Les Parties œuvreront à faire adopter l'Annexe VI et partageront leurs informations et leur expérience	• La RCTA évaluera l'état d'avancement vers l'entrée en vigueur de l'Annexe VI en vertu de l'Article IX du Traité sur l'Antarctique, ainsi que les éventuelles actions nécessaires et propices à encourager les Parties à approuver l'Annexe VI en temps voulu		
Évaluer les avancées du CPE dans ses travaux visant à refléter les bonnes pratiques, et améliorer les outils existants et en développer de nouveaux pour protéger l'environnement, notamment pour les procédures d'évaluation d'impact sur l'environnement (et envisager, le cas échéant, un développement plus poussé des outils)			• Le GT1 examinera l'avis du CPE concernant sa révision des Lignes directrices sur les évaluations d'impact sur l'environnement (EIE)		
Prendre en considération les recommandations émises par la Réunion d'Experts du Traité sur l'Antarctique relatives aux implications du changement climatique pour la gestion et la gouvernance en Antarctique (CPE-GCI)	• La RCTA a examiné les Recommandations 9 à 17		• Le GT2 examinera les Recommandations 7 et 8	• Le GT2 examinera les Recommandations 4 à 6 • Le GT2 examinera les résultats de l'atelier conjoint du SC-CCAMLR et du CPE	
Renforcer la coopération des Parties dans les opérations aériennes et marines spécifiques actuelles et les pratiques de sécurité, et identifier toute question qui pourrait être portée à la connaissance de l'OMI et l'OACI, le cas échéant		• Le Secrétariat demandera à l'OACI et à l'OMI de présenter d'émettre leur avis sur les questions de sécurité maritime et aérienne lors de la 39e RCTA	• Le GT2 examinera tous les avis du CPE et/ou du COMNAP et du SCAR sur les UAV • Le GT2 examinera toute opinion présentée sur les questions de sécurité aérienne et maritime par l'OACI et l'OMI	• Discussion consacrée aux UAV (au GT2)	

Priorité	ATCM 38 (2015)	Intersessions	ATCM 39 (2016)	ATCM 40 (2017)	ATCM 41 (2018)
Examiner et évaluer si des actions supplémentaires sont nécessaires en matière de gestion de zones et des infrastructures permanentes liées au tourisme, ainsi que pour les questions liées au tourisme terrestre et d'aventure. Prendre en considération les recommandations de l'étude menée par le CPE sur le tourisme	• Un Groupe de travail spécial sur les autorités compétentes s'est réuni pour discuter des questions touchant au tourisme et aux activités non gouvernementales • Le Groupe de travail sur le tourisme (GTT) a examiné plus en détail les éléments du rapport du CPE				
Élaboration d'une approche stratégique de l'écotourisme et des activités non gouvernementales en Antarctique		• Le GCI travaillera à l'élaboration d'une approche stratégique de l'écotourisme et des activités non gouvernementales en Antarctique	• Le GT2 examinera le rapport du GCI sur les travaux visant à l'élaboration d'une approche stratégique de l'écotourisme et des activités non gouvernementales en Antarctique		

NOTE : Les groupes de travail de la RCTA susmentionnés ne sont pas permanents, mais sont établis par voie de consensus à la fin de chaque Réunion consultative du Traité sur l'Antarctique.

Responsabilité découlant de situations critiques pour l'environnement

Les Représentants,

Rappelant l'engagement inscrit à l'article 16 du Protocole au Traité sur l'Antarctique, relatif à la protection de l'environnement (« le Protocole ») d'élaborer des règles et procédures relatives à la responsabilité pour les dommages résultant d'activités se déroulant dans la zone du Traité sur l'Antarctique et couvertes par le Protocole ;

Rappelant la Mesure 1 (2005) et l'adoption de l'Annexe VI au Protocole comme une étape vers l'établissement d'un régime de responsabilité conformément à l'article 16 du Protocole ;

Notant que l'Annexe VI doit encore entrer en vigueur ;

Rappelant les Décisions 1 (2005) et 4 (2010) relatives à l'évaluation annuelle de l'état d'avancement vers l'entrée en vigueur de l'Annexe VI et l'établissement d'un calendrier de reprise des négociations, conformément à l'article 16 du Protocole ;

Saluant la suggestion faite par le Comité pour la protection de l'environnement en 2013 concernant les questions environnementales relatives à l'aspect pratique de cas précis de réparation et de réhabilitation des dommages environnementaux en Antarctique ;

Décident :

1. De continuer à évaluer chaque année l'état d'avancement vers l'entrée en vigueur de l'Annexe VI conformément à l'article IX du Traité sur l'Antarctique, ainsi que les éventuelles actions nécessaires et propices à encourager les Parties à approuver l'Annexe VI en temps voulu ;

2. De continuer à partager les informations et l'expérience entre eux pour soutenir l'avancement vers l'entrée en vigueur de l'Annexe VI ;

3. De prendre une décision en 2020 sur la mise en place d'un calendrier pour la reprise des négociations relatives à la responsabilité – conformément à l'article 16 du Protocole – ou plus tôt si les Parties le décident au vu de l'état d'avancement vers l'approbation de la Mesure 1 (2005) ; et

4. Que la Décision 4 (2010) est caduque.

Échange d'informations

Les Représentants,

Rappelant les articles III(1)(a) et VII(5) du Traité sur l'Antarctique ;

Conscients des obligations en matière d'échange d'informations qui figurent au Protocole au Traité sur l'Antarctique relatif à la protection de l'environnement (« le Protocole ») et dans ses Annexes ;

Conscients également des décisions de la Réunion consultative du Traité sur l'Antarctique (« RCTA ») relatives au partage d'information qui incombe aux Parties ;

Souhaitant s'assurer que l'échange d'informations entre les Parties a lieu de la manière la plus efficace et opportune possible ;

Souhaitant également que les informations échangées entre les Parties soient aisément identifiées ;

Rappelant la Décision 4 (2012), qui rendait obligatoire l'utilisation du Système électronique d'échange d'informations (« SEEI ») afin que les Parties remplissent leur obligations en matière d'échange d'informations conformément au Traité sur l'Antarctique et son Protocole, et précisait que les Parties continueraient à travailler avec le Secrétariat du Traité sur l'Antarctique (« le Secrétariat ») afin d'affiner et d'améliorer le SEEI ;

Notant que la Décision 4 (2012) exigeait des Parties de régulièrement mettre à jour les rubriques pertinentes du SEEI durant l'année, et au minimum conformément à la Résolution 6 (2011), afin que ces informations soient connues et accessibles aussi vite que possible des autres Parties ;

Décident :

1. Que l'Annexe à la présente Décision constitue une liste consolidée des informations dont il a été convenu que les Parties s'échangeront ;

2. Que le Secrétariat modifiera le SEEI afin qu'il reflète les informations qui figurent en annexe à la présente Décision, et rendra disponible dès que possible les informations soumises par les Parties ; et

3. Que l'Annexe de la Décision 6 (2013) et l'Annexe 4 du rapport final de la XXIVe RCTA sont caduques.

Exigences en matiere d'echange d'informations

1. Information pré-saisonnière

Les informations suivantes sont à soumettre le plus tôt possible, de préférence avant le 1ᵉʳ octobre et en tout cas avant le début des activités.

1.1 Information opérationnelle

1.1.1 Expéditions nationales

A. Stations

Noms de stations d'hivernage (région donnée, latitude et longitude), population maximale et support médical disponible.

Noms de stations/bases estivales et de campements (région donnée, latitude et longitude), période d'opérations, population maximale et support médical disponible.

Noms de refuges (région, latitude et longitude), installations médicales et capacité d'hébergement. Autres activités majeures sur le terrain, par exemple, des traversées scientifiques (précisant les emplacements).

B. Navires

Noms de navires, Etat d'immatriculation du navire, nombre de voyages, dates envisagées de départ, zones des opérations, ports de départ et d'arrivée de et en Antarctique, but du voyage (p.ex.. déploiement de moyens scientifique, réapprovisionnement, relève, océanographie etc.)

Nombre maximal de membres d'équipage, nombre maximal de passagers

C. Aéronefs

Catégorie (vols intercontinentaux, vols intracontinentaux, vols locaux en hélicoptère), nombre de chaque aéronef, type d'aéronef, nombre envisagé de vols, période de vols et les dates envisagées de décollage, routes et objectifs.

D. Recherche spatiale

Coordonnées de lieux de lancement, le temps et la date/période, direction de lancement, altitude maximale envisagée, zone d'impact, type et spécifications de missiles, objectifs et nom de projets de recherche.

E. Militaire

- Effectif du personnel militaire en expédition et les grades de tous les officiers.

- Nombre et type des armements en possession du personnel.

- Nombre et types des armements de navires et aéronefs et information sur le matériel militaire, s'il existe, et son emplacement dans la zone du Traité sur l'Antarctique.

1.1.2 Expéditions non-gouvernementales

A. Opérations à bord de navires

Nom d'opérateur, nom de navire, nombre maximal de membres d'équipage, nombre maximal de passagers, Etat d'immatriculation du navire, nombre de voyages, directeur de l'expédition, date envisagées de départ, ports de départ et d'arrivée de et en Antarctique, zones des opérations y compris les noms de sites envisagés de débarquement et les dates envisagées quand ces débarquements auront lieu, type d'activité, débarquement prévu ou non et nombre de visiteurs qui participent à chacune des activités spécifiques.

B. Opérations terrestres

Nom de l'expédition, nom de l'opérateur, méthode de transport en, de et à l'intérieur de l'Antarctique, type d'aventure/activité, emplacement(s), dates d'expéditions, nombre de personnel impliqué, adresse de contact, adresses de sites Internet.

C. Refus d'octroi d'autorisation

Nom du navire et/ou de l'expédition, nom de l'opérateur, date, raison du refus

1.2 Visite de zones protégées

Nom et numéro de la zone protégée, nombre de personnes ayant un permis de visite, date/ période et but.

2. Rapport annuel

Les informations suivantes sont à soumettre le plus tôt possible, après la fin de saison estivale, mais en tout cas, avant le 1er octobre, avec une période considérée du 1er avril au 30 mars.

2.1 Information scientifique

2.1.1 Plans pour l'avenir

Détails de plans scientifiques stratégiques ou pluriannuels ou point de contact pour une version papier. Liste de participations envisagées dans des programmes/projets scientifiques communs majeurs, internationaux.

2.1.2 Activités scientifiques pendant l'année précédente.

Liste de projets scientifiques entrepris l'année précédente dans le cadre de recherche scientifique (donnant les emplacements, le principal responsable, le nom ou le numéro du projet, la discipline et l'activité/remarques principales).

2.2 Information opérationnelle

2.2.1 Expéditions nationales

Mise à jour des informations données au point 1.1.1.

2.2.2 Expéditions non-gouvernementales

Mise à jour des informations données au point 1.1.2.

2.3 Informations relatives aux autorisations

2.3.1 Visites aux zones protégées

Mise à jour des informations données au point 1.2.

2.3.2 Interférences entreprises et portant dommage à la flore et à la faune

Espèces, emplacement, quantité, sexe, âges et objectifs

2.3.3 Introductions des espèces non indigènes

Espèces, emplacement, quantité et objectifs, enlèvement et élimination.

2.4 Information sur l'environnement

2.4.1 Conformité au Protocole

Nouvelles mesures adoptées l'année précédente conformément à l'Article 13 du Protocole au Traité sur l'Antarctique relatif à la protection de l'environnement, y compris l'adoption de lois et de réglementations, de mesures administratives et de mesures d'application, en donnant une description des mesures, de la date d'entrée en vigueur.

2.4.2 Liste des EPIE et EGIE

Liste des EPIE/EGIE menées pendant l'année en donnant des précisions sur les activités proposées, l'emplacement, l'échelle d'évaluation et les décisions prises.

2.4.3 Rapport de suivi des activités

Suivi des activités qui sont en lien avec les activités soumises à des évaluations préliminaires et globales d'impact sur l'environnement (en vertu de l'art. 6.1.c) de l'Annexe I au Protocole), y compris la désignation de l'activité, l'emplacement, les procédures mises en place, les informations significatives obtenues, les actions prises en conséquence de celles-ci.

2.4.4 Plans de gestion de déchets

Plans de gestion de déchets réalisés pendant l'année avec indication du titre et en donnant le nom de la station / du navire / de l'emplacement. Rapport relatif à la mise en œuvre des plans de gestion de déchets pendant l'année.

2.4.5 Mesures pour la mise en œuvre des dispositions contenues à l'Annexe V

Informations relatives aux mesures entreprises pour assurer la mise en œuvre de l'Annexe V, y compris l'inspection des sites et toute autre mesure, description à l'appui, prise afin de faire face à des cas d'activités contrevenant aux dispositions des plans de gestion des ZSPA et ZGSA.

2.4.6 Procédures relatives aux EIE

Description des procédures nationales appropriées.

2.4.7 Prévention de la pollution marine

Description des mesures

3. Informations permanentes

Les informations suivantes sont à soumettre conformément aux exigences du Traité sur l'Antarctique et du Protocole au Traité sur l'Antarctique relatif à la protection de l'environnement. L'information peut être mise à jour à tout moment.

3.1 Installations et équipements scientifiques

3.1.1 Stations / observatoires d'enregistrement automatique

Nom du site, coordonnées (latitude et longitude), altitude (m), paramètres enregistrés, fréquence d'observations, numéro de référence (p.ex., numéro d'OMM).

3.2 Informations opérationnelles

A. Stations

Noms des stations d'hivernage (avec indication de région, de latitude et de longitude et du personnel maximal), date d'établissement, logements et matériel médical.

Noms des stations / bases estivales et des camps de terrain (avec indication de région, de latitude et de longitude, de période d'opérations et du personnel maximal).

Noms des refuges (région, latitude et longitude), matériel médical et capacité de logement.

Informations relatives aux activités de recherche et de sauvetage.

B. Navires

Noms de navires, pavillon, classe de résistance à la glace, largeur et tirant d'eau (possibilité de fournir un lien aux données du COMNAP). Nombre maximal de membres d'équipages, nombre maximal de passagers.

Informations en matière de recherche et de sauvetage.

C. Aéronefs

Nombre et type d'aéronefs utilisés. Informations relatives aux activités de recherche et de sauvetage.

3.3 Informations environnementales

3.3.1 Plans de gestion de déchets

Titre du Plan, copie (PDF) ou point de contact pour copie papier et bref rapport sur la mise en œuvre.

3.3.2 Plans d'urgence

Titre du(des) plan(s) d'urgence en cas de marée noire et autres cas d'urgence, copies (PDF) ou point de contact pour versions papier. Bref rapport sur la mise en œuvre.

3.3.3 Inventaire d'activités passées

Nom de station/base/campements/traversée/aéronefs accidentés/,etc., coordonnées (latitude et longitude), période de l'activité; description/but des activités entreprises ; description du matériel ou installations restantes.

3.3.4 Respect du Protocole

Identique au point 2.4.1.

3.3.5 Procédures relatives aux EIE

Identique au point 2.4.6.

3.3.6 Prévention de la pollution marine

Identique au point 2.4.7.

3.3.7 Mesures pour la mise en œuvre des dispositions de l'Annexe V

identique au point 2.4.5.

3.4 Autres informations

3.4.1 Législation nationale correspondante

Description de lois, règlements, actes administratifs ou autres mesures, date d'entrée en vigueur/en force, en donnant une copie (PDF) ou point de contact pour copie papier.

3. Résolutions

Coopération dans le système de transport aérien

Les Représentants,

Rappelant la Recommandation VII-8 (1972) qui est encore en vigueur et la Recommandation VIII-7 (1975), qui n'est plus en vigueur mais qui contenait des principes généraux qui restent valides ;

Reconnaissant que l'accès à l'Antarctique au moyen d'avions à grand rayon d'action combiné avec un réseau intracontinental desservi par des avions plus petits faciliterait une plus large coopération et une plus grande souplesse de la recherche ;

Prenant note de l'intérêt manifesté par le Comité scientifique pour la recherche antarctique (SCAR) et par le Conseil des directeurs de programmes antarctiques nationaux (COMNAP) pour les avantages que présenterait un système coopératif de transports aériens ;

Recommandent à leurs gouvernements de demander à leurs programmes antarctiques nationaux de continuer à examiner leurs programmes scientifiques afin de déterminer comment ils pourraient tirer profit d'un système coopératif des transports aériens et, le cas échéant, d'en discuter et d'élaborer ce système avec des organisations telles que le COMNAP pour les aider à l'établir.

.

Les systèmes de technologie de l'information et des télécommunications antarctiques

Les Représentants,

Rappelant les Recommandations VI-1 (1970), VII-7 (1972) et X-3 (1979) ;

Reconnaissant que les Systèmes de technologie de l'information et des télécommunications (« STIT ») peuvent servir la communauté antarctique pour garantir un échange d'informations en temps voulu et complet ;

Prenant note que des technologies avancées existent ;

Prenant note également que la recherche innovante pose souvent de hautes exigences sur les possibilités et capacités en matière de STIT ;

Recommandent que leurs gouvernements :

1. S'efforcent de garantir une utilisation efficace des STIT antarctiques actuels, et d'utiliser, le cas échéant, la technologie encore en développement, en vue de permettre de meilleures communications entre les stations antarctiques, ainsi qu'entre ces stations et des sites en dehors de l'Antarctique ; et

2. invitent le Conseil des directeurs des programmes antarctiques nationaux à continuer à :

   a) mettre à jour régulièrement le Manuel des opérateurs de télécommunications dans l'Antarctique grâce à des informations issues des programmes antarctiques nationaux et d'autres programmes qui travaillent en Antarctique ;

   b) examiner les questions pratiques et technologiques relatives aux exigences et aux capacités des STIT, y compris le rendement des options de communication, et les avantages qu'ils présenteraient pour une efficacité opérationnelle et la recherche scientifique ; et

c) débattre de la capacité des STIT antarctiques à répondre aux exigences et de suggérer des améliorations, lorsque nécessaire.

Le Portail des environnements en Antarctique

Les Représentants,

Rappelant l'Article 3 du Protocole au Traité sur l'Antarctique, relatif à la protection de l'environnement (« le Protocole »), en particulier l'exigence selon laquelle les activités menées dans la zone du Traité sur l'Antarctique sont organisées et conduites sur la base d'informations suffisantes pour permettre l'évaluation préalable et l'appréciation éclairée de leurs incidences éventuelles sur l'environnement en Antarctique et les écosystèmes dépendants et associés, ainsi que sur la valeur de l'Antarctique pour la recherche scientifique ;

Reconnaissant que la complexité croissante de la protection de l'environnement en Antarctique dans un contexte d'activités humaines croissantes et de changements climatiques exige de disposer d'informations de nature politique afin de contribuer à une mise en œuvre effective du Protocole ;

Prenant note avec satisfaction du rôle consultatif de longue date en matière scientifique du Comité scientifique pour la recherche en Antarctique (« SCAR ») au sein du système du Traité sur l'Antarctique ;

Saluant l'élaboration du Portail des environnements en Antarctique (« le Portail ») en tant que mécanisme permettant de fournir des comptes-rendus sur l'état des connaissances relatives aux questions prioritaires ou urgentes, qui peuvent servir à soutenir une gestion et une gouvernance efficaces de la région, notamment la mise en œuvre effective du Protocole ;

Notant que le Portail fournira également un outil au SCAR lui permettant d'offrir au système du Traité sur l'Antarctique des informations scientifiques indépendantes ;

Recommandent que leurs gouvernements :

1. Accueillent le Portail en tant que mécanisme important pour mettre à disposition du Comité pour la protection de l'environnement (« CPE »)

et des Parties au Traité sur l'Antarctique un avis scientifique de qualité, apolitique et actualisé, et en tant qu'outil efficace pouvant être utilisé par les Parties sur une base volontaire ;

2. Demandent au SCAR d'utiliser le Portail autant qu'il convient afin de fournir des comptes-rendus sur l'état des connaissances en matière de politique générale et de gestion ;

3. Encouragent les scientifiques à participer à la préparation et à la révision des articles destinés au Portail ;

4. Examinent les possibilités de soutien dans la gestion du Portail ; et

5. invitent les Membres du CPE à contribuer à l'intérêt du Portail en matière de politique environnementale en participant activement au groupe de rédaction et en produisant des avis sur son contenu, et en proposant de nouveaux sujets d'articles.

Programme de travail du CPE en réponse au changement climatique

Les Représentants,

Préoccupés par les rapports réguliers du Comité scientifique pour la recherche antarctique (« SCAR ») sur le changement climatique et sur l'environnement en Antarctique concernant les effets du changement climatique qui se produisent déjà dans la région antarctique ;

Rappelant la Déclaration ministérielle de Washington de 2009 lors du cinquantième anniversaire du Traité sur l'Antarctique, dans laquelle les ministres de toutes les Parties consultatives au Traité sur l'Antarctique ont indiqué être préoccupés par les conséquences des changements que connaît l'environnement dans le monde, en particulier les changements climatiques, pour l'environnement en Antarctique et les écosystèmes dépendants et associés et ont confirmé leur intention d'œuvrer ensemble pour mieux comprendre les changements dont fait l'objet le climat de la planète Terre et de chercher activement les moyens de combattre les effets des changements climatiques et écologiques sur l'environnement en Antarctique et les écosystèmes dépendants et.

Rappelant également les recommandations de la Réunion d'experts du Traité sur l'Antarctique de 2010 sur les conséquences des changements climatiques pour la gestion et la gouvernance de l'Antarctique, notamment la recommandation selon laquelle le Comité pour la protection de l'environnement (« CPE ») examine l'élaboration d'un Programme de travail en réponse aux changements climatiques ;

Accueillant le travail du CPE pour répondre à cette recommandation et son élaboration du Programme de travail en réponse au changement climatique (« PTRCC ») ;

Souhaitant que le CPE commence à mettre en œuvre le PTRCC en priorité ;

Recommandent que leurs gouvernements :

1. Encouragent le CPE à commencer à mettre en œuvre le PTRCC en priorité, et fournisse des rapports annuels sur sa mise en œuvre à la Réunion consultative du Traité sur l'Antarctique ;

2. Demandent au CPE de continuer à revoir régulièrement le PTRCC avec le soutien du SCAR et du Conseil des directeurs de programmes antarctiques nationaux, respectivement sur les aspects scientifiques et opérationnels ; et

3. Examinent, au sein de leurs propres systèmes nationaux de financement scientifique et des programmes nationaux de recherche en Antarctique, comment aborder les besoins et actions en matière de recherche identifiés dans le PTRCC du CPE.

Zones importantes pour la conservation des oiseaux en Antarctique

Les Représentants,

Reconnaissant que dans certaines zones de l'Antarctique, un changement climatique antarctique a un effet observable sur la faune sauvage indigène, notamment les populations de manchots et d'oiseaux marins ;

Rappelant l'Article 3 du Protocole au Traité sur l'Antarctique, relatif à la protection de l'environnement (« le Protocole »), qui exige que les activités du Traité sur l'Antarctique soit organisées et conduites de façon à limiter leurs incidences négatives sur l'environnement en Antarctique ;

Rappelant également les dispositions de l'Annexe II du Protocole relative à la conservation de la faune et de la flore de l'Antarctique ;

Reconnaissant le vaste réseau international de zones importantes pour la conservation des oiseaux de BirdLife International ;

Souhaitant assurer que les pratiques de conservation en Antarctique soient conformes aux meilleures pratiques mondiales actuelles ;

Conscients qu'un éventail d'activités humaines dans la région risque d'entraîner des perturbations nuisibles aux concentrations d'oiseaux en Antarctique ;

Conscients également qu'une recherche en continu est nécessaire pour renforcer l'état des connaissances sur le statut et les tendances des populations d'oiseaux en Antarctique ;

Recommandent que leurs gouvernements :

1. Accueillent et reconnaissent le rapport relatif aux zones importantes pour la conservation des oiseaux identifiées en Antarctique, qui couvre les zones de reproduction ;

2. Portent le rapport à l'attention du Secrétariat de l'Accord sur la conservation des albatros et des pétrels pour examen ;

3. Prennent en compte les informations du rapport dans l'organisation et la conduite de leurs activités en Antarctique, notamment au cours de la préparation des évaluations d'impact sur l'environnement ;

4. Demandent au Comité pour la protection de l'environnement de fournir à la Réunion consultative du Traité sur l'Antarctique une mise à jour sur les mesures selon lesquelles ces zones importantes pour la conservation des oiseaux sont, ou devraient être, représentées au sein du réseau des zones spécialement protégées de l'Antarctique, en particulier les zones qui pourraient être définies comme « colonies majeures d'oiseaux reproducteurs indigènes » ; et

5. s'engagent à réaliser un suivi approprié des populations d'oiseaux pour éclairer les futures actions de gestion qui peuvent être nécessaires.

Le rôle de l'Antarctique dans les processus climatiques mondiaux

Les Représentants,

Prenant note que l'Antarctique joue un rôle crucial dans le système climatique mondial comme moteur clé de la circulation globale dans l'atmosphère et l'océan et comme garant important du niveau des mers à travers le monde ;

Reconnaissant que l'étude scientifique de l'Antarctique est essentielle à une meilleure compréhension des processus mondiaux liés au changement climatique et de ses conséquences sur le système terrestre dans son ensemble ;

Conscients que les changements climatiques en Antarctique entraînent des changements régionaux considérables sur le continent et que certains d'entre eux ont le potentiel d'avoir un impact sur les activités humaines en Antarctique ;

Saluant les travaux continus du Comité scientifique pour la recherche antarctique (« SCAR ») au travers de son initiative Changement climatique en Antarctique et environnement, et ses mises à jour annuelles, présentées à la Réunion consultative du Traité sur l'Antarctique (« RCTA »), relatives aux effets du changement climatique sur la région de l'Antarctique ;

Souhaitant s'assurer que la communauté scientifique internationale poursuive ses efforts et continue à coopérer de manière efficace dans le cadre de l'étude des processus liés au changement climatique en Antarctique ;

Recommandent que leurs gouvernements :

1. encouragent leurs programmes antarctiques nationaux à coopérer avec le SCAR, afin de déterminer la meilleure manière de promouvoir la recherche internationale sur le changement climatique en Antarctique et notamment de soutenir l'objectif de la 21e Conférence des parties à la Convention-cadre

des Nations Unies sur les changements climatiques, qui se tiendra à Paris, en décembre 2015 ; et

2. soutiennent leurs programmes nationaux antarctiques pour mener de concert des programmes scientifiques internationaux ambitieux afin d'étayer une meilleure compréhension de l'impact des changements climatiques sur l'environnement en Antarctique et ses écosystèmes dépendants et associés.

www.ingramcontent.com/pod-product-compliance
Lightning Source LLC
Chambersburg PA
CBHW061616210326
41520CB00041B/7455